# 铸魂聚力

学习宣传党的二十届三中全会精神

**“改革创新展作为、提质增效立新功”**

**主题宣讲比赛成果集**

# 铸魂聚力

## 国铁集团 2024 年主题宣讲比赛成果集

中国国家铁路集团有限公司党组宣传部
中国铁路职工思想政治工作研究会
编

中国铁道出版社有限公司
CHINA RAILWAY PUBLISHING HOUSE CO., LTD.

图书在版编目（CIP）数据

铸魂聚力 ：国铁集团2024年主题宣讲比赛成果集 / 中国国家铁路集团有限公司党组宣传部，中国铁路职工思想政治工作研究会编. -- 北京 ：中国铁道出版社有限公司，2024. 9（2025. 3重印）. -- ISBN 978-7-113-31620-4

Ⅰ. F532.6-53

中国国家版本馆CIP数据核字第20246Q0J40号

**书　　名**：**铸魂聚力——国铁集团2024年主题宣讲比赛成果集**
**作　　者**：中国国家铁路集团有限公司党组宣传部
中国铁路职工思想政治工作研究会

---

**责任编辑**：田银香　弓维桢　周雨晨　　　**编辑部电话**：（010）51873659
**版式设计**：刘　莎
**责任校对**：安海燕
**责任印制**：高春晓

---

**出版发行**：中国铁道出版社有限公司（100054，北京市西城区右安门西街8号）
**网　　址**：https://www.tdpress.com
**印　　刷**：北京盛通印刷股份有限公司
**版　　次**：2024年9月第1版　2025年3月第2次印刷
**开　　本**：710 mm×1 000 mm　1/16　**印张**：30.75　**字数**：350千
**书　　号**：ISBN 978-7-113-31620-4
**定　　价**：129.00元

---

# 前言

思想政治工作是党的优良传统、鲜明特色和突出政治优势，是一切工作的生命线。主题宣讲作为宣传教育、凝心聚力的重要载体，在持续深化思想政治工作中发挥了突出作用。国铁集团党组高度重视主题宣讲工作，坚持每年围绕一个主题全面推开、走深走实。2024年，党组聚焦加强职工思想政治工作，对深入开展“改革创新展作为、提质增效立新功”主题宣讲作出全面部署，党组宣传部落实党组要求，整体统筹谋划，抓实过程指导，强化组织保障，全路各单位组织各级领导人员、管理人员、理论骨干、先进典型等，深入一线广泛开展分众化、互动式宣讲，形成了持续统一思想、凝聚力量的良好态势。

为进一步擦亮主题宣讲这一铁路思想政治工作品牌，积极推动全路创新方式方法，党组宣传部、铁路政研会首次在全路组织主题宣讲比赛，先后举办站段初赛1223场、片区复赛92场、集团公司决赛19场。在全路总决赛中，各单位的20支宣讲团100名参赛选手登台竞技，为180余个基层单位的4000余名一线职工呈现了20场鼓舞士气、催人奋进的宣讲会。

为深化成果运用，特将主题宣讲报告及视频编辑成书，供各单位学习交流，以不断扩大主题宣讲的影响力、辐射力，更好地巩固团结奋斗的思想基础，为推动铁路高质量发展，率先实现铁路现代化，勇当服务和支撑中国式现代化的“火车头”提供坚强思想保证和强大精神力量。

编　者

2024 年 9 月

# 目录

# 哈尔滨局集团公司

## 宣讲报告

扫码观看宣讲视频

宣讲、撰稿人员：

陈　佳　刘闻轩　徐新东

徐雨欣　纪　鹏　李冬浩

崔子峰　张　悦　孔令钊

张广宇

# 学习贯彻党的二十届三中全会精神<br>为更好服务和支撑中国式现代化贡献力量

神州大地升腾起中国式现代化的万千景象，万里铁道涌动着全面深化国铁企业改革的澎湃活力。2024年7月15日至7月18日，党的二十届三中全会在北京胜利召开。全会最重要的成果就是审议通过了《中共中央关于进一步全面深化改革、推进中国式现代化的决定》(以下简称《决定》)。学习好贯彻好全会精神，是当前和今后一个时期全党全国的一项重大政治任务。那么，如何才能学习好贯彻好全会精神，我想，我们需要弄清楚三个问题：为什么重要？重点学什么？应该怎么做？

## 为什么重要？

改革开放以来我们党做出的很多重大的战略决策，取得的伟大成就，得出的宝贵经验都与“三中全会”息息相关。大家之所以对“三中全会”满怀期待，是因为它讨论聚焦的基本都是改革的问题，而大家都知道这是我们国家快速发展的重要法宝。

从 1978 年改革开放以来，我们党的历史上有 3 个“三中全会”备受瞩目、十分重要。第一个是 1978 年召开的党的十一届三中全会，开启了改革开放和社会主义现代化建设新时期。第二个是 2013 年召开的党的十八届三中全会，开启了新时代全面深化改革、系统整体设计推进改革的新征程。第三个是 2024 年召开的党的二十届三中全会，它是在中国式现代化全面推进强国建设、民族复兴伟业的关键时期召开的一次十分重要的会议，科学谋划全面深化改革，推进中国式现代化。怎么理解中国式现代化？就是民生为大，就是要从就业、增收、入学、就医以及生命财产安全等老百姓急难愁盼的问题中去找准改革发力点和突破口，说到底就是要让人民过上更好的日子，这才是全面深化改革的出发点和落脚点，这才是能让人民群众满意的改革，人民群众满意的改革才是成功的改革。

## 重点学什么？

《决定》共 15 部分、60 条，分三大板块，提出 300 多项重要改革举措。我们重点学习三个知识点：学主题、学总目标、学重大原则。

第一，我们要深刻认识党的二十届三中全会的主题。那就是进一步全面深化改革、推进中国式现代化。为什么确定这个主题？当前和今后一个时期，是以中国式现代化全面推进强国建设、民族复兴伟业的关键时期。新征程上，靠什么来进一步凝心聚力、汇聚起推进中华民族伟大复兴的强大力量？答案就是靠中国式现代化。必须把改革摆在更加突出位置，紧紧围绕推进中国式现代化进一步全面深化改革。要顺应时代发展新趋势，实践发展新要求、人民群众新期待，以改革到底的坚强决心，不绕道、不回避，动真格、敢碰硬，坚决清除一切妨碍中国式现代化顺利推进的体制机制障碍和制约因素，努力形成精准发力、协同发力、持续发力、扎实推进中国式现代化的生动局面。把进一步全面深化改革、推进中国式现代化作为全会主题，抓住了事业发展的关键，是理所当然、势所必然。

第二，我们要深刻认识全面深化改革的总目标。那就是继续完善和发展中国特色社会主义制度，推进国家治理体系和治理能力现代化。在这个总目标下，《决定》还提出了“七个聚焦”的分领域改革目标，即聚焦构建高水平社会主义市场经济体制、聚焦发展全过程人民民主、聚焦建设社会主义文化强国、聚焦提高人民生活品质、聚焦建设美丽中国、聚焦建设更高水平平安中国、聚焦提高党的领导水平和长期执政能力。说到美丽中国，我们有连绵不断的长城、奔腾不息的黄河、秀丽的桂林、神秘的九寨；从古老的丝绸之路到现代的“一带一路”，多么让人骄傲，我相信在座的各位都有着一样的感受。这“七个聚焦”为进一步全面深化改革指明了正确方向。

第三，我们要深刻认识进一步全面深化改革的重大原则。这一重大原则可以理解为底线，是研究制定《决定》的根本遵循，也是贯彻落实《决定》的根本遵循。“六个坚持”重大原则，即坚持党的全面领导、坚持以人民为中心、坚持守正创新、坚持以制度建设为主线、坚持全面依法治国、坚持系统观念。这“六个坚持”是对改革开放以来特别是新时代全面深化改革宝贵经验的科学总结，是我们党不断深化对改革的规律性认识的重大成果，对于增强进一步全面深化改革的科学性、预见性、主动性、创造性，推动改革行稳致远，具有重大指导意义。

## 应该怎么做？

第一，我们要团结奋斗，做忠诚岗位的新时代铁路人。中欧班列是共建“一带一路”的重要项目和标志性品牌，十年来，中欧班列累计开行 7.7 万列，运送货物 731 万标箱，联通中国境内 112 个城市，通达欧洲 25 个国家 217 个城市，以及沿线 11 个亚洲国家超过 100 个城市。这些成果的取得是千千万万的铁路人用心血和汗水换来的。我就是满洲里口岸的一员，满洲里地处高寒地区，一年有半年的时间都是冬季，别说在室外作业，在外面站上一会儿都会冻得直打哆嗦。–40 摄氏度的严寒，厚厚的皮袄很快就会被寒风刺透，那是钻心的疼，但为了保证中欧班列运行安全，我依然坚守在口岸，并在坚守中实现了自己的人生价值。所以，只有大家同甘苦、共命运、齐奋进，才能实现企业发展和个人价值的“双赢”，才能让我们的事业越来越好，生活越来越幸福。

第二，我们要奋勇拼搏，做攻坚克难的新时代铁路人。从国铁集团领导干部会议精神中我们了解到，下半年，全路面临的工作任务仍然繁重，维护铁路安全稳定、队伍稳定、大局稳定，对我们提出了新的挑战。面对困难和挑战，我们绝不能退缩，更不能置身于外，要拿出“咬定青山不放松”的劲头和“钉钉子”的精神，立足岗位，踏实工作，一件事一件事地干，一步一个脚印地走，用实际行动为企业发展增光添彩。

第三，我们要胸怀大局，做甘于奉献的新时代铁路人。2024 年，国铁集团推出的“新时代·铁路榜样”中，有攻克世界级动车组抗寒难题的王涛、有坚守国门二十八载的程栩、有在异国他乡坚守打拼的雅万高铁司机张跃，他们舍小家顾大家，为铁路高质量发展奉献了一切！我们要学习他们的精神品质，发扬主人翁精神，把企业的事当成自家的事，把更多的时间和精力投入到我们钟爱的铁路事业中去，在平凡的岗位上发光发热，作出新的更大贡献。

勇当服务和支撑中国式现代化的“火车头”是新时代铁路人共同奋斗的目标！

# 立足关键时期　勇担先行使命

党的十八大以来，习近平总书记对铁路工作高度重视、亲切关怀，多次亲临现场考察调研，亲自擘画发展蓝图，对铁路工作作出重要指示批示。十余载春华秋实，铁路事业取得了历史性成就，发生了历史性变革。

我们看到广袤的中华大地上路网密布、高铁飞驰，人们出行更加便利，铁路名片愈发闪亮。全国铁路营业里程稳居世界第一，截至 2023 年底，已达到 15.9 万公里，其中高铁 4.5 万公里。“四纵四横”高铁网提前建成，“八纵八横”高铁网加密成型，铁路建设发展日新月异、令人振奋。尤其是我们铁路人，对时代的进步有着深切的体会，对铁路的发展有着强烈的认同。目前我国铁路基础设施整体水平已居世界前列，我们具备了向更高水平现代化迈进的基础和条件。这些成就的取得，根本在于习近平总书记的领航掌舵，在于习近平新时代中国特色社会主义思想的科学指引。动力来源于不断深化的铁路领域改革，同时也离不开全体铁路人的团结奋斗。

党的二十届三中全会围绕进一步全面深化改革、推进中国式现代化进行了总体部署，指出当前和今后一个时期是以中国式现代化全面推进强国建设、民族复兴伟业的关键时期。铁路作为国家战略性、先导性、关键性重大基础设施，是中国式现代化的重要支撑，实现铁路现代化是推进中国式现代化的应有之义，面对更加艰巨复杂的使命任务，我们铁路人更要立足这个关键时期，担当起新的历史使命。

**第一，我们要铸牢独立自主精神，把铁路事业发展放在自己力量的基点上。**

一直以来，铁路都传承并发扬着独立自主的精神。我们来看一组照片，一张展示了一百多年前的京张铁路，一张展示了一百多年后的京张高铁，两个场景形成了百年京张的视觉冲击。在这里我们不由得会提到一个人，那就是中国铁路之父詹天佑。他主持修建的中国自主设计并建造的第一条铁路——京张铁路，就是完全由中国人独立自主设计完成的，不仅用现实击破了“中国人造不出铁路”的谣言，也充分展示了中国人独立自主、自强不息的民族精神。百年后，京张高铁依然由我们自主研发、自主设计、自主建造，既运用各种先进手段独立自主完成了整个京张线路的铺设，更在高铁列车的智能化上占据世界领先地位，首次实现时速350公里无人驾驶。习近平总书记曾高度概括：“1909年，京张铁路建成；2019年，京张高铁通车。从自主设计修建零的突破到世界最先进水平，从时速 35 公里到 350 公里，京张线见证了中国铁路的发展，也见证了中国综合国力的飞跃。”所以中国铁路的精神当中始终彰显出独立自主的精神品格。

我们再来看一看高铁的大脑和神经中枢——高速铁路列控系统，这个系统经历了从最初对国外技术的引进、消化、吸收，再到形成全套自主知识产权的技术并成熟应用，真正将高铁列车运行控制的核心技术牢牢掌握在自己手中。2009 年的时候我国提出了高铁走出去战略，如果不是完全自主知识产权的系统是没有办法支撑这一战略的。所以我们就启动了 CTCS-3 级高速铁路列控系统的研制，仅用了三年时间就完成了西方国家几十年的技术跨越，彻底摆脱对国外技术的依赖。如今这套系统已经出口到海外，应用于匈塞铁路、雅万高铁等线路，为世界高铁的建设贡献了中国方案。

## 第二，我们还要加强技术攻关，以科技创新开启铁路现代化的新篇章。

党的二十大报告提出，“坚持创新在我国现代化建设全局中的核心地位”“加快实现高水平科技自立自强”。一个国家的科技命脉如果掌握在别人手中，就会被“卡脖子”。增强科技创新能力是破除“卡脖子”瓶颈的唯一法宝。今天，我们国家正走向高水平科技自立自强，高质量发展成为全面建设社会主义现代化国家的首要任务。经过多年来特别是新时代以来的实践探索，我国铁路总体技术水平迈入世界先进行列，中国高铁迈出从追赶到领跑的关键一步。我们非常熟悉的 12306 是世界上规模最大的铁路互联网售票系统，提到 12306，大家一定会想起被称为“最强大脑”的单杏花——铁路客运信息化领域的领军人物。单杏花说："我们知道哪些东西该牢牢把握在自己手里，正因为所有的代码都在我们手里，我们才能进行新的功能、新的模式的创新。"可见科技自立自强的重要性。经过技术攻关，12306 的承载能力有了质的飞跃，系统也在不断迭代升级，从自主选座、网上订餐，到在线选铺、中转换乘，12306 的功能是越来越完善，让我们真正感受到科技带来的便利出行。

长期以来，铁路都十分重视技术攻关，在基础研究上下更大的功夫。2021 年 5 月，我们成立了国家川藏铁路技术创新中心。川藏铁路被称为人类历史上最难修的铁路，这是一种突破，外国专家连想都不敢想的，但是我们中国人做到了！ 2023 年 2 月，我们又成立了铁路科技创新联盟，这样就能聚合这些路内外的优势资源实现产学研的深度融合。我们要想在核心技术上不受掣肘，那就要加大科技攻关力度，把"卡脖子"清单变成科研任务清单，以科技创新开启铁路现代化的新篇章。

## 第三，我们要坚持自信自立，勇当服务和支撑中国式现代化的"火车头"。

今后一个时期，我们国家铁路的中心任务就是要推动铁路高质量发展，率先实现铁路现代化，勇当服务和支撑中国式现代化的"火车头"。作为国家铁路、人民铁路，我们必须充分认识到，扎实推进中国式现代化，着力推动高质量发展，我们铁路责无旁贷，使命光荣。国铁集团党组提出的构建"六个现代化体系"，是推动铁路高质量发展的题中之义，也是顺应中国式现代化建设的必然要求。那么到 2025 年末，我们要完成铁路"十四五"发展规划目标，基本建成这“六个现代化体系”，到 2035 年，率先建成现代化铁路强国，为全面推进中华民族伟大复兴提供强有力的支撑。

新时代的今天，中国铁路人为实现中华民族伟大复兴，书写了不忘初心砥砺前行的壮丽画卷。所以我们的高铁叫复兴号，因为它深情寄托着铁路人对中华民族伟大复兴的追求和期盼。如今我们的复兴号已经开行 7 年了，覆盖了 31 个省区市。我们的 CR450 动车组实现单列时速 453 公里、交会时速 891 公里运行，这种舒适度、智能化、便捷性以及技术的不断革新是我们亲身感受到的。所以，交通强国铁路先行，作为铁路人的我们很有信心。到 2035 年，我们国家将基本实现社会主义现代化，那个时候中国铁路将率先建成服务安全优质、保障坚强有力、实力国际领先的现代化铁路。而到 2050 年我们国家将建成社会主义现代化强国，到那时，中国铁路的发展成就将成为社会主义现代化强国和中华民族伟大复兴的重要标志之一，这是时代对铁路的召唤，也是铁路对党、对国家、对人民的庄严承诺。我们要牢记习近平总书记的嘱托，坚持自信自立，为勇当服务和支撑中国式现代化的“火车头”贡献自己的力量。

# 共建共享铁路高质量发展成果 筑牢企业与职工命运共同体

2015年10月，在党的十八届五中全会上，习近平总书记提出了创新、协调、绿色、开放、共享的新发展理念。人民群众既是推动发展的主体，又是共享发展成果的主体。我们和企业的关系，就是共建与共享的关系，就是一个密不可分、荣辱与共的命运共同体！

我从三个角度，讲一讲我们和企业的这种密切关系。

## 第一，什么是共建？我认为，职工用辛勤劳动和不懈奋斗助力企业高质量发展体现的就是共建。

新时代新征程上，全路干部职工与企业在特大自然灾害和重大考验面前，可以众志成城，和衷共济，向党和人民交上一份又一份的满意答卷，携手共进推动铁路高质量发展不断取得新成效。就拿2024年上半年来说，全路安全保持总体稳定，行车事故同比下降23.8%，有力有效应对21轮强降雨考验，确保了高铁和旅客列车安全万无一失；铁路客运完成旅客发送量 19.91 亿人、同比增长 17.6%，连创历史新高；铁路货运市场化改革成效显现，货物发送量环比增长 3.5%，特别是 6 月份以来同比增长 6%，日均装车创历史新高；铁路经营质量效益明显提升，国家铁路完成运输总收入达到了 4841 亿元，同比增长 4.7%。这些成绩的取得，是全路干部职工辛勤付出、团结奋斗、拼搏奉献的结果。

勤劳勇敢的铁路人传承了“始终听党话、永远跟党走”的红色基因，日复一日接续奋斗用自己的汗水和努力，为铁路高质量发展贡献着力量。我是个土生土长的黑龙江人，我们那儿冬季长达 6 个月，最低气温 –40 摄氏度，就算穿着大棉袄、二棉裤照样能把人冻得直突突。2023 年冰天雪地，银装素裹宛若童话世界的哈尔滨爆火，无数南方游客乘坐高铁蜂拥而至，可大家知道我们的高铁在极寒的天气下是怎么运行的吗？极寒高铁没有先例，没有经验可以借鉴，没有人告诉我们冰雪折射的反光会让司机在进入隧道后瞬间失明，双车交会时气流卷起的积雪头车会失去动力，甚至就连霜冻都会影响行车安全，为了解决这些难题，“最美铁路人”三棵树机务段动车组司机邢云堂，反复跟车 200 多趟，潜心专研、不断摸索，攻破了一个又一个技术难关，形成了近 4 万字的作业标准，填补了高寒高铁驾驶技术标准的空白。我认为，这就是铁路人助力企业发展最生动的诠释。

**第二，什么是共享？我认为，企业给职工带来的发展“红利”体现的就是共享。**

近年来，铁路各级组织始终坚持以人民为中心的发展思想，全面落实党的依靠方针，以职工呼声为信号，以职工需求为导向，以职工满意为标准，让职工享受更多的发展“红利”，下面，我们就从几个维度来感受铁路的发展变化。首先，从生产条件来看，CTC 调度集中控制系统、动车组车底检修机器人、轮轴自动搬运车等智能化、现代化设备的大量投入运用，既提高了劳动生产率，又减轻了职工的作业强度；其次，从生活保障来看，我们各局都进行了“三线”建设，衣、食、住、行方面的变化，我们每个人都深有感触，铁路职工一天比一天幸福；再从企业福利来看，冬送温暖、夏送清凉，推行职业生涯全过程关爱服务，困难职工帮扶救助力度年年加大，铁路老旧小区、棚户区焕然一新，职工居住品质在不断提升；最后，从工资收入来看，铁路职工的工资连年增长，腰包越来越鼓，生活越来越好，这是实实在在的幸福，是实实在在的底气！这些都是企业带给我们的发展“红利”。

我再跟大家分享一个真实的感受，前几天跟一个车间的职工座谈，我问他们有什么问题需要解决。以前关于个人衣食住行的问题能罗列一大堆，现在他们提的问题却让我十分意外。刚参加工作的问我什么时候能外出学习，竞聘要什么条件；工班长问我，对作业工具进行改良创新，能不能申请经费；老职工对我提出建议，说现在作业太依赖设备，“老办法”“老工艺”没人学，一旦必须人力进行作业的时候很可能就会“麻爪”（就是解决不了的意思）。我一一解答过后，其实内心感触挺大：曾经大家最关注的问题，随着职场环境越来越好，职工收入越来越高，职工的关注点也从自身转到了企业发展，心系企业已经成为每名职工的“心上事”。企业不断发展，我们是推动者，更是受益者。我们更加坚信，只要团结奋斗，就一定能创造更加幸福美好的生活！

**第三，怎样实现深度共建共享？我认为，就是要保证安全、干好本职，多作贡献。**

一要保证安全。保安全生产是铁路职工的头等大事和首要政治任务，这是我们“安身立命”的根本，没有安全就没有一切。在座的各位，不论你是什么岗位，都和安全息息相关。只有安全保住了，企业才能更好地发展。我们上班为了什么啊，不就是为了能多赚点钱，让日子越来越红火，让家庭越来越幸福。

二要干好本职。经过三年疫情的考验和我们应该深刻认识到有着铁路这样一份工作是多么的可贵。所以咱要做到干一行爱一行，钻一行精一行，努力成为本系统、本行业的行家里手，技术大拿，保行车的就要做安全标兵，搞经营的就要做创效能手，搞服务的就要当服务明星，在各自的岗位上闪闪发光。

三要多作贡献。我相信大家都明白一个道理，“钱袋子”决不是天上掉下来的，那是通过我们努力发货发客一分一分赚来的，是我们扩大非运输业经营一项一项争来的，也是我们在确保安全生产的前提下开展节支降耗、减员增效一点一点省来的。完成年度目标任务，我们都不是“局外人”，要一起动脑筋，下功夫，从小处着手、从点滴做起，同心协力画出企业与职工发展的最大同心圆。

此时我相信大家已经都知道我宣讲前提问的答案了。要想享受到更多的企业发展红利，我们唯有奋斗。最后用习近平总书记的一句话作为结尾，“幸福是奋斗出来的”！新时代、新征程加油！

# 加快构建“六个现代化体系”中国铁路未来可期

习近平总书记在党的二十大报告中指出，要以中国式现代化推进中华民族伟大复兴。为了对标对表党的二十大重要战略部署，国铁集团党组明确提出构建“六个现代化体系”，完成推动铁路高质量发展、率先实现铁路现代化，勇当服务和支撑中国式现代化“火车头”的目标任务。那么，构建“六个现代化体系”具体内容是什么，又将对实现铁路现代化发挥什么样的作用呢？我们大家共同来学习。

## 第一，构建现代化铁路基础设施体系。

铁路基础设施体系是大厦之基，是推动铁路现代化发展的物质基础和能力保障。我们通过联网、补网、强链，提升安全质量能力，优化布局、结构和功能系统集成，满足国家重大战略和经济社会的发展需求。我们再看未来，到 2025 年，我们的全国铁路营业里程将达到 16.5 万公里，2035 年，路网规模将达到 20 万公里，高铁里程将达到 7 万公里，在千千万万的铁路建设者埋头苦干、不懈努力下，一条条钢铁大动脉将在神州大地上纵横延伸，一幅壮美的路网工笔画必将在新时代的中国变为现实。

## 第二，构建现代化铁路运输服务体系。

铁路运输服务体系是以满足运输出行需求为根本目的，是铁路服务和融入中国式现代化的着力点。我们通过不断完善智慧化、高效率的全程服务体系和多样化、高品质的产品供给体系，使得高铁服务品牌和现代物流体系的优势不断增强，打出一个个响当当的中国铁路品牌。再看未来，到 2025 年，货物发送量将达到 40 亿吨，旅客发送量更是将达到 41 亿人次。还有我们的 12306 系统，尽管它现在的功能已经很齐全了，但是升级后，班列订舱、市场监测、两端集配、物流总包、客户关系管理等各种多功能模块将更加完善，更加方便智能。一车一策、一日一策的票额运用方式，推动实现“人享其行、物畅其流”美好愿景的实现，我们的出行需求更加便利。

## 第三，构建现代化铁路科技创新体系。

科技创新体系是推动铁路现代化发展的动力引擎和技术支撑。我们通过先进科技与铁路技术的集成融合，使得 CR450 刷新高铁动车组列车明线和隧道交会速度的世界纪录。铁路智能建造、智能装备、智能运营水平也得到全面提升，更加快推进“智慧天路”建设。我们现行的中国高铁中，复兴号包括 CR400AF 型和 CR400BF 型，设计时速 350 公里，这是中国自主研发的，具有完全知识产权的新一代高速列车。未来，科技在铁路发展中将扮演更重要的角色，我们将会研发出更为方便、快捷、舒适、美观的更新一代高速列车，让我们一起拭目以待。

**第四，构建现代化铁路安全保障体系。**

安全保障体系是铁路现代化发展行稳致远的重要保障。安全是发展之本，本固而邦宁。我们通过牢固树立总体国家安全观和大安全观理念，持续构建人防、物防、技防“三位一体”高可靠安全保障体系。未来，安全管理的数智化建设将得到更为广泛的应用，您没有听错，就是数智化，智是智能的智，也是高智的智，它预示着我们对于运输生产安全的实时监测、评估评价、风险感知、辅助决策等能力将得到进一步增强，铁路安全将保持持续稳定，铁路的本质安全水平和安全保障能力将得到进一步提高。

**第五，构建现代化铁路经营管理体系。**

经营管理体系是壮大铁路资产，提升铁路企业经营水平的关键所在。效率效益是铁路发展之源，有源而活水。我们通过全面建立铁路市场化、法治化、国际化经营机制，不断增强市场竞争力和经营管理能力，实现现代化的经营管理创新理念与铁路产业深度融合。未来，到 2025 年，我们将基本建成党建引领、理念先进、机制健全、手段现代、策略有力、措施精准、环境良好的现代化铁路经营管理体系，让中国铁路向建设世界一流铁路企业顺利进军。

**第六，构建现代化铁路治理体系。**

铁路治理体系是铁路现代化的制度支撑和机制保障。我们通过牢牢把握、坚决贯彻“两个一以贯之”的重大政治原则和改革方向，将党的领导全面落实到公司治理的各个环节。改革只有进行时，没有完成时。未来，通过一系列体制机制变革、创新，国铁企业的行业主体作用将更加突出，铁路治理体系和治理能力也将进一步推动铁路现代化发展，焕发出蓬勃生机。

大家可以看出，“六个现代化体系”中，每一个体系都在铁路的现代化中发挥着不可或缺的作用，都是铁路服务和支撑中国式现代化的现实行动。一张现代化铁路强国的宏伟蓝图正在徐徐展开，我们每一位拼搏奋斗的铁路人都注定是见证者、推动者、受益者。

2025 年，“六个现代化体系”就要基本建成，这是铁路进入高质量发展、率先实现铁路现代化的新阶段和关键期。那么，构建“六个现代化体系”，需要我们怎么干？

第一，需要我们坚决守牢安全发展底线，超前防范风险，提升保障能力，坚持把人民至上、生命至上的理念贯穿始终；第二，需要我们在基础设施、运输服务等方面坚持补短板、强弱项、固底板、扬优势，主动服务和推动经济社会持续高质量发展；第三，需要我们以全面深化改革为动力，深入推进铁路经营管理创新和科技创新，加快发展铁路新质生产力，全面提升铁路发展质量和效益；第四，需要我们每一名干部职工心往一处想、劲往一处使，立足岗位，扎实工作，为服务和支撑中国式现代化作出自己的贡献，用实际行动筑牢企业与职工的命运共同体。

立足岗位作贡献，是弘扬铁路精神的重要体现。大业开鹏举，东风启壮图。未来，我们 200 万铁路人瞄准目标、勇毅前行。中国铁路，未来可期！

# 弘扬铁路精神　勇当开路先锋

说起铁路精神，每个铁路人都会引以为傲。铁路精神是铁路人的价值取向和奋斗坐标。“人民铁路为人民”，是中国铁路精神的核心，是铁路人的“标识”。这7个字代表了什么？对我们铁路人的现实意义又是什么？可以说，这7个字诠释了铁路人的政治责任和使命担当，是我们勇当服务和支撑中国式现代化“火车头”的“根”和“魂”。

下面，我从三个方面分享一下我的感悟。

## 第一个感悟：铁路精神是铁路人在笃行实干中凝聚的磅礴力量。

中国铁路在波澜壮阔的发展历程中，积淀了深厚的文化底蕴，形成了丰富的文化宝库。在中国共产党100多年的发展历史中，面对不同时期党的使命任务，铁路人始终响应号召、听从指挥，在革命、建设、改革发展实践中坚守初心、锤炼品格，形成了以“人民铁路为人民”为核心的铁路精神谱系。其中，“二七”精神、“毛泽东号”精神、“铁牛号”精神、小东精神、福生庄精神、成昆精神，“158”精神、巴山精神、大秦重载精神、青藏铁路精神，最具时代性、先进性和代表性。铁路精神是铁路人在社会活动中的自我定位和价值体现，是必须遵守的职业道德和行业准则。

**第二个感悟：铁路精神是铁路人勇于担当接续前行的光辉写照。**

“人民铁路为人民”这 7 个字，对我们来说，首先是始终坚持党的领导，忠诚担当的政治品格。1923 年，京汉铁路工人的“二七大罢工”点燃了党领导的第一次工人运动的高潮。面对硝烟未散的枪口和鲜血淋漓的屠刀，让他们义无反顾的是对党的绝对忠诚。1946 年，哈尔滨成为中国第一个被解放的大城市，哈机工人在“死机复活”运动中修复了两台伟人号机车——“毛泽东号”“朱德号”，从此只要党和国家需要，伟人号机车都无惧艰险冲锋在前。正是这种“开路先锋”精神，激励着一代代铁路人续写“为人民服务”的时代新篇。2023 年 7 月，一场大水将 K396 次列车围困了 105 小时，年轻的值班员赵阳哽咽着安抚旅客：“我就是因为穿了这身衣服，我得对得起大家！”这位戴着党员徽章的姑娘，脆弱但她顽强，普通但她忠诚，这就是我们铁路人用行动回应了人民群众对我们的期盼。

“人民铁路为人民”这 7 个字，对我们来说，也是创新先行的奋斗精神。在 1958 年成昆铁路动工修建，这条线路被外国专家称为“筑路禁区”，我们 30 多万的铁路建设者在极端困难的条件下，逢山开路、遇水架桥、自己设计、自己施工，最终贯通了这条战略意义非凡的铁道线路。在当时、成昆铁路与美国阿波罗登月、苏联人造卫星一并被称为“20世纪人类征服世界的三大奇迹”，当然、为了这条震惊世界的铁路，我们2000多名铁路建设者长眠在这崇山峻岭中。还有与共和国同龄的“铁牛号”机车组，诞生于“死机复活运动”，在朝鲜战场上冒着枪林弹雨、冲锋在前，在祖国建设时期、多拉快跑、趟趟超轴，树立起了“满超五”标杆；还有我们大秦线，肩负着国计民生发展重任，不断突破重载极限，创火车开行密度、运行速度、运输效率等世界纪录；我们攻克了高寒缺氧、多年冻土、生态脆弱三大世界性难题，在与极限搏斗中诞生了青藏铁路。

“人民铁路为人民”这7个字，对我们来说，更是敬业奉献的优良传统。南京站“158”雷锋服务站，是敬业奉献的典范、从“早来一小时、晚走一小时”，到“五五工作法”，再到高铁时代与时俱进的快捷信息服务，历经半个多世纪、四代铁路人，初心不改、使命不变，始终牢牢把握“全心全意为人民服务”的宗旨。巴山铁路站区职工用40年的艰苦岁月，将外国专家判了“死刑”的大巴山2号隧道，从限速15公里/时整治成通行90公里/时的列车安全线。

“人民铁路为人民”这7个字，对我们来说，还是严守标准、勤奋自律的职业操守。小东站隶属沈阳局集团公司阜新车务段，是高新线上的一个四等小站，但他们执行标准却全路闻名，“一点不差，差一点也不行”是他们的精神，希望这种精神能够融入我们每个人的工作当中。内蒙古自治区卓资县内的福生庄线路工区，自1948年成立以来，以确保轨距1435毫米“不走样”的精神铸牢安全之路，创造了连续 76 年无事故的光荣纪录，载入共和国铁路史册。一代代铁路人的无私奉献、一次次攻坚克难的艰苦卓绝，铸就了铁路人的精神烙印，这是万千平凡人的壮举，是“人民至上”思想在铁路工作中的生动实践。

## 第三个感悟：铁路精神是铁路人面对抉择时的动力源泉。

这里分享一个我的亲身经历。2021 年 11 月，那时我在“铁牛号”机车组任司机长。黑龙江遭逢百年不遇的冰雪凝冻灾害，接触网不断结冰，不及时处理随时会有拉断的可能，铁路运输将大面积瘫痪。“铁牛号”机车临危受命，担当除冰任务，在指定区段往返打冰，为运输生产保驾护航。而那时，我的妻子正在医院待产，预产期仅剩两天。

一边是“铁牛号”司机长的责任，旅客和货主正焦急等待我们快速通车，在艰巨工作前我有责任带头冲锋；一边是妻子分娩在即需要我的支持和陪伴，我同样渴望见证孩子的诞生，但我依然选择了与伙伴们并肩作战。

五天四夜，我和车组成员不间断地往返于接触网覆冰区段，连续工作 60 多小时、开行 5000 多公里，冻雨没有耽误任何后续列车。当我赶回医院时，儿子已经能睁开眼睛。有遗憾，但不后悔，因为我是“为国分忧、艰苦奋斗”“铁牛号”机车组的一员，75 年来有太多成员做出了同样的选择，无论是枪林弹雨的朝鲜战场，还是多拉快跑的运输一线，我们像所有铁路人一样，把人民群众的利益放在首位，为了人民而奔驰，这就是我理解的“铁牛号”精神。

新时代新征程赋予我们新的使命。把人民群众对铁路运输更安全、更快捷、更舒适的要求落到实处，这需要我们付出更多的努力、做出更多的贡献，对自身有更高的标准、更严的要求。而指引我们铁路人能做到这一步、能实现这一切、能担起这一重任的，正是“人民铁路为人民”的精神。

传承和弘扬铁路精神其实就在日常的行动中。在思想懈怠时、在身体疲劳时、在旅客需要时、在落实标准时、在面对苦累脏险时，人民希望的，就是我们最正确的选择。只要我们昂首奋进、苦干实干、任劳任怨，就能成为平凡岗位的“开路先锋”！

# 沈阳局集团公司

## 宣讲报告

扫码观看宣讲视频

宣讲、撰稿人员：

潘佳宁　姜琪婧　康淞茗

田艳丽　李文欣　张　平

周立冬　田欣鑫　阿都沁

齐　芳　常效东　辛　野

黄玉昆　由跃媛

# 深入学习党的二十届三中全会精神<br>不断开创高质量发展新局面

中国共产党是一个大党，领导的是一个大国，进行的是伟大的事业。党的二十届三中全会是在以中国式现代化全面推进强国建设、民族复兴伟业的关键时期举行的一次十分重要的会议。作为国家铁路、人民铁路，我们要站在党和国家工作大局的高度，深入学习宣传贯彻全会精神，凝心聚力、奋发进取，为书写中国式现代化时代新篇章贡献铁路力量。

## 深刻认识党的二十届三中全会的重大意义。

要想了解全会的重大意义，我们必须以大历史观的视角来领悟其发展的过程。改革开放以来，党的历届三中全会研究什么议题、作出什么决定、采取什么举措、释放什么信号，是人们判断新一届中央领导集体施政方针和工作重点的重要依据。在改革开放 40 多年的历史进程中，有这样几个时间节点令人瞩目、十分重要：1978 年党的十一届三中全会开启了改革开放和社会主义现代化建设新时期，这个时期的关键词是“改革”；2013 年党的十八届三中全会开启了新时代全面深化改革，这个时期的关键词是“全面深化改革”；2024 年刚刚闭幕的党的二十届三中全会做出了进一步全面深化改革、推进中国式现代化的决定，当前和今后一个时期的关键词就是“进一步全面深化改革”。这几次全会承前启后、继往开来，都是划时代的，在党史和新中国史上都具有里程碑的意义。党的十一届三中全会以来，通过改革，党和人民的事业大踏步赶上了时代；党的十八大以来，通过全面深化改革，党和国家事业取得历史性成就、发生历史性变革；党的二十大以来，党团结带领全国各族人民踏上了实现第二个百年奋斗目标的新征程。历史充分证明，改革开放是党和人民事业大踏步赶上时代的重要法宝。实践告诉我们，改革开放只有进行时，没有完成时！

## 准确把握进一步全面深化改革的总目标和原则。

总目标是行动的目的地。总目标是系统的、系列的，由众多目标集合而成。总目标是在实践基础上主观能动预设的，有时间节点的，有步骤要求的。《决定》提出进一步全面深化改革的总目标是：“继续完善和发展中国特色社会主义制度，推进国家治理体系和治理能力现代化。到二〇三五年，全面建成高水平社会主义市场经济体制，中国特色社会主义制度更加完善，基本实现国家治理体系和治理能力现代化，基本实现社会主义现代化，为到本世纪中叶全面建成社会主义现代化强国奠定坚实基础。”

为了实现总目标，提出了“七个聚焦”作为分目标：一是要聚焦构建高水平社会主义市场经济体制；二是要聚焦发展全过程人民民主；三是要聚焦建设社会主义文化强国；四是要聚焦提高人民生活品质；五是要聚焦建设美丽中国；六是要聚焦建设更高水平平安中国；七是要聚焦提高党的领导水平和长期执政能力。到2029年中华人民共和国成立80周年时，完成本决定提出的改革任务。至此总目标规定了改革的“路线图”，明确了改革的“时间表”，让我们的落实有遵从且有依据。原则是方法论，是解决问题的“桥”和“船”。《决定》强调，进一步全面深化改革要总结和运用改革开放以来特别是新时代全面深化改革的宝贵经验，贯彻以下原则：坚持党的全面领导、坚持以人民为中心、坚持守正创新、坚持以制度建设为主线、坚持全面依法治国、坚持系统观念。这是我们党不断深化对改革的规律性认识的重大成果，我们要一以贯之。

**践行全会精神，推动铁路高质量发展取得新成效。**

国铁集团领导干部会议明确提出，以学习贯彻全会精神为动力，大力弘扬改革创新精神，全力抓好铁路各项重点工作，坚决实现年度目标任务。

践行全会精神，需要我们坚持总基调，锚定总目标，把握总要求。我们要坚持以习近平新时代中国特色社会主义思想为指导，全面贯彻党的二十大和二十届二中、三中全会精神，深入学习贯彻习近平总书记关于全面深化改革的一系列新思想、新观点、新论断以及对铁路工作的重要指示批示精神，认真落实国铁集团党组决策部署，以加快构建“六个现代化体系”为载体，奋力推动铁路高质量发展、率先实现铁路现代化取得新成效。

践行全会精神，需要我们准确研判形势，善于抓住机遇，勇于攻坚克难。对沈阳局而言，要准确把握区域经济发展新需要、人民群众新期待，加强路地战略承接、政策对接、产业衔接，畅通北粮南运、蒙煤外运通道，优化海铁联运布局，深度融入共建“一带一路”，为服务新时代东北振兴作出新贡献。落实到个人身上，就是一句话：“忠诚履职，把说到的做到，把该干的干好”。

践行全会精神，需要我们聚焦重点任务，深化改革创新，狠抓工作落实。最直接的体现，就是全面完成年度目标任务。我们要坚持人民至上、生命至上，进一步强化安全责任落实，着力推动双重预防机制，以高水平安全保障高质量发展；全面提升客货运输供给水平，充分发挥铁路在有效降低全社会物流成本中的主力军作用；深入推进铁路经营管理和科技创新，加快发展铁路新质生产力，全面提升铁路发展质量和效益。

大道至简、实干为先。国铁企业既是落实党中央重大决策部署“最先的一公里”，也是服务人民群众“最近的一公里”，让我们乘着全会胜利召开的东风，展现铁路人的责任担当，把党的二十届三中全会精神转化为勇当服务和支撑中国式现代化“火车头”的强大力量，共同奋斗、一往无前！

# 砥砺奋进新时代　铁路使命显担当

全面建成小康社会、成功应对世纪疫情，“嫦娥”“祝融”逐梦苍穹，复兴号开上青藏高原……党的十八大以来，一个个梦想照进现实，中国现代化建设取得全方位发展成就，每一步都在书写历史、创造奇迹。作为国家铁路、人民铁路，中国铁路事业发展迅速。无论是运营里程还是运营速度，无论是技术装备还是服务质量，中国铁路都昂首进入世界前列，成为新时代中国特色社会主义事业的精彩缩影。

**建成了世界最大的高速铁路网和先进的铁路网。**

新时代以来，全国铁路营业里程由 9.8 万公里增加到 15.9 万公里，特别是高铁营业里程由 0.9 万公里增加到 4.5 万公里。“四纵四横”高铁网提前建成，“八纵八横”高铁网加密成型，发展速度之快、质量之高令世界惊叹。

铁路在综合交通体系中的骨干作用充分彰显。坚持以市场需求为导向、以铁路运输供给侧结构性改革为主线，大力实施货运增量行动、客运提质计划、复兴号品牌战略。2023 年与 2012 年相比，全国铁路旅客发送量增长 103.6%，货运发送量增长 29%，铁路客运周转量、货物发送量、货运周转量以及运输密度均居世界首位。

铁路总体技术水平迈入世界先进行列。深入落实国家创新驱动发展战略，大力推进铁路应用型技术创新，高速、高原、高寒、重载铁路技术达到世界先进和部分领先水平，智能高铁技术全面实现自主化，特别是复兴号高速列车迈出从追赶到领跑的关键一步，树立起世界高铁建设运营的新标杆。

为脱贫攻坚和乡村振兴注入“铁动能”。充分发挥铁路行业优势，全力抓好脱贫攻坚任务落实。两年间，130 多个县结束了不通铁路的历史。常态化开行公益性“慢火车”，精准开行惠农助学务工专列、铁路旅游帮扶专列等，并全力保障涉农重点物资运输，推动中央定点帮扶的 4 个县区和 53 个省级定点帮扶村如期脱贫摘帽。

服务“一带一路”建设和国际产能合作成果丰硕。截至目前，中欧班列已通达亚洲、欧洲 36 个国家超过 324 个城市。中老铁路、雅万高铁等项目建成运营，中国铁路“走出去”的步伐不断加快，成为“一带一路”建设和国际产能合作的一张亮丽名片，也为全球发展事业贡献了中国力量。

**新时代中国铁路的发展，无不饱含着以习近平同志为核心的党中央的亲切关怀。**

党的十八大以来，每每在重要节点、关键时刻，习近平总书记都会对铁路工作作出重要指示批示，为我们推动铁路高质量发展提供了根本遵循和强大动力。

实践证明，正是拥有坚强领导核心、拥有科学理论指引，中国铁路才有屹立不倒的精神支柱，才能战胜一切艰难险阻，不断创造新的辉煌。这些成绩的取得，也是200万铁路人鼎力担当、先行发展，发扬敢于斗争、善于斗争的革命精神，自觉传承和发扬铁路的优良传统和精神血脉，以舍我其谁的拼劲、逢山开路的闯劲、只争朝夕的韧劲，不惧风险、不怕挑战，敢于斗争、敢于胜利，不断把新时代铁路事业推向前进。

党的二十大报告中明确提出："从现在起，中国共产党的中心任务就是团结带领全国各族人民全面建成社会主义现代化强国、实现第二个百年奋斗目标，以中国式现代化全面推进中华民族伟大复兴。"党的二十届三中全会为进一步全面深化改革、推进中国式现代化作出了总体部署，注入了新的动力。

**新征程上我们必须坚决听从党中央号令，推动铁路高质量发展不断取得新成效。**

切实承担起服务和支撑中国式现代化的历史重任，这是每一位职工的崇高责任和光荣任务。这就需要我们始终紧绷安全这根弦，任何时候都必须将维护铁路安全稳定紧紧抓在手上，用专业和专注铸就起一道坚不可摧的钢铁长城！

这就需要我们聚焦提高人民生活品质，坚持以人民为中心，不断提升铁路客运产品供给水平，让人民群众在共享铁路现代化成果中有更多更强烈的获得感、幸福感、安全感！

这就需要我们主动适应市场、全面推进货运市场化改革，充分发挥铁路在有效降低全社会物流成本中的主力军作用！

这就需要我们进一步强化责任担当，加大重点项目推进力度，努力加快建设发达完善的现代化铁路网！

这就需要我们加快推动铁路科技创新、发展铁路新质生产力，全面提升铁路发展质量和效益！

这就需要我们主动服务国家战略，勇于面对挑战和困难，积极寻求解决方案并付诸实践！

奋楫扬帆豪情壮，踔厉奋发勇担当。率先实现铁路现代化、率先建成现代化铁路强国的进军号角已经吹响，前进的道路不会一帆风顺，也不是敲锣打鼓就能实现的，必然面对诸多可以遇见和难以遇见的风险挑战，必须准备付出更为艰巨、更为艰苦的努力。越是关键时刻，越需要团结奋进的拼搏精神、攻坚克难的顽强意志，越需要“一锤接着一锤敲”的定力。

让我们以深入贯彻党的二十届三中全会精神为指引，以习近平新时代中国特色社会主义思想凝心铸魂，始终坚守国家铁路、人民铁路战略定位，切实履行好国家铁路的政治责任和社会责任，以更强的责任担当、更实的工作举措，踏踏实实把正在做的事情做好，一步一个脚印地坚定前行，勇当服务和支撑中国式现代化的“火车头”，奋力推动铁路高质量发展取得新成效。

# 奋力推动铁路高质量发展<br>率先实现铁路现代化

党的二十大吹响了向第二个百年奋斗目标进军、以中国式现代化全面推进中华民族伟大复兴的号角，擘画了全面建设社会主义现代化国家的宏伟蓝图。党的二十届三中全会通过的《决定》指出："中国式现代化是在改革开放中不断推进的，也必将在改革开放中开辟广阔前景。"这是振奋人心的号召，是响彻历史的昭示、也是面向未来的宣誓！

## 鲜红的党旗指向哪里，铁路人的奋斗脚步就迈向哪里！

国铁企业是党执政兴国的重要支柱和依靠力量，作为国家铁路、人民铁路，在对标党中央新要求，顺应人民群众新期待中，提出了今后一个时期的中心任务，那就是：推动铁路高质量发展，率先实现铁路现代化，勇当服务和支撑中国式现代化的"火车头"，重点是构建"六个现代化体系"。

这是铁路人的自信宣言和庄严承诺。

构建现代化铁路基础设施体系。一条条钢铁大动脉在神州延展，一副壮美的路网工笔画必将变为现实。放眼东北大地，沈白高铁、京通电化等项目建设如火如荼，建成后必将为东北全面振兴增添新活力。

构建现代化铁路运输服务体系。高铁服务品牌和现代物流体系优势不断增强，人畅其行、物畅其流美好愿景逐步变为现实。其中，复兴号智能动车组彰显中国速度，公益性“慢火车”体现服务温度。我们全力推动客运提质增收、货运转型发展、运输扩能敞口，不断提高运输竞争性。

构建现代化铁路科技创新体系。云计算、物联网、大数据、人工智能等技术与铁路融合，我们以数字沈铁为抓手，带动治理方式、管理模式的深层次变革。

构建现代化铁路安全保障体系。人防、物防、技防“三位一体”安全保障体系有力有效，安全水平全面提升。我们强化系统思维，把握科学规律，抓牢安全关键，从源头识别风险、研判风险、管控风险。

构建现代化铁路经营管理体系。在主业为本、多元协同、同向发力的经营策略引领下，必将点燃铁路人闯市场、增效益的激情，推动客运、货运、非运输业形成“三足鼎立”良好格局。

构建现代化铁路治理体系。进一步深化改革迈出新步伐，形成更为成熟、更加定型的中国特色国铁现代企业制度，推动企业治理与社会发展更好相适应。

**东方风来满眼春，风劲扬帆正当时。**

清晰坚定的目标凝聚人心、催人奋进！到2025年末，完成铁路“十四五”发展规划目标，基本建成“六个现代化体系”；到2035年，率先建成现代化铁路强国。这一目标，画出了200万铁路人的最大同心圆。展望未来，钢铁大动脉交错延展，智能复兴号动车组纵横飞驰……现代化铁路强国的宏伟蓝图，犹如一幅壮美画卷，都让人心驰神往、激动不已。

光荣激励着我们、梦想召唤着我们，作为铁路职工，要胸怀“国之大者”，将个人小我融入大我，辛勤耕耘、播种希望，让每一滴汗水，成为奋进路上的生动注脚，不畏困难、勇往直前，立足岗位展作为立新功，作出我们这一代铁路人的历史贡献。

——构建“六个现代化体系”，要坚持以习近平总书记关于中国式现代化的重要论述为根本遵循，切实把党中央决策部署完整、准确、全面地贯彻落实到铁路现代化全过程。

——构建“六个现代化体系”，要更加坚定自觉地对标对表党的二十大及二十届二中、三中全会精神，对标全面建设社会主义现代化国家的战略部署，找准服务和融入中国式现代化建设的着力点，奋力推动铁路高质量发展。

——构建“六个现代化体系”，要始终践行“人民铁路为人民”的根本宗旨，学习先进典型，彰显担当作为。就要像“最美铁路人”北京局集团公司北京客运段京张高铁车队列车长吕盼那样，用心服务，以大爱温暖旅途；就要像“新时代·铁路榜样”沈阳局集团公司锦州电务段车载车间技术专职刘博那样，一丝不苟，奋斗中成就“数据大师”；就要像哈尔滨局集团公司满洲里站运转车间值班站长马如铁那样，坚守岗位、志坚如铁。学习他们把对党和国家的绝对忠诚、对人民群众的真挚感情、对铁路事业高度负责融入工作岗位中，在平凡中成就不凡。

时光流转、岁月更迭，万里铁道线可以作证，中国铁路始终把为党分忧、为国奉献、为民服务印刻在奋斗的足迹中，是当之无愧的开路先锋。经过百年特别是新时代以来艰苦卓绝的奋斗，无论是路网规模还是运行速度，无论是技术装备还是服务品质，铁路人都可以拍着胸脯说，我们已处于世界领先地位，率先实现铁路现代化，我们绝对有这个底气和实力。我们也知道，前进的道路不是一马平川，必然有许多山梁和险滩。只有居安思危，才能掌握主动、占得先机，梦想就一定会照进现实。

又踏层峰辟新天，更扬云帆立潮头。让我们更加紧密地团结在以习近平同志为核心的党中央周围，凝心聚力、奋发进取，守正创新、担当作为，为更好服务和支撑中国式现代化贡献铁路力量。让我们向着奋斗目标，出发、出发、再出发！

# 人民铁路为人民　铁路人永远的精神传承

纵观中国铁路发展，从1876年修建第一条“淞沪铁路”至今，已经有148年的历史。从最初的14.5公里，到2023年底15.9万公里营业里程的“八纵八横”铁路交通网；从“龙号”机车，到拥有自主知识产权的中国标准动车组“复兴号”……中国铁路百年求索，面对不同时期的使命任务，铁路人始终响应号召，听从指挥，在革命、建设、改革发展实践中坚守初心、锤炼品格，形成了以“人民铁路为人民”为核心的铁路精神谱系。“二七”精神、“毛泽东号”精神、小东精神、青藏铁路精神等，这些伟大的精神，熔铸了铁路人始终听党话、永远跟党走的红色基因，一直牢牢印刻在中国铁路历史深处，并深深融入时代的脉动之中。

在庆祝中国共产党成立100周年大会上，习近平总书记强调“江山就是人民、人民就是江山，打江山、守江山，守的是人民的心”，深刻阐述了党、国家与人民的本质联系和血脉关系。在实现第二个百年奋斗目标新的赶考路上，无数铁路人正在用新担当、新作为、新行动，认真贯彻落实习近平总书记对铁路工作重要指示批示精神，以“强国复兴有我，铁路先行有我”的姿态，勇毅践行“人民铁路为人民”的服务宗旨。

2023 年 1 月 6 日，央视新闻联播“新春走基层”栏目，以《高寒铁路上的“除冰人”》为题，报道了通化工务段桥隧车间第一维修小组坚守高寒山区铁路的故事。

镜头里，白皑皑的大山腹地，一群黄马甲艰难踏雪前行，鞋子踩在山道雪路上发出咯吱咯吱的声响。在一处被积冰堵住大半，仅一米高的涵渠前，一位黄马甲拿起电钻和手镐，弯腰爬了进去，趴在冰面上，一点一点清冰。一时间，冰花四溅，脸上被飞溅的碎冰划出了小口子，但他们仍然轮番上阵，在低于 –30 摄氏度的温度下，头冒热汗，衣裤结冰，却仍然趴在冰面上除冰的画面；除冰结束后，他们坐在雪地里就着热水吃面包的场景，曾感动了无数电视机前的观众……这个由 17 名东北汉子组成的维修小组，33 年如同道钉一样，始终“铆”在大山里，守护着高寒铁路。镜头里反映出的，只是他们 33 个冬运中的一个瞬间。

“哪有什么岁月静好，不过是有人替你负重前行。”在我们铁路的平凡岗位上，有太多令人肃然起敬的模范人物。有的致力于安全平稳操纵机车，以高超的技艺驾驶着复兴号奔驰在祖国广袤的大地上；有的刻苦钻研动车组检修技术，用匠心擦亮中国高铁名片；有的坚持标准化作业一丝不苟，在铁路行车岗位上几十年零违章、零违纪、零事故；有的待旅客如亲人，热心服务几十载，给旅途送上春天般的温暖……正是这些最平凡的铁路人，以实际行动确保铁路这个大联动机高速运转，诠释了人民铁路为人民的服务宗旨，这是铁路人最淳朴、最真实的底色，展示了铁路人先行风采、服务本色、担当品格、奋斗精神。

我们大连站也有一位这样的铿锵玫瑰，外表柔和却内心坚定，她就是大连站的骄傲——刘晓云。作为党的二十大代表，她坚持“把旅客的事当成自己的事”，用坚定执着的信念、精益求精的服务迎送八方旅客。她每天起早贪黑，参加工作以来累计服务重点旅客13.2万人次，收到表扬信200多封，荣获了辽宁好人、最美铁路人、全国五一劳动奖章、全国劳动模范等60多项荣誉称号。晓云姐的优秀事迹可谓是讲也讲不完，因为她一直都在优秀的道路上勇毅前行。这么多年我听过很多晓云姐的先进事迹，但让我最深刻的还是她和旅客李永军的故事。李永军的儿子出生8个月的时候发生了意外，头部受到了重创，虽然保住了生命，但因脑部积血严重，智力停留在了两岁。这么多年为了让孩子接受最好的治疗，他常年往返于北京和大连之间，在家和医院的两点一线间搭起了一座父爱的桥梁。刘晓云听过他们的故事后，很受感动，得知他们因看病生活拮据、儿子行动不便等困难后，刘晓云总是自发组织车辆去家中接他们。从进站到上车全程提供无微不至的关心爱护。李永军曾经说：“我没啥文化，不知道用啥词来形容刘晓云对我们的好。我只知道这么多年她就像我的亲人一样，在我心里我早就把她当成了我的亲妹妹。”像李永军这样亲人的电话，晓云姐的手机里还存了上百个。他们都是晓云姐服务过的重点旅客。除此之外，她还将自己的爱心之举从车站延伸到社会，去儿童村照顾特殊儿童，去福利院照顾孤寡老人。她做过很多很多的好事，她像一颗饱满的向日葵给人以无限的慰藉和向上的动力。

“人民铁路为人民”是铁路精神的核心，是铁路人始终不变的初心，是中国共产党“不忘初心、牢记使命”奋斗历程的精彩缩影，是中国共产党精神谱系中不可或缺的重要组成部分，生动诠释了铁路对党和人民的绝对忠诚。

作为新一代铁路人，我们要始终践行“人民铁路为人民”服务宗旨，脚踏实地、埋头苦干，勠力同心、勇毅前行，以永不懈怠的精神状态和一往无前的奋斗姿态，在率先实现铁路现代化，服务和支撑中国式现代化“火车头”中，展示新作为，作出新贡献！

# 汇聚团结奋斗合力　共建共享发展成果

在祖国广袤的大地上，路网纵横，高铁飞驰，汽笛声声，长路当歌。新时代铁路承载强国重任，肩负先行使命，取得历史性成就、发生历史性变革。面对构建“六个现代化体系”，勇当服务和支撑中国式现代化“火车头”的奋斗目标，一幅幅铁路画卷徐徐展开，吸引着广大铁路人去共同描绘。

树高千尺，根深才能叶茂；沧海万顷，潮涌方成惊涛。每一名铁路职工，都是国铁企业做强做大的主体力量，而企业是职工生存发展的重要保障。职工团结奋斗，企业就能兴旺发达；企业发展壮大，职工就能更好地共享发展成果，职工与企业是荣辱与共、兴衰相依的命运共同体。

回首 2023 年，铁路安全持续稳定，铁路客运创历史最好水平，铁路货运实现持续增长，铁路建设成果丰硕，经营效益大幅提升，铁路改革持续深化，科技自立自强取得新进展，服务保障国家重大战略成效显著，关心关爱职工用心用力，企业与职工命运共同体基石不断夯实。

上下同欲者胜，同舟共济者赢。共建，是奋斗者书写的精彩华章；共享，是铁路高质量发展的最大同心圆。

**共建共享安全稳定大局，让命运共同体成为责任共同体。**

党的二十届三中全会强调，国家安全是中国式现代化行稳致远的重要基础。铁路安全作为国家安全的重要组成部分，维护铁路安全稳定，是铁路服务和支撑中国式现代化的基础，任何时候都必须紧紧抓在手上。我们要坚定不移贯彻总体国家安全观和大安全观，落实好国铁集团党组坚持人民至上、生命至上的安全工作新理念，主动预防、超前防范、源头治理的安全工作新策略，“守底线、抓重点、控关键、防风险”“盯红线、查隐患、落责任、督整改”的安全工作新方法，以系统观念研究安全问题、以科学规律指导安全生产、在生产作业中控制安全风险，不断提升安全工作的能力和水平。2024 年 7 月以来，沈阳局管内遭遇多轮强降雨，沈山、沈丹等多条线路遭受暴雨侵袭。风雨就是集结号，广大沈铁人冲在第一线，雨不停人不眠，一个个“最美身影”朝着最危险的地方“逆行”。沈山北道下行线多处桥洞积水，为防止水位上涨到线路上，沈阳工务段沈阳桥隧车间班长付俊龙等 5 名职工连续 4 天对裕国站内两处桥洞进行抽水作业，用坚韧和担当守护铁路的安全和畅通。

**共建共享增收创效质量，让命运共同体成为利益共同体。**

大河有水小河满，大河无水小河干。只有铁路企业的效益好了，我们每个人的收入才有保障。要想大家的钱袋子都鼓起来，就要全体职工上下一条心、拧成一股绳，以强烈的主人翁责任感，立足岗位增收创效、节支降耗。聚焦客运提质增收、货运向现代物流转型、非运输企业做实做优，主动闯市场创效益比贡献，多运送一名旅客，多发送一车货物，多增加资产经营开发效益，努力完成运输任务。我们不仅要千方百计把钱挣到，还要精打细算过“紧日子”，从节约一滴水、一度电、一张纸做起，省下的就是赚到的，实现“芝麻开花节节高，一天更比一天好”。同时，服务是铁路的本质属性，也是赢得市场、增收创效的重要保证。我们要全方位、全流程提升服务保障能力，以优质的客户体验更好带动市场需求，像最美铁路人大连站刘晓云、大同铁路物流中心薛胜利那样，让运输服务从“走得了”“运得出”变为“走得好”“运得畅”，让人民群众从满足“基本需求”到追求“享受体验”，实现社会效益与经济效益的最大化。

**共建共享成长成才平台，让命运共同体成为发展共同体。**

职工队伍的整体素质决定着企业的核心竞争力，也决定着企业行稳致远的发展后劲。随着铁路新装备新技术新工艺的大量投入使用，迫切需要我们学习新技术、掌握新技能，成长为行家里手。最美铁路人、沈阳动车段唐云鹏在实践中摸索学习业务技能，破解技术难题 150 多个，填补技术空白 176 项，打破了国外专家的技术垄断，为动车组引进、消化、吸收、再创新提供了第一手运用参数和改进方案。我们要向唐云鹏那样努力奔跑、追梦前行，通过自己的努力实现个人价值的不断升华，用实际行动展示新时代铁路人的先行风采、服务本色、担当品格、奋斗精神。面对新一轮科技革命和产业变革，我们要把自身的小我融入企业的大我，大力弘扬劳模精神、劳动精神、工匠精神，增强想为的境界、敢为的担当、勤为的作风、善为的能力，积极投身劳动竞赛、练功比武、技术革新等活动，用奋斗书写为加快构建“六个现代化体系”挺膺担当的人生华章。

**共建共享生产生活条件，让命运共同体成为共享共同体。**

习近平总书记强调：“共建才能共享，共建的过程也是共享的过程。”在铁路实现高质量发展的进程中，千百万铁路人是这一目标的创造者、推动者，更是受益者、见证者。近年来，铁路各级组织坚持以人民为中心的发展思想，坚持不懈实现工资收入稳步增长，形成了“5+2”的保障体系，持续改善职工生产生活条件，精心构建企业与职工命运共同体。沈阳局集团公司坚持民生是最大的政治，每年研究确定民生所急、民心所向的“十件实事”，并写进职工集体合同，庄严兑现承诺。推进职场改造升级、加大“三园五小”建设、做好节日职工慰问等一件件可感可及的实事，让职工在享受发展红利中，拥有了更多的获得感、幸福感、安全感。我们要自觉地与企业同呼吸、共命运、心连心，在推动铁路高质量发展实践中共享成果、共解难题、共担责任。

众人划桨开大船，心齐风正好扬帆！踏上新征程，200 万铁路人心往一处想、劲往一处使，一定能汇聚起勇往直前的强大合力，奋力推动铁路高质量发展、率先实现铁路现代化取得新成效，为以中国式现代化全面推进强国建设、民族复兴伟业作出新的更大贡献！

# 北京局集团公司

## 宣讲报告

扫码观看宣讲视频

宣讲、撰稿人员：

张　洁　申力维　张天羽

李　晟　刘钰峰　马相林

孙　鹏　韩　强　尚玉玲

# 在党的二十届三中全会精神指引下<br>向着率先实现铁路现代化目标阔步前进

改革如潮涌，奋进正当时。

在以中国式现代化全面推进强国建设、民族复兴伟业的关键时期，党的二十届三中全会胜利召开，进一步全面深化改革的冲锋号角响彻神州大地。

全会审议通过了《中共中央关于进一步全面深化改革、推进中国式现代化的决定》，科学谋划了围绕中国式现代化进一步全面深化改革的总体部署。

学习贯彻党的二十届三中全会精神，是当前和今后一个时期全党全国的一项重大政治任务。今天，我们从为什么要“进一步全面深化改革”、改革的重点是什么及作为“火车头”的我们怎么做三个方面来学习、理解全会精神。

## 为什么要“进一步全面深化改革”？

全会主题为什么是“进一步全面深化改革、推进中国式现代化的决定”，要回答这个问题，还要从党的中心任务说起。

请问大家，我们党的中心任务是什么？

党的二十大确立了中国共产党的中心任务是以中国式现代化全面推进中华民族伟大复兴，指明了我们的历史使命是实现中华民族伟大复兴，实现路径是通过中国式现代化。

推进中国式现代化是一项全新的事业，前进道路上必然会遇到各种矛盾和风险挑战。从国内来看，突出问题依然是发展不平衡不充分的问题，比如，科技创新能力还不够强，粮食、能源安全问题令人担忧，群众在就业、教育、医疗、托育、养老、住房等方面还面临不少难题，等等。

从国际上来看，当前世界百年未有之大变局加速演进，局部冲突和动荡频发，全球性问题加剧，部分国家在经济、政治、外交、军事等各个领域，采取抹黑、制裁、渗透等各种手段，意图遏制中国发展。

“复兴号”巨轮行至当前，如何穿过这些惊涛骇浪？面对纷繁复杂的国际国内形势，面对新一轮科技革命和产业变革，面对人民群众新期待，我们选择用进一步全面深化改革来突破新的历史隘口，用完善的制度防范化解风险、有效应对挑战，在危机中育新机、于变局中开新局，为破浪前行的“复兴号”巨轮寻找更为开阔的航线。

## 如何把握“进一步全面深化改革”？

全会审议通过的《决定》以经济体制改革为牵引，对应“五位一体”总体布局的五大建设和国家安全、国防和军队建设等领域，对进一步全面深化改革做出系统部署。其中，除第一部分总论外，其余十四个部分、56条措施中，直接对铁路改革提出要求的有2条，涉及铁路工作的有40条，需要铁路提供服务和保障的有14条。到2029年中华人民共和国成立80周年时，完成《决定》提出的改革任务。

立治有体，施治有序。《决定》内容很多，但重点是我们要掌握正确的方向和方法。

会议指出，进一步全面深化改革的总目标是继续完善和发展中国特色社会主义制度，推进国家治理体系和治理能力现代化。

这里大家可能会有一个疑问，为什么改革要聚焦制度建设?

制度是人类社会生活的重要依据，可以规范人们的行为，维护社会的稳定，促进社会发展。制度建设可以为改革提供稳定的预期和可靠的保障。党的十八大以来，我们通过全面深化改革完善各方面制度，为全面建成小康社会提供了有力保障。但是，经过这么多年改革，容易的已经完成了，好吃的肉都吃掉了，剩下的都是难啃的硬骨头。怎么办？就要通过进一步全面深化改革解决更深层次的体制机制问题，比如针对“看病难、看病贵、看病烦”这一大家最关心最现实问题，《决定》强调加强普惠性、基础性、兜底性民生建设，深化医药卫生体制改革，促进医疗、医保、医药协同发展和治理。一言以蔽之，通过进一步全面深化改革，不断把我国制度优势更好转化为国家治理效能。

改革困难再多、方法再新，我们都必须贯彻好“六个坚持”原则，坚持党的全面领导、走中国特色社会主义道路等是绝对不能动摇的，决不能在根本性问题上出现颠覆性错误。改革的最终目的更不能变，一定是让国家变得更加富强、让社会变得更加公平、让人民生活得更加美好。

## 如何落实“进一步全面深化改革”？

改革重谋划，更要重落实。《决定》强调“以钉钉子精神抓好改革落实”。国铁企业是党执政兴国的重要支柱和依靠力量，更要接续奋斗、砥砺前行，将进一步全面深化改革的战略部署转化为推进中国式现代化的强大力量。

第一，我们要坚持“一张蓝图绘到底”的战略定力。全会明确提出要推进铁路等行业自然垄断环节独立运营和竞争性环节市场化改革、推进铁路体制改革，我们要按照全会的指引，找准谋实进一步深化国铁企业改革的目标任务，对之前已经明确的改革内容，如铁路货运市场化改革、加快铁路现代物流体系建设、高铁票价和货运价格市场化浮动等完全符合党的二十届三中全会精神的改革举措，坚定不移推进下去，对新部署的改革任务，抓紧研究工作方案、有力有序推进，努力当好服务和支撑中国式现代化的“火车头”。

第二，我们要践行“一马当先走在前”的使命担当。面对新形势新任务新要求，我们要把学习贯彻全会精神同贯彻落实国铁集团会议精神结合起来，以加快构建“六个现代化体系”为载体，聚焦做好 2024 年下半年工作。尤其要抓住安全这个“牛鼻子”，铁路发展能够得到各方面认可，最关键的是铁路安全稳定，我们要始终保持对安全工作的高度敬畏和警觉，确保高铁和旅客列车安全万无一失。同时，为提高人民生活品质，我们要抓好主责主业，持续深化铁路运输供给侧结构性改革，不断完善铁路客货运产品供给体系，让人民群众在共享铁路现代化成果中有更多更强烈的获得感、幸福感、安全感。

第三，我们要发扬“一以贯之抓落实”的钉钉子精神。如今，我们正奋进在强国建设、民族复兴的新征程上，推进着前无古人的开创性事业。越是伟大的事业，越是充满着挑战。面对前进道路上的“娄山关”“腊子口”，我们要发扬不畏艰难困苦、始终斗志昂扬的革命精神，以“越是艰险越向前”的英雄气概、“狭路相逢勇者胜”的斗争精神，凝心聚力、奋发进取、守正创新、担当作为，当好中国式现代化建设的坚定行动派和实干家。

改革潮头立，击鼓再催征。广大铁路干部职工要更加紧密地团结在以习近平同志为核心的党中央周围，以党的二十届三中全会精神为指引，在进一步全面深化改革中描绘更加壮丽的铁路高质量发展画卷，向率先实现铁路现代化阔步前进！

# 勇担时代使命<br>在率先实现铁路现代化中展示作为

习近平总书记在党的二十大报告中强调，以中国式现代化全面推进中华民族伟大复兴。国铁集团党组对标对表党中央重大决策部署，明确提出未来五年乃至今后一个时期，国家铁路的中心任务就是推动铁路高质量发展、率先实现铁路现代化，勇当服务和支撑中国式现代化的“火车头”，并将构建“六个现代化体系”作为重要载体和有力支撑。

那么，要怎么理解“六个现代化体系”，它们的作用是什么呢？我想结合岗位，和大家共同交流：

现代化铁路基础设施体系是推动铁路现代化发展的物质基础和能力保障，决定铁路供给能力、供给质量和供给效率。现代化运输服务体系是以满足运输出行需求为根本目的，是铁路服务和融入中国式现代化的着力点。现代化铁路科技创新体系则是推动铁路现代化发展的动力引擎和技术支撑。现代化铁路安全保障体系是铁路现代化发展行稳致远的最基础保障。现代化铁路经营管理体系是壮大铁路资产，提升铁路企业经营水平的关键所在。现代化铁路治理体系是铁路现代化的制度支撑和机制保障，为它铁路的现代化发展提供更加成熟的中国特色国铁现代企业制度。

一九五〇年五月一日起实行的第一版《技规》，仅仅只有一个巴掌那么大的“小人书”在74年间经历了十一版的演变历程，它不仅见证了我国铁路从蹒跚起步到高速发展的壮丽征程，更深刻体现了“六个现代化体系”中安全保障体系与时俱进、不断强化的坚实步伐。“人民铁路为人民”，确保每一趟列车的安全、迅速与准确，这不仅是初代《技规》的灵魂，也是贯穿其后各个版本、直至今天铁路安全保障体系的核心。

随着铁路“六个现代化体系”建设的不断推进，安全保障体系也迈入了全新的发展阶段。比如，我所在的调度员岗位，现代化的安全保障体系为调度员提供了具体而强大的助力。通过集成高清监控与智能分析系统，调度员能实现对现场的精准调度与风险预判。自动化故障检测与报警机制能在第一时间发现并报告潜在问题。系统化的应急预案，让我在面对突发事件时能够冷静处理，有效保障铁路运输安全。

我们的目标是，到2025年末，基本建成人防、物防、技防“三位一体”的安全保障体系；到2035年，全面建成并有效运转现代化铁路安全保障体系，实现运输安全各阶段工作目标，本质安全水平和安全保障能力位居世界前列。

这是北京局集团公司调度所，它更像是一座有20排座席的环形剧场。调度员作为铁路运营的核心角色，其工作与铁路“六个现代化体系”紧密相连。在这个充满挑战与机遇的时代，运输服务的多样化、高品质提升为调度工作带来了更高、更严的要求。在现代化运输服务体系中，调度员不仅是列车的调度者，更是服务质量的守护者。我们注重质的有效提升和量的有效增长，调度员不仅是列车的调度者，更是服务质量的守护者。我们根据客、货运的实际需求，灵活调整列车运行计划，确保列车准时准点，为旅客提供便捷舒适的出行体验，为货物运输提供高效可靠的物流保障。调度员的工作，正是运输服务体系现代化深度发展的生动体现。

我们的目标是，到 2025 年末，基本建成人享其行、物畅其流的现代化铁路运输服务体系；到 2035 年，全面建成更高水平的现代化铁路运输服务体系。全国 1、2、3 小时铁路出行圈和最快捷快货物流圈全面形成。

这是一幅京津冀一体化的路网图。

2024 年是京津冀协同发展上升为国家战略十周年。

2023 年 5 月，习近平总书记在深入推进京津冀协同发展座谈会上指出，“‘轨道上的京津冀’加速形成，美丽宜居京津冀取得丰硕成果”。

这十年间，京张高铁、京雄城际、津兴城际等一条条现代化铁路如巨龙般穿梭于山川湖海，拉近了距离，增进了感情，抚平了思念，唤醒了渴望，丰富和满足着人民日益增长的对美好生活的需要。

京津冀一体化发展战略的深入实施，与铁路基础设施体系的现代化进程紧密相连。在这一宏伟蓝图中，铁路基础设施的智能化升级和互联互通成为关键驱动力。不仅加强了区域内部的战略骨干通道建设，还推动了高铁主通道的贯通与城际、市域铁路网络的完善。如今，从北京乘坐高铁，可通达全国 240 个重点城市，3 小时内能直达的地级市有 39 个。早晨在北京吃卤煮，中午来上海吃本帮菜，晚上到杭州吃醋鱼，早已成为现实。

我们的目标是，到 2025 年末，基本建成现代化铁路基础设施体系；到 2035 年，铁路基础设施规模质量和技术水平世界领先，率先建成现代化铁路强国。

推进铁路“六个现代化体系”建设是国铁集团党组做出的重要部署，是当前和今后一个时期的中心任务，新征程上，我们要牢记习近平总书记的殷殷嘱托和深切关怀，坚决扛起国铁企业的政治责任、社会责任。为此：

在建设铁路现代化基础设施体系上，我们要脚踏实地，以高质量为标准，铸就通往未来的钢铁巨龙；在建设现代化运输服务体系上，以优质服务为核心动力，全心全意为旅客创造更加美好的出行体验；在建设现代化科技创新体系上，坚持铁路高水平科技自立自强，以科技之光照亮铁路发展的每一个角落；在建设现代化安全保障体系上，以人防、物防、技防“三位一体”，确保铁路安全持续稳定；在建设现代化经营管理体系上，力求提升企业管理的质量与效率，让企业不断焕发出勃勃生机；在建设现代化治理体系上，打造世界一流铁路企业，促进铁路事业的创新与持续发展。

铁路改革起宏图，奋楫扬帆正当时。我们满怀信心与期待，将继续书写铁路事业的辉煌篇章，为奋力推动铁路高质量发展，率先实现铁路现代化，携手并肩，共同奋斗，共创辉煌！

# 一张火车票　三代铁路情

“巨闸揽江卧，船行碧波间”。习近平总书记于湄洲湾的轮船上，听取跨海高铁建设报告；于川藏铁路疾驰的列车上和同志们深入研究铁路规划，于秦岭深处的村寨凉亭里与村民们畅言“蜀道之难”，谈“西成高铁”修建……

习近平总书记说：“全国的交通地图就像一幅画啊，中国的中部、东部、东北地区都是工笔画，西部留白太大了，将来也要补几笔，把美丽中国的交通勾画得更美。”

十年来，华北平原，东海之滨，岭南大地，西部纵深，八纵八横路网加密成型，全国铁路达 15.5 万营业里程；中国铁路大踏步“走出去”，“一带一路”孵化产能；中欧班列开行 6.5 万列，联通中欧 25 国 316 城；脱贫攻坚，乡村振兴，扎实帮扶地区铁路，公益性“慢火车”常态化开行；货运增效，客运提质，全国铁路货物发送量 324 亿吨，旅客发送量 259.1 亿人。

中国铁路，丈量大国前行，这其中铁路发展的故事，你听我细细讲……

在京广线距石家庄107.3公里处的望都县七里铺村民、我姥爷王彦年眼里，钢轨浓缩着时间，道砟积累起沧桑巨变。他第一次买火车票还是在1974年我妈妈出生那一天。一进腊月，预产期就在眼前，照往常，王彦年为了省一张火车票钱，蹬两天自行车骑回望都是常事儿，可这次不一样，为了迎接新生命，他等不及想要快点儿见到孩子！可到了车站看着长队犯起了难。那时候买火车票就像“抓中药”，每个窗口，两个票箱，一台制号机，一把算盘，一把剪刀，一个浆糊盒，售票员嘴里念叨着，眼睛寻找着，胳膊上下飞舞着，但出票速度远远赶不上买票队伍的长度，王彦年着急了！他买票花了一上午，坐车花了一下午，晃晃悠悠地开启了最初的“探亲路”。

他第二次买火车票在是1998年，这次是赶上我出生，他和姥姥又是大包小包，同样等不及见到外孙女儿！可这次进站、买票、上车、坐定，加在一起，仅花了不到1个小时。1998年正赶上全国范围内开始使用第二代“软纸车票”，售票员只需动动手指将旅客信息敲进电脑，一张张粉纸票，几十秒就打印出来了，这个速度是“硬板票”时代的几十倍！再后来，列车从时速35公里到350公里，第三代蓝色“磁介质车票”直接经闸机进站，足不出户，指尖购票，在线选座，刷脸进站，铁路客票逐渐完成从粉票、蓝票到电子票的蝶变，这些变化，王彦年当年想都不敢想！

他第三次买火车票是在2018年，王彦年光荣“退休”定居石家庄，人是过来了，可心还在107.3公里外，每天是电话不断，“隔壁村张大爷家外孙，家在石家庄，人在北京上班，早晚来回六百公里，不到6个钟头！”高铁线路串珠成链，动车组飞驰一日千里，接下来的1小时整，是亲历更是见证！1小时整，我们脚下的站台从石家庄站变成了北京西站；1小时整，张大爷和外孙从分隔两地到北京重逢；1小时整！复兴号将亲情的接续时间缩短到了1小时整！

2018年，国内高速飞驰的复兴号上，姥爷王彦年感慨着“中国速度”，2018年，国外全面开工的雅万高铁旁，舅舅王冲惊叹着“中国效率”。

在雅万高铁起点哈利姆高铁站调试车载设备的信号工王冲眼里，轨枕代替了雅加达的“沉舟”，高铁列车满载印尼人民奔向春天。从雅加达到万隆，横跨万水千山，看着一列列高铁乘奔御风，千帆竞发，王冲由衷地自豪：“我从北京局集团公司石家庄电务段来，中国铁路走出去的路上有我一个！”

一个大有可为的年代，定义着值得期许的未来！中国铁路早在1975年就援建了贯通东非和中南非交通大干线——坦赞铁路，41年后，雅万高铁接力成为中国高铁全产业链走出去的第一单。一代又一代“王冲”这样的铁路人驾驶着民族复兴的巨龙，前进在“一带一路”的征程，臂板信号，套筒扳手，机车齿轮，枕木道钉；穿东非裂谷，填烂泥塘路，万里坦赞横渡，极目楚天舒；逢山开新路，遇水架高桥，钢轨连接南北，天堑变通途！雅万高铁跨越山川，将中国人民与印尼人民的梦想和未来紧密相连，列车途经的每一座城市如同新生的树木成片，在高铁的带动下，茁壮成长着，迎来一个又一个发展的春天！

跋山涉水，步履不停；山高水长，映照初心！这是热潮涌动的十年，兰新高铁跨越塞北风光，沪昆高铁蜿蜒岭南山川，哈牡高铁驰骋林海雪原，杭黄高铁穿梭水乡江南；这是活力跃动的十年，电子客票，刷脸进站，Wi-Fi 覆盖，网上订餐，铁网互联，高铁站串起都市圈；这是创新驱动的十年，智能型动车组自动驾驶，复兴号高时速交会重联，中国高铁成为享誉世界的“国家名片”！王彦年、王冲和一个又一个我们，有机会见证甚至参与到了前所未有的变革当中，我们要去“栽树”，不要去“乘凉”，我们要去“扎根”，不要去“躺平”！

这个接力棒，已经交到了我们手中，下一个十年，考卷在手，铁路事业改革创新的答卷人，新时代提质增效的阅卷人，你们准备好了吗？

# 传承铁路红色基因　续写新的时代华章

铁路的红色基因，贯穿着中国铁路的发展历程，铁路的时代精神，推动着中国铁路的发展振兴。一部铁路发展史，就是一部浓缩的中国自强史，见证了中国共产党带领中国人民从落后、屈辱走向先进、富强的艰辛历程。从 1921 年至今，中国共产党走过了 100 多年的峥嵘岁月，铁路红色基因也在时间的长河中不断传承和发扬。

一百年前，西方列强用坚船利炮打开了中国的大门，铁路成为帝国主义掠夺中国资源的工具。十月革命一声炮响为中国送来了马克思列宁主义，苦难深重的中华民族迎来了希望的曙光。逐步出现了陇海铁路大罢工、安源路矿工人大罢工等一系列的工人运动。其中，京汉铁路的“二七”大罢工，成为中国共产党领导下中国工人运动的第一次高潮，同时还孕育出了“英勇、团结、牺牲、奉献”的“二七”精神。铁路工人听党话、跟党走的红色基因初步形成。

在抗日战争期间，铁路工人在中国共产党领导下，建立了抗日武装队伍，把万里铁道线变成了抗击日寇的前线。在解放战争中，“毛泽东号”机车应运而生。顶风冒雪，运送战争物资；不顾安危，勇闯危险线路。“毛泽东号”机车不仅被予为“机车领袖”“火车头中的火车头”，同时还孕育了“报效祖国、忠于职守、艰苦奋斗、永当先锋”的毛泽东号精神，成为一代代铁路人强大的精神力量。

新中国成立后，铁路运营里程从新中国成立时的2.1万公里，增长到1978年的5.2万公里。在此期间，成昆铁路的建成通车，与美国的宇宙飞船登月、苏联的第一颗人造卫星上天并称为“象征20世纪人类征服自然的三大奇迹”。天堑变通途，50余年风雨兼程、砥砺奋进的成昆铁路，成为西南地区经济社会发展的大动脉，孕育出了“坚守实干、创新争先”的成昆精神。

改革开放以来，在党的领导下，铁路人不断改革创新，勇当国民经济发展的“火车头”，陆续建成了横贯东西、沟通南北的铁路大干线，为服务保障经济社会发展大局，建设中国特色社会主义作出了突出贡献。

大秦铁路于1988年首段开通运营，截至2020年底累计发运煤炭70多亿吨。几十年来，大秦铁路人不负重托、砥砺先行。创造出了从无到有、由弱到强的骄人业绩，铸就了“负重争先、勇于超越”的大秦重载精神。

2006年7月1日，跨越世界屋脊的青藏铁路顺利开通。面对极端恶劣的自然环境，青藏铁路人以不畏艰险的英雄气概和求真务实的科学态度，以惊人的毅力和勇气战胜了各种难以想象的困难，凝聚成了“挑战极限，勇创一流”的青藏铁路精神。

红色精神血脉相连，红色精神薪火相传。这些铁路精神熔铸了铁路人始终听党话、永远跟党走的红色基因，形成了特别能吃苦、特别能战斗、特别讲奉献的光荣传统。

百年征程上，每一名铁路人都传承着铁路红色基因，他们坚定理想信念，冒着革命战争的硝烟与炮火，推动中国铁路从蒸汽时代一路走来，率先迈入了高铁时代。从中国第一条高铁京津城际，到一次性投产里程最长、等级最高的京沪高铁，再到见证了中国铁路发展和中国综合国力飞跃的京张线。铁路人在艰难探索、拼搏奉献中，交出了一部波澜壮阔的新时代答卷。

坚定不移跟党走，心怀家国为人民。在京张高铁开通运营之际，习近平总书记作出重要指示："1909 年，京张铁路建成；2019 年，京张高铁通车。从自主设计修建零的突破到世界最先进水平，从时速 35 公里到 350 公里，京张线见证了中国铁路的发展，也见证了中国综合国力的飞跃。回望百年历史，更觉京张高铁意义重大。"京张高铁，这条承载着百年梦想与现代科技的高铁线路上，一条条银龙高效、便捷地奔驰在京张之间，跨越历史的长河，见证了中国铁路从"追赶"到"领跑"的历史性变化。在新老京张百年跨越的背后，有着千千万万铁路人默默付出、无私奉献的身影，他们抛洒汗水、贡献智慧，展现着新时代铁路人的精神风貌，其中最具代表性的就是"最美铁路人"。来到上海局集团公司，我想问问大家，咱们上海局集团公司的"最美铁路人"都是谁？

对，张华，他长期扎根高铁运维一线，钻研动车组调试和技术革新工作，创造了零差错调试动车组 500 余列的记录，曾在全国铁路职业技能竞赛中获个人全能第一，被誉为高铁安全运行的"守护者"。

作为上海局首位动车组调试带头人，他领衔完成了长三角首列和谐号、复兴号动车组高级修自主调试任务，打破了技术壁垒，率先攻克 30 余项关键部件核心技术，获国家专利 24 项，首创了高铁车辆“单元级”调试检修新模式。

还有来自我们北京局集团公司的吕盼，作为京张高铁的首发列车长，从京张高铁开通运营起，吕盼和同事们每天车厢、宿舍“两点一线”，往返近 2000 趟，相当于绕赤道 15 圈。她根据线路特点，不断创新服务特色，提供婴儿安睡床、盲人服务卡等设施，推出团体旅客预约讲解、“防耳鸣操”等多项温馨服务。在冬奥会期间，她带领“雪之梦”服务组，用微笑迎接旅客，用爱让服务升温，保障了冬奥会期间旅客运输工作的安全畅通。

不只是他们，每一位平凡铁路人都在铁路红色基因的滋养下，辛勤付出、无私奉献，他们日夜兼程，风雨无阻，在纵横交错的铁路线上默默耕耘，让中国的铁路建设发展从“跬步”迈向“千里”，用实际行动践行着对国家和人民的承诺。这种以人民为中心、心系国家的情怀，不怕吃苦，奋勇当先的态度正是铁路红色基因的充分展现，是铁路红色精神跨越时空、生生不息的传承与发扬。

站在新的历史起点上，面对新时代的机遇与挑战，铁路人应将这份红色基因内化于心、外化于行，将“人民铁路为人民”的宗旨牢记于心，勇于担当、积极作为，在传承中创新，在创新中发展，为推动铁路高质量发展贡献力量，共同书写中国铁路更加辉煌的篇章！

# “毛泽东号”机车组与企业共成长

2023 年 10 月 23 日，习近平总书记在同全国总工会新一届领导班子成员集体谈话时指出：“组织动员亿万职工奋进新征程、建功新时代。”国铁集团党组坚决贯彻落实习近平总书记的重要讲话精神，持续推进企业与职工的命运共同体建设，让职工与企业同呼吸、共命运、同发展，共享铁路改革发展取得的成果。

**铁路的发展是企业的需要，也是职工的期盼。**

从蒸汽机车的轰鸣到复兴号的飞驰，铁路的每一次跨越，都是国家进步与发展的见证，更镌刻着无数铁路人奋斗的足迹。是什么样的力量，让一台诞生于战火纷飞年代、承载着红色基因的机车，一路驶来，创造出一个又一个奇迹？是什么样的精神，引领着中国铁路人在艰难探索、拼搏奉献中淬炼了坚如磐石的理想信念和百折不挠的意志品质？大家是否清楚这台机车？它就是“毛泽东号”。

我曾在的“毛泽东号”机车组已经走过78年光辉历程。78年来，“毛泽东号”机车组坚持铁路修到哪里，“毛泽东号”就开到哪里。无论是在革命战争年代、社会主义建设时期、改革开放还是党的十八大以来，“毛泽东号”机车组始终是中国工人阶级的一面旗帜。78年来，“毛泽东号”机车组不仅见证了中国铁路从“跟跑”到“领跑”，也锻造了一批又一批“开领袖车、做领军人”，始终走在时代前列的“毛泽东号”人。记得2016年7月21日，北京突降暴雨，当时公共交通几乎瘫痪，班组16人不顾个人安危，提前6个小时从家出门，直到中午才到单位，由于机务段门前的桥洞里面存在大量积水，行人无法通行，为了践行“毛泽东号”人“宁叫机车等命令、不叫命令等机车”的承诺，我们脱下鞋子，挽起裤子，手牵着手，你拉着我，我拽着你，蹚过半身腰高的积水走到对面，提前到班组等待出勤命令。我想，这份坚守，就是对企业精神的诠释；就是对企业尊重职工主人翁地位的诠释；就是对企业与职工命运共同体的诠释。

**改善生产生活条件，让职工共享改革发展的红利。**

岁月流转，伴随着铁路的改革发展，职工的获得感、幸福感、安全感不断提升。

这些年变化的是，曾经我们使用蒸汽机车，乘务员的工作条件是“火烤胸前暖、风吹背后寒、饭盒里有煤渣”，生产生活条件极为恶劣；使用内燃机车后，背着油包、穿着脏衣、满身异味；而今，智能、干净的电力机车、复兴号智能动车组成为我们的新伙伴。

这些年变化的是，“青年之家”、大车吧、休息室、标准化公寓、强休室、健康管理室等设备设施和基层体育场地样样齐全，职工吃上了热乎饭、喝上了干净水、洗上了热水澡、睡上了舒服床。

这些年变化的是，企业补充医疗保险补助范围进一步扩大，职工大病帮扶救助病种和标准进一步增加，传统节日职工集体福利标准进一步提高，“三乘”人员入住行车公寓免费就餐和节日期间在岗职工免费就餐制度进一步完善。在国铁集团工作会议中，党组书记、董事长刘振芳讲到，2023 年，全路投入 26.4 亿元用于职工“三线”建设，投入帮扶救助资金 8.8 亿元。这些普惠政策，切实把组织的关怀和温暖传递到了基层一线，铁路职工的生产生活条件特别是一线职工的生产生活条件一天比一天好！

**企业的关心关爱，是职工干好本职工作的强大动力。**

职工是企业发展的内核动力，企业是职工最坚实的依靠。为积极发挥“毛泽东号”在推动构建企业与职工命运共同体中的辐射引领作用。我们通过在精神上鼓励职工，在物质上帮助职工，在行动上温暖职工，让职工共享铁路高质量发展的红利。机车组有一名职工，2021 年突发血小板减少性紫癜病，无法正常工作，收入偏低。单位及时伸出援手，每月进行一次家访，开展一次谈心，为职工调整工作岗位，开展困难帮扶，帮他渡过难关。在推动命运共同体的实践中，我们身边有太多这样的鲜活的案例，从改善工作条件到关爱职工生活，从加强思想政治工作到提升职工综合素质，不让一人掉队。实践证明，企业与职工始终是利益共同体、事业共同体、命运共同体。通过不懈努力，增强职工对新时代铁路人的身份认同、情感认同、价值认同，不断夯实企业和职工命运共同体的基石。

**把职业理想融入岗位，与企业共同成长。**

作为铁路系统组建时间最长、安全成绩最好、完成任务量最大的一线班组，“毛泽东号”机车组一次次刷新中国铁路安全生产的新纪录。78 年的峥嵘岁月，“毛泽东号”跨越蒸汽、内燃、电力 3 个时代，历经 5 次机车换型，13 任司机长，184 名机车乘务员。先后涌现出全国劳动模范、全国五一劳动奖章获得者 8 名，全国党代表 5 名，全国人大代表 4 名，在 2019 年获得全国“最美奋斗者”先进集体称号。从支援辽沈战役前线到维护大动脉畅通的前沿；从为经济建设带头多拉快跑到主动请缨上京九；从担当货运任务到牵引客运任务，“毛泽东号”机车组都义无反顾地冲锋在前，始终以奋斗者的姿态出现在世人面前，一路汽笛嘹亮驰骋在时代前列。

“毛泽东号”机车组 78 年的历程告诉我们，铁路的发展为国民经济注入强大动力，也为我们提供了施展才华的广阔舞台，铁路与职工是命运共同体，铁路好、职工才能好，铁路是职工最大的依靠，职工是企业发展的基石，在推进铁路“六个现代化体系”建设的新征程上，必须赓续传承“始终听党话、永远跟党走”的红色基因，加快构建更加牢不可破的企业与职工命运共同体，把全路 200 万铁路职工团结成像钢铁一样，为勇当服务和支撑中国式现代化“火车头”汇聚起磅礴力量。

太原局集团公司

宣讲报告

扫码观看宣讲视频

宣讲、撰稿人员：

张　园　景生启　姜　涛

杨　阳　武俣欣　李　毅

项　荣　李　娜　柏雪琳

畅永嘉

# 读懂大秦铁路的“一分钟”

秦晋之好、山水相连，山和水自古以来就是中国人抒发诗情画意的载体，更是我们美丽家园的重要组成部分。党的二十届三中全会紧紧围绕中国式现代化这个主题谋划和部署改革，明确了进一步全面深化改革“七个聚焦”的改革方向，其中“聚焦建设美丽中国，加快经济社会发展全面绿色转型，健全生态环境治理体系，推进节约集约、绿色低碳，促进人与自然和谐共生”值得我们共同关注。今天，就让我们走进“中国重载第一路”，读懂大秦铁路的“一分钟”，感受大秦铁路的“生态优先、节约集约、绿色低碳”，感悟习近平生态文明思想的强大伟力。

## 一分钟，书写建设美丽中国的责任担当。

一分钟，有 48 对重载列车同时奔驰在大秦铁路上，902.7 吨煤炭经大秦铁路装船出海，与公路运输相比可减少碳排放 24.4 吨。

短短一分钟，大秦铁路做出的“绿色”贡献相当于节约3万多度电。在这里，我想问一下大家，1度电能干什么呢？好，我来告诉大家，1度电可以让一盏25瓦的灯点亮40个小时，能给手机充电100多次，还能烧开8公斤的水，不算不知道，一算这一度电还真挺耐用，而3万多度电，足够30个家庭一年的用电量了，那累计运量80多亿吨的大秦铁路呢，在我们看来，它就是妥妥的节能减排的“扛把子”，换句话说，大秦铁路运量越大，对绿色低碳发展的贡献就越大，这背后是对生态文明建设的生动实践。

生态文明建设关系人民福祉，关乎民族未来，是中国特色社会主义事业的重要内容，也是一场涉及生产方式、生活方式乃至思维方式和价值观念的深刻变革。国铁集团党组贯彻落实党中央决策部署，实施《“十四五”节约能源和环境保护发展规划》，明确到2025年，在综合运输体系中的绿色骨干作用更加突出，“公转铁”运量较2020年要增加5.2亿吨。

大秦铁路具有运量大、能耗低、排放少、污染小的优势，近年来随着“公转铁”的深入实施，在大秦线的起点湖东编组站，1分钟就有16节车辆开出，从“拉煤汽车”转到“拉煤火车”，大秦铁路凭借着运力运能优势，走出了一条“绿色经济发展快速线”。大秦线越忙，说明“公转铁”的成效越显著，大秦线越忙，反映着铁路发展“含绿量”和生态保护“含金量”越足，我们既要“金山银山”，更要“绿水青山”。

**一分钟，体现绿色低碳发展的中国理念。**

一分钟，除了节能减排，还能干什么呢？好，我再来告诉你，一分钟，大秦铁路上的74个抑尘站共可喷洒30.4吨抑尘液。

在港口翻车机房，有一个非常有意思的现象：车厢内跋涉千里的“乌金”，卸车时仍保持着装车时堆积的形状，一路风尘仆仆却“发型不乱”，这就是抑尘剂的作用，大秦人亲切地称它为“喷发胶”，既定型又防冻，还消除了煤炭运输扬尘污染，更保护了铁路沿线生态环境。我们看到大秦铁路经过的官厅水库，成为近年来雁群迁徙的必经之地。每年夏天，成千上万只大雁来这里栖息，远处重载列车蜿蜒穿行，构成了一幅和谐共生的美丽画卷。

党的二十届三中全会进一步提出“要健全绿色低碳发展机制”，这是基于加快发展方式绿色转型、建设人与自然和谐共生的现代化做出的重大部署。习近平总书记强调：“坚持把绿色低碳发展作为解决生态环境问题的治本之策。”从以往的“盼蓝天”，到如今的争相“拍蓝天”“晒蓝天”，重载列车飞驰而过，留下的不再是煤粉污染，而是蓝天白云，形成了一道亮丽铁路风景线。

如果这一分钟放大到全国铁路，能折射出什么样的景象呢？我们来看：八纵八横铁路网中，绿色低碳发展理念已经在中国铁路生根、发芽。

## 一分钟，展现绿色科技创新的发展优势。

一分钟能节能减排，能减污降碳，还能干什么呢？我接着来告诉大家，一分钟，大秦铁路装车基地可装满2节80吨重载车厢，1组翻车机可翻卸140吨。

装车不停车，卸车不解体，这是大秦铁路的秘密武器。装车，30秒装满一节80吨的车厢，1小时46分钟装满一个单元万吨列车。卸车，采取不摘钩连续翻卸，4 节一组，10 秒翻转，卸完 5 秒归位，效率的提升源于科技的创新，大秦铁路“运量大、密度高、速度快”，因地制宜地发展绿色科技是实现绿色高效生产的有效途径。习近平总书记指出，“加快绿色科技创新和先进绿色技术推广应用”。这是牢固树立尊重自然、顺应自然、保护自然的生态文明理念，实现绿色发展的内在要求。

“惟改革者进，惟创新者强”。在进一步全面深化改革的新征程中，还会有更多耀眼的绿色科技在大秦铁路上应用，新能源设备投入使用、铁路通道、场站资源利用集约化水平大幅提升，进一步实现设计、建设、运营全过程全周期绿色化。新征程上，要把加快绿色科技创新落到实处，助力发展方式绿色转型，不断巩固提升中国铁路绿色发展优势，让科技创新更好为美丽中国建设赋能。

在越织越密的中国铁路网中，大秦铁路的确是有点另类。沿线远离城市，大部分蜿蜒在塞北的群山峻岭之间；明明是负重前行，似乎又身轻如燕；运的是煤，但最终却转化为电，为中国经济列车持续输能。这条流淌乌金的大动脉留下的是绿色的深深印迹。

党的二十届三中全会吹响了以进一步全面深化改革，开辟中国式现代化广阔前景的时代号角。让我们深入学习贯彻党的二十届三中全会精神，以一往无前的奋斗姿态和永不懈怠的精神状态，进一步全面深化国铁企业改革，勇当服务和支撑中国式现代化的“火车头”，为以中国式现代化全面推进强国建设、民族复兴伟业贡献铁路力量！

# 手帐里的重载历程

**第一本手帐——记录着大秦铁路开通初期第一代大秦人艰苦奋斗的创业历程。**

这是我的师父高永生用过的手帐。

可以看到延庆站 0 点 46 分通过，铁炉村站 7 点 40 分通过。两个相邻仅 23 公里的车站，正常 33 分的运行点，为什么走了近 7 个小时这么长呢？

1988 年大秦线开通时，用的是国产第一代直流传动的 SS1 型电力机车，牵引 50 辆总重 4500 吨，当时线路限速只有 45 公里。设备设施也不稳定，经常会出现毫无征兆的停电。师父值乘的这趟车就是临时停电停在了 8460 米长的军都山隧道内。从凌晨一点等到七点，正值寒冬腊月，又黑又冷又饿，拿出从家里带的饭早已冻成了一块“冰坨子”。师父说实在冻得不行，就用打火机烤一烤，怕来电后冻僵的手不能正常操纵。现在看来用打火机取暖有点可笑，但这是真真切切发生在我师父身上的事。这就是第一代大秦人扎根大秦、吃苦奉献的真实写照，凭着“吃苦不怕苦，知难不畏难”的拼搏精神，创造了大秦铁路一个又一个的重载奇迹！

## 第二本手帐——记录着大秦铁路首次实现年运量 1 亿吨分秒必争的奋斗历程。

从手帐上可以看到，当时用的是 SS4 改型电力机车，牵引 72 辆，总重 6012 吨。

2002 年 7 月 9 日 19：25 湖东退勤，第二天 7 月 10 日 8：30 湖东出勤。除去路上来回行程，在家休息时间也就 10 个小时。

进入 2000 年后，随着我国经济的快速增长，能源需求与日俱增，大秦线的车流密度越来越大，我们立下军令状，“人人往前冲，实现一亿吨”，成立了司机“志愿队”，缩短在家休息时间，紧折返、签“紧点”。在家休息 10 小时甚至更短是“志愿队”司机的常态。

年底实现了运量 1.034 亿吨！挑战的不仅仅是装备的保障，更体现了舍小家、为大家苦干实干的拼劲和干劲，展现了大秦人负重争先的无畏气概和磅礴力量！

## 第三本手帐——记录着由“小惊吓”到创纪录，科技赋能的创新历程。

手帐中的“心跳”二字记录着我亲历的一次“小惊吓”。

2004 年 6 月，分别由一台 SS4 改型机车牵引的两个小列串联在一起的组合万吨正式开行，辆数增加到 112 辆，总重达到 1 万吨。

当时，头部机车和中部机车的同步操作全靠司机用电台“喊号”来实现，但电台受山区隧道地形干扰很大。当列车运行到K157公里进入11‰的长大下坡道，我喊完：“SS4-185号减压50千帕”就采取了制动措施，但并没有听到中部司机的应答，我立马意识到中部司机没有听见制动指令，很快列车速度不降反升，我焦急地不停呼叫：“SS4-185号减压50千帕……”，终于在接近速度限值时听到了应答。列车速度开始回落，我悬着的心才落了下来，上演了现实版的“速度与激情”。

2006年3月，基于GSM-R通信与列车无线同步操控系统（Locotrol）的完美结合，主控机车的所有操作指令都能远程无线同步传到所有从控机车，达到一主多从自动同步操作，彻底告别了“喊号”模式。大秦铁路以科技创新引领重载事业发展，实现年运量跳跃式增长，从2004年开始连续三年每年增运5000万吨，2007年实现运量3.038亿吨，创造了世界单条铁路增运幅度最快的世界纪录！

## 第四本手帐——记录着由“小遗憾”到高品质，追求平稳的探索历程。

手帐扉页“会开车只是技术，开好车才是艺术”，这句话，是我作为重载司机的操纵感悟。

在引进DJ1机车消化吸收再创新后，2007年国产大功率和谐型交流电力机车相继入段。2008年4月分别由一台和谐型机车牵引的两个1万吨列车采用串联的方式组合在一起的组合2万吨列车正式开行，牵引210辆，总重2.1万吨，全长2611米。长度的增加使得制动和缓解的延时相应延长，列车的纵向冲动也瞬间叠加放大。

我在 K64 试闸缓解后，中部司机就打来电话气冲冲地喊到："你咋干的，把我正要吃的饭撞得掉地上了，你让我吃啥？"后来了解到，还有更大的冲动造成更大的安全隐患。面对前所未有的冲动现象和重载安全风险，我们仔细计算列车下滑力，推算平衡点；计算中部机车受冲击的节点，避开最差点。再经过实践反复验证优化，逐步总结出了《2 万吨列车精准操纵法》，填补了重载列车操纵技术空白，为大秦线 3 万吨列车高密度、高品质开行提供了可靠的操纵技术支撑，我们重载司机们自信地说："下坡 11 把，全靠操纵法"。

2018 年大秦铁路实现年运量 4.51 亿吨，2020 年 6 月 18 日创下单日运量 138.42 万吨新的世界纪录，是名副其实的重载第一路！

**第五本手帐——记录着大秦重载技术从跟跑到领跑，华丽转身的超越历程。**

这是 2014 年 4 月 2 日，我驾驶的由 4 台电力机车和 315 节 $C_{80}$ 车辆编组、全长近 4 公里、总重达 3.15 万吨的列车成功开行，这标志着我国成为世界上少数几个掌握 3 万吨铁路重载技术的国家之一。

成功开行的背后，是连续 40 多天的攻关。通过对静态试验数据的总结，结合 2.3 万吨、2.9 万吨运行试验当中出现的一些不理想的"大值"，我们用等比例的红纸条在线路图上模拟推演，发现 3 万吨同时跨越 12 个不同的坡道、5 个相连的 S 形弯道受力非常复杂。我们通过对地点、速度、电制动力、过分相等项点综合优化，才使 3 万吨的运行数据都在理想的范围之内。现在我们又用上了更先进的完全自主知识产权的国产 $FXD_{1B}$ 交流电力机车，牵引力更大了，我们的干劲更足了！

这五本手帐，每一本都是中国重载发展历程的一座里程碑。它记录着大秦铁路技术装备的更新换代，见证着大秦铁路科技创新的不懈追求，刻印着中国重载技术从跟跑到领跑的伟大飞跃。2023 年我作为全国 10 名劳模代表中唯一铁路代表参加了新中国成立 74 周年国庆招待会。当习近平总书记讲到“我们的前途一片光明”“团结就是力量，信心赛过黄金”“继续爬坡过坎、攻坚克难”时，我激情满怀，我们牵引着 2 万吨列车每天都在负重爬坡，每撂一把闸就是过一道坎，总书记的讲话道出了我们的心声，我感到无比的荣幸！

世界铁路看中国，中国重载看大秦。大秦铁路因改革开放而生，也由改革开放而兴。党的二十届三中全会为进一步全面深化改革指明了方向，我们重载列车的滚滚车轮会沿着指引的方向继续前行，手帐的故事也会继续书写……期待着能与大家再次分享！

# 我的智能“工友”

AGV 智能配送车看起来有些呆萌，在 2023 年初，它正式加入了我们团队，第一次在制动检修的流水线上留下了运行的轨迹。

记得那天，现场一下来了 8 位特殊的“工友”，让我印象最深的是，当这些萌萌的小车排着队往返穿梭，平稳有序地把重达几十斤的物料送达所需工位的时候，大家再也控制不住内心的喜悦，一起欢呼起来。也就在一瞬间，我看到几位即将退休的老师傅互相对视着，眼中写满了憧憬和不舍。

当然，AGV 智能配送车只是智能“工友”的一个代表。在我们这儿，还有灵活抓取的“机械手”，刷脸存取的“智能柜”，智能寻料的“大管家”，随着他们陆陆续续地加盟，我们开启了更安全、更高效、更轻松的生产模式。也许这些就是新质生产力的独特魅力吧！

## 科技创新是新质生产力的核心要素。

习近平总书记强调："科技创新能够催生新产业、新模式、新动能，是发展新质生产力的核心要素。"

感受科技创新，我们要从"大型翻车现场"说起。

我们都知道，山西素有"煤乡"之称，煤炭储量占全国的三分之一。那么，要把这么多煤运出去，卸车可是个重要的组成部分。

在新中国成立初期，卸车全靠人力。由于是重体力劳动，工作效率非常低。到了20世纪80年代，我们引进了装载机、抓料机等设备，10分钟可以卸一辆车，工作效率有了明显提升。

而现在，万吨列车抵达秦皇岛港，力大无穷的翻车机能同时翻转4节载重80吨的车厢，不到2个小时就可以卸完2万吨的列车。

从最开始挽起裤腿、甩开膀子，到如今使用智能高效的科技产品，在这漫长的旅途中，我们总能看到科技创新的身影。发展新质生产力，就必须做好科技创新这篇大文章。

## 新质生产力的三个显著特征。

新质生产力具有高科技、高效能、高质量三个显著特征。很明显，它远远区别于传统生产力。

在2023年4月，我们这儿又来了一位新"工友"，由于他庞大的体型和灵活的动作，被大家亲切地称之为"钢铁侠"，就是这位——"智能机械手"。在大数据的指挥下，可以轻松地将制动阀放入高压清洗机内，然后进行360度的"搓澡"去污。以前，这些工作可是需要4个人持续7个小时才能完成，但是现在，有了这个"活金刚"，4个小时就能全部搞定，关键它还代替了人力，1个人都不用，真正实现了高科技、高效能、高质量。

我们试想，偌大的厂房，以往人挨人的、密集的工作场景已然消失不见，取而代之的是整齐有序的自动化生产流程。无人驾驶的运输小车沿着特定的通道不慌不忙地行驶着。数字化控制的生产机组让宽敞的厂房内，工人变得屈指可数。相对于传统生产力，现代化技术效率更高、质量更好、更可持续。而这些，不就是我们多年来全力以赴所追寻的目标吗？

## 发展新质生产力靠什么来推动？

说到这儿，我想问问大家，发展新质生产力靠什么来驱动呢？

发展新质生产力少不了人才的驱动，如果把新质生产力比喻成一辆汽车，可以说人才就是这辆车的发动机，车能不能开出去，全靠发动机来驱动。党的二十届三中全会强调，要着力培养卓越工程师、大国工匠、高技能人才。铁路高质量发展离不开人才的“加持”，在我们湖东车辆段，有一个重载制动专家团队工作室，坚持“站在第一、做到最好”的工作理念，围绕大秦重载制动培养人才、开展攻关，致力打造一支高品质人才队伍。目前团队已经培养了骨干人才 25 人，开展课题攻关 41 项，解决技术难题 32 个。

实践告诉我们，人才同核心技术一样，是“要不来、买不来、讨不来”的，依靠自主培养，才能为发展铁路新质生产力提供源源不断的动力。

发展新质生产力，我们不光是推动者、践行者，更是受益者。作为车辆检修人，回想十年前的工作环境，那个时候，一个班下来，往往是“汗流浃背、满身油污”，衣服上全是汗水和红色的锈迹，几十斤重的制动阀需要人工反复搬动、翻转、研磨，稍不留神，阀体就可能滚落工作台，轻则砸伤地面摔坏制动阀，重则砸在脚上。

党的二十届三中全会系统擘画了进一步全面深化改革，推进中国式现代化的宏伟蓝图。国铁集团党组立足国家铁路战略定位，把握时代发展大势，提出了加快构建现代化铁路基础设施体系、现代化铁路运输服务体系、现代化铁路科技创新体系、现代化铁路安全保障体系、现代化铁路经营管理体系、现代化铁路治理体系等“六个现代化体系”，画出了率先实现铁路现代化最大“同心圆”。

今天，宽敞的作业区，我们的“蓝领”已经变成“白领”，咖啡机熬着暖心的咖啡，清雅的茉莉散发着淡淡的清香，过去生硬的作业流程已经变成了轻松的“指尖运动”。在这里，我们见证着一个个工作场景颠覆传统，一处处设备升级“碳”为观止，一张张职工笑脸幸福洋溢，而我和我的智能“工友”的故事还在继续……

# 色彩里的大秦重载精神

我想问大家一个问题，如果大秦铁路是有颜色的，大家认为它会是什么颜色？是普速列车的绿色？是和谐号的白色？还是复兴号的红色？带着疑问，让我们一起走进大秦铁路，感受重载精神迸发出的色彩活力。

## 大秦重载精神是党旗的红色。

大秦重载精神有个最重要的底色，那就是“始终听党话、永远跟党走”的红色。大秦铁路因改革开放而生，随改革开放而兴。自开通以来，一代代大秦人始终牢记时代赋予的使命担当，以负重争先的意志品质，谱写出勇于超越的时代赞歌。

时光回溯到 2008 年初，一场历史罕见的特大暴雪冰冻灾害肆虐南方各地多达 20 多个昼夜，交通告急！电网告急！电煤告急！电煤保供成为当时迫切需要解决的问题。面对着党中央和人民的重托，大秦人义无反顾地投入到战场中，按满红手印的请战书一封接着一封。火车司机们为了能多拉一趟电煤，主动缩短休息时间，一趟接着一趟跑。车轮滚滚，昼夜无休，在全体大秦人不懈奋斗下，大秦线煤炭日运量首次突破 100 万吨大关，全国用电紧张的局面迅速得到缓解。

36 年来，大秦人始终心怀“国之大者”，想国家之所想、急国家之所急，在迎峰度夏、雨雪冰冻、蓝天保卫战、电煤保供等急难险重任务中一次次挺身而出，以实际行动诠释着“中央有号召、铁路有行动”的铮铮誓言。

## 大秦重载精神是煤炭的黑色。

作为西煤东运的大通道，大秦铁路一头连着“煤海”，一头连着大海，中间连着国计民生。大秦铁路从开通初期年运量 2000 万吨，到 1 亿吨，再到如今稳定的 4 亿多吨，这条黑色的“煤河”累计运输煤炭 80 多亿吨，体积相当于 365 个西湖大小，如果用这些煤来发电，可以供全国人民使用 21 年。

黑色的乌金为国民经济大动脉提供着源源不断的能量，这背后蕴藏着大秦人勇攀运量高峰的“秘诀”。大秦铁路瞄准运输组织现代化、运营管理现代化，形成了“产运需”对接、“集疏运”一体、“速密重”并举的“大秦模式”，铸就了中国重载铁路从无到有、从追赶到领跑的辉煌事业，走出了一条不忘初心、牢记使命、与时俱进、超越自我的高质量发展之路。如今，这条黑色的“煤河”还在持续不断地为全国人民送去光和热。

## 大秦重载精神是创新的蓝色。

习近平总书记强调，“创新是引领发展的第一动力”。大秦铁路的发展历程，正是创新驱动发展的生动实践。

大秦铁路先后经历了 3 次扩能改造，完成了 1000 多项技改项目，获得了 50 余项国家专利，形成了具有中国自主知识产权的重载运输技术体系，走出了重载技术从引进、到消化、吸收、再到创新的改革发展之路。

2018 年 10 月，“重载铁路技术研究中心”在太原局集团公司正式揭牌，众多极具前瞻性的研究项目在大秦线落户。说说和大家岗位相关的吧，不知道现场有没有火车司机？告诉大家一个好消息，重载列车的自动驾驶试验取得了重大突破，我们实现了 2.1 万吨的重载组合列车从湖东站到茶坞站全长 300 多公里的完全自动控车运行，并且期间没有进行任何的人工干预，“大车”们的春天越来越近了。在各项突破的背后，是一代代科研人员的艰苦奋斗。“喜青劳模创新工作室”“丁巧仁技能大师工作室”等一大批科技攻关团队投身大秦、奉献大秦，他们为“负重争先、勇于超越”的大秦重载精神注入了创新的蓝色。

## 大秦重载精神是生态的绿色。

习近平总书记强调，“环境就是民生，青山就是美丽，蓝天也是幸福”。这些年，为了打好污染防治攻坚战，大秦人充分发挥重载铁路优势，加大大宗货物运输“公转铁”力度，以“抓源头抑尘、重线路清污、治扬尘污染”为主线，沿线设立了 74 个抑尘站，为实现碳达峰、碳中和目标积极贡献力量。

一列列钢铁长龙在大秦线上疾驰穿梭，一幅天更蓝、山更绿、水更清的绿色生态长卷，正沿着千里铁道线徐徐铺展。

**大秦重载精神是榜样的金色。**

大秦风光处处好，唯有奋斗最动人。如今的大秦线，有“会开车只是技术，开好车才是艺术”的中国重载第一人景生启师傅，还痴迷改革创新的刘书学师傅……数不清的名字如漫天星辰，正是他们一次次地扛起了中国重载的旗帜，今天的大秦铁路才能继续保持着重载列车开行密度最高、运输能力最大、运输效率最优等多项世界纪录，年运量最高达到了4.51亿吨。他们是大秦重载精神的金色代言人，他们是万家灯火的最美守护者。

挺膺担当的红色、行稳致远的黑色、革故鼎新的蓝色、节能环保的绿色、踔厉奋发的金色。每种色彩的背后都蕴藏着不同的力量，他们生动地诠释了“负重争先、勇于超越”的大秦重载精神。

而大秦重载精神，又与“挑战极限，勇创一流”的青藏铁路精神，还有发源于西安局的“艰苦奋斗、无私奉献、务实创新”巴山精神，等等，共同组成了“人民铁路为人民”的铁路精神谱系。

传承红色基因，践行铁路精神。作为新时代的铁路人，我们要乘着党的二十届三中全会的东风，牢记“人民铁路为人民”的宗旨，不忘初心、砥砺前行，为推动铁路高质量发展，率先实现铁路现代化贡献先锋力量！

# 铁路青年的幸福列车

这条绵延653公里的运煤专线，就是我们大秦青年扎根奋斗、筑梦前行的地方。但今天的大秦线上，开行了一趟特殊的列车，这趟车究竟特殊在哪？赶紧上车，跟我一起出发！

在这趟“共建共享”号列车上，我们都有两个身份：大家既是铁路高质量发展的推动者，更是受益者。听到这儿肯定有人会纳闷：我还是受益者？别着急，跟着这趟列车走进大秦，我们就可以直观地看到高质量发展、高品质生活与青春碰撞出的别样风景，看到青年职工在这里是如何居有所安、情有所寄、心有所属。

## 如何居有所安？

这里曾经是大秦线上养护作业最艰苦的线路，“两山夹一桥，工区半山腰；十里无人烟，风吹石头跑；天上无飞鸟，吃水下河舀”，这是过去王家湾线路车间的真实写照。是什么让那时的年轻人甘愿放弃城市的生活选择在这里扎根30多年？职工负责养路，企业负责养心。从桑干河畔钻出的第一眼水井，到站区里绿油油的菜园子，再到今天焕然一新的小宿舍、干净整洁的小浴室，职工的生活条件是越来越好了，篮球场、文化园的建设更是让职工的文化生活也丰富了起来。这一番操作下来，在王家湾职工的心里，比“坚守”二字分量更重的，是“未来可期”。企业为改善职工生产生活环境所做的努力，让一代代青年职工在这里真正地扎下了根。

时代各有不同，青春一脉相承。如今，在大秦重载文化的引领下，更具青春气息的生产生活设施在大秦线各站区“C位亮相”，什么是“敢想敢做”？在这里，只要青年敢想，企业就敢做！

## 如何情有所寄？

习近平总书记指出，要“以高质量文化供给增强人们的文化获得感、幸福感”。那么对于铁路青年来说，这份文化获得感、幸福感从哪来呢？您瞧，这是我们精心打造的大秦人“专属家园”——重载文化教育园区。区别于一般的职场环境改造，这占地1.7万平方米的园区，处处体现着大秦重载文化，让职工在有形的文化建设中收获无形的文化幸福感，从而找到一份情感寄托。

在完成了“三区两园一湖”的基础“硬装”之后，“软装”的权利交到了咱青年人的手上。于是，青年们“脑洞大开”，利用车辆废旧配件，自己动手焊接成一个“重载之舟”雕塑，赋予最钟爱的重载事业最美好的寓意；象征绿色生产的“柏树”，寓意再创佳绩的“扬帆”，小路旁随处可见的文创产品无不凝聚着大家的匠心巧思；将获得省部级以上荣誉的先进典型“请”进时光隧道，让年轻人追咱自己的“星”……这，就是我们钟爱的大秦重载事业的具象化体现，这就是企业为我们打造的独属于大秦重载人的“江山”。

铁路青年们对重载事业的情感寄托，也绝不仅限于我们对自己家园的改造。重载文化对幸福生活的聚力作用，更体现在一场场凝心聚力的宣讲会、一次次畅所欲言的读书分享活动、一个个教育赋能的文博场馆、一本本承载历史的重载精神书籍、一首首广为传唱的大秦原创歌曲……大秦重载文化的张力、活力和魅力就这样在文化的守正创新之中、在青年与企业的共建共享之中不断释放。

## 如何心有所属?

实现“物质文明和精神文明相协调的现代化”已经成为我们的共同追求。那么如何更好地满足青年职工精神文化生活新期待，牢牢地抓住我们青年职工的心呢？单位可以说是不断放大招：对我们主打一个“宠着”！

听说现在的年轻人靠咖啡和奶茶“续命”？“职工之家”咖啡机、茶歇台，安排；炎炎夏日，何以解渴？咱青年自己设计的“和谐电力机车”文创雪糕，让你直接实现“雪糕自由”。“斜杠青年”的特长在哪里展示？“青年专长联盟”队伍的组建，“主持人大赛”“原创音乐大赛”等各类平台的搭建，绝不让“英雄无用武之地”。想看场演唱会却抢不到票？别急，在渤海之滨秦皇岛，一场太铁青年专属的“沙滩音乐节”震撼来袭，燃爆海岸；“报告！我想找个对象，但联谊活动太尴尬了”，“组 CP”我们可是认真的，古装角色扮演、冰壶会友等各类交友联谊活动为你助力。现在的年轻人脑袋里就两件事，哪两件？要么赚钱，要么“躺平”，没关系，完善收入分配机制、利用现代化设备设施降低工作强度，让大家挣得更多。但咱年轻人不只会赚钱，还更会花钱，特别是喜欢网购，在太铁“惠生活”平台上，你可以真正享受到“全网最低价”的购物体验。“那这寒暑假孩子没人看咋办啊”，各种特长托管班，让你安心上班没有后顾之忧！

怎么样，大秦铁路青年的幸福生活，city 不 city？如今，我们不仅吃得行、住得行，更有工资收入行、个人成长行、作业条件行、社会保障行、婚恋交友行、兼顾家庭行、文化生活行、心理健康行，咱铁路青年就是样样行！

其实，大秦铁路青年只是新时代铁路人的一个缩影，而大秦铁路上共建共享的故事也只是我们前行道路上的一处风景。旅途进行到这里，相信在座的各位也感受到了幸福列车的“速度”与“温度”。这份速度，来源于大家合力共为推动的高质量发展；而这份温度，来源于在高质量发展进程中所享受到的高品质生活。正如习近平总书记指出：“共建才能共享，共建的过程也是共享的过程。”我们都知道，职工与企业是同呼吸、共命运、心连心的命运共同体。那么对于这趟“共建共享”号列车而言，只有我们全体干部职工共同努力，这趟车才能不断提速、走得更快，而当它走得快了，我们的幸福感、获得感、安全感就更强了，这趟车才能走得更远。

迈上新征程，国铁集团党组全面落实党的二十届三中全会精神，加快构建“六个现代化体系”，奋力推动高质量发展，勇当服务和支撑中国式现代化的“火车头”，一路向前。而我们这趟“共建共享”号列车也将带您途经更多的站点，奔向幸福生活的诗和远方。

朋友们，“共建共享”号幸福列车马上就要再次发车了，请您抓紧时间上车！让我们一起向着幸福生活，向着铁路现代化新征程，向着强国建设、民族复兴的宏伟目标，启程再出发！

# 呼和浩特局集团公司

## 宣讲报告

扫码观看宣讲视频

宣讲、撰稿人员：

石添予　董　昕　张　凌

张浩鸿　赵　阳　柴　艳

张　雪　王泽华　王　鹏

# 深入学习贯彻党的二十届三中全会精神<br>奋力推动铁路高质量发展

今天的宣讲分为三个部分，按照“为什么、是什么、怎么做”的逻辑，讲一讲进一步全面深化改革的重大意义，聊一聊进一步全面深化改革的总目标，说一说我们该如何立足实际抓好贯彻。

**先来看第一部分“为什么”，我们来深刻领会进一步全面深化改革的重大意义。**

过去近半个世纪，中国之所以能够快速发展、综合国力迅速增强，关键一招是改革开放。正如习近平总书记所指出，改革开放是党和人民事业大踏步赶上时代的重要法宝。46年前，发端于党的十一届三中全会的改革开放，如春风吹拂大地，改变了中国，影响了世界。从那时起，我们党在历届三中全会上，都以改革开放为主旋律，推出一个个事关全局宏观战略的重大决策。

那么党的二十届三中全会的主题——进一步全面深化改革，有什么重大意义呢？为了更好地说明这个问题，我们需要拉长时间段，用历史的眼光，将整个改革开放的历史作一个关键节点的回望。1978 年，党的十一届三中全会开启了改革开放和社会主义现代化建设新时期，这个时期的一个关键词是“改革”；2013 年，党的十八届三中全会开启了新时代全面深化改革、系统整体设计推进改革新征程，这个时期的一个关键词是“全面深化改革”；2024 年，党的二十届三中全会谱写了进一步全面深化改革、推进中国式现代化的时代新篇，今后相当长一个时期的一个关键词就是“进一步全面深化改革”。这三次全会一以贯之、一脉相承，都是划时代的，从“改革”到“全面深化改革”，再到“进一步全面深化改革”，可以说是构成了改革开放的“三部曲”。

这次全会，是新时代新征程上推动全面深化改革向广度和深度进军的总动员、总部署，必将带来中国式现代化的万千气象。全会审议通过的《中共中央关于进一步全面深化改革、推进中国式现代化的决定》，提出“六个必然要求”，指出继续把改革推向前进，这是坚持和完善中国特色社会主义制度、推进国家治理体系和治理能力现代化的必然要求，是贯彻新发展理念、更好适应我国社会主要矛盾变化的必然要求，是坚持以人民为中心、让现代化建设成果更多更公平惠及全体人民的必然要求，是应对重大风险挑战、推动党和国家事业行稳致远的必然要求，是推动构建人类命运共同体、在百年变局加速演进中赢得战略主动的必然要求，是深入推进新时代党的建设新的伟大工程、建设更加坚强有力的马克思主义政党的必然要求。通过这“六个必然要求”，我们可以看出这次全会具有重大而深远的政治意义、理论意义和实践意义，如果再作一个凝练的概括，就是一句话：为全面推进中国式现代化提供强大动力和制度保障！

**了解了“为什么”，接下来看第二部分“是什么”，我们来深刻把握进一步全面深化改革的总目标。**

全会《决定》指出，进一步全面深化改革的总目标是：继续完善和发展中国特色社会主义制度，推进国家治理体系和治理能力现代化。同时，明确了两个重要的时间节点：一个是，到2029年新中国成立80周年时，完成《决定》提出的改革任务；另一个是，到2035年，全面建成高水平社会主义市场经济体制，中国特色社会主义制度更加完善，基本实现国家治理体系和治理能力现代化，基本实现社会主义现代化，为到本世纪中叶全面建成社会主义现代化强国奠定坚实基础。

为了更好地阐述这个总目标，这里，我引用中国特色新型智库人大重阳的权威研究报告，他们对2029年、2035年我国进一步全面深化改革的成效，有七大畅想。一是在经济体制改革上，要聚焦构建高水平社会主义市场经济体制，就是让经济更稳健。2029年，中国新质生产力继续提升，世界500强企业超过40%来自中国。2035年，中国有望成为全球第一大经济体。二是在政治体制改革上，要聚焦发展全过程人民民主，就是让民主更丰富。2029年，全过程人民民主制度体系更为健全，人大代表更具代表性。2035年，人民民主参与机制更加完善，职工积极参与企业民主管理。三是在文化体制改革上，要聚焦建设社会主义文化强国，就是文化更出圈。2029年，对中国互免签证、单方面免签以及落地签的国家超过 100 个。2035 年，中国基本建成社会主义文化强国，中国人民文化自信进一步增强，超过三分之一的人实现出境旅游。四是在社会体制改革上，要聚焦提高人民生活品质，就是让生活更舒适。2029 年，中国的人类发展指数由高迈向极高，人均预期寿命超 80 岁。2035 年，中国人均月收入有望突破 1 万元，越来越多的人会过上各自心目中的好日子。五是在生态文明体制改革上，要聚焦建设美丽中国，就是环境更绿色。2029 年，“碳达峰”目标提前实现，半数以上城市转型为“绿色城市”。2035 年，绿色低碳循环发展的产业体系基本形成，我国成为碳排放强度最低的国家之一。六是在国家安全体制改革上，要聚焦建设更高水平平安中国，就是国家更安全。2029 年，中国成为全球综合安全程度最高的国家。2035 年，中国新增 10 个驻外保障基地，参与联合国维和行动的力量进一步增加。七是在党的建设制度改革上，要聚焦提高党的领导水平和长期执政能力，就是步伐更坚定。2029 年，党领导中国式现代化从蓝图走向现实，国家治理能力和治理体系再向前进一大步。2035 年，一个基本实现社会主义现代化的中国，将以前所未有的文明面貌傲立在世界东方。大家可以尽情想象，5 年后、11 年后的工作和生活，将充满无限的幸福，让我们拭目以待、翘首以盼！

**着眼了未来，更要立足当下，接下来看第三部分“怎么做”，我们如何以实际行动贯彻好全会精神。**

正如习近平总书记所强调的，“中国式现代化是干出来的”“老百姓的幸福生活是干出来的”。学习贯彻党的二十届三中全会精神，是当前和今后一个时期的重大政治任务。全会《决定》共部署了

300 多项重要改革举措，直接对铁路改革提出要求的，有推进铁路等行业自然垄断环节独立运营和竞争性环节市场化改革、推进铁路体制改革这 2 条；涉及铁路工作的，有 40 条；需要铁路提供服务和保障的，也有 14 条。这些重磅之举，为进一步全面深化国铁企业改革明确了目标方向。

2024 年 7 月召开的国铁集团领导干部会议强调，要以学习贯彻全会精神为动力，大力弘扬改革创新精神，为更好服务和支撑中国式现代化贡献铁路力量。具体来讲，我们要全力抓好五个方面的重点工作。一是坚决确保铁路安全持续稳定。要切实增强确保铁路安全的政治敏锐性，坚持人民至上、生命至上，进一步强化安全责任落实，以高水平安全保障高质量发展。二是全面提升铁路客运供给水平。要在增进人民福祉、满足市场需求上，在适应市场、丰富产品供给上，在提升品质、树立形象上，不断下功夫见成效。三是加快推进铁路现代物流体系建设。要着力拓展全程物流服务，打造市场型物流组织体系，充分发挥铁路在有效降低全社会物流成本中的主力军作用。四是高质量推进铁路规划建设。要更好服务国家战略和区域经济社会发展，加快建设现代化铁路基础设施体系，持续提升建设管理水平。五是深入推进铁路经营管理创新和科技创新。要持续深化铁路市场化经营，扎实推动运输业和非运输业一体化经营，加快实现铁路高水平科技自立自强。

一个时代有一个时代的长征，一代人有一代人的使命。实践已经充分证明，200 万铁路职工是永远听党话、坚定跟党走的忠诚队伍，是推动新时代新征程铁路事业高质量发展的中坚力量。作为铁路职工，我们要坚定拥护“两个确立”、坚决做到“两个维护”，积极投身进一步全面深化改革浪潮，共同为改革想招、一起为改革发力，跑好我们这一代人的改革接力棒，奋力推动铁路高质量发展，率先实现铁路现代化，在以中国式现代化全面推进强国建设、民族复兴伟业中作出更大贡献！

# 领航！中国铁路<br>奋进在伟大复兴的新征程上

最近早班京沪高铁又登上了各大网站的热搜榜，很多网友戏称这趟高铁为职场人专列。为什么这么说呢？4个多小时的车程，车上60%的乘客都在专心办公，就连车上的大学生们也在专心致志地上着网课。复兴号列车以350公里/时的速度平稳地飞驰在两地之间，这也使得京沪高铁成为适配度最高的“移动工位”。习近平总书记曾这样亲切地说，“复兴号奔驰在祖国广袤的大地上”。是啊，如今跨城工作、旅游观光、探亲访友，就像“串门”一样简单，高铁的开通，不仅极大缩短了城市之间的距离，更以其稳定、高速、舒适、便捷的特点，深刻改变了人们的出行方式和生活方式。2024年前7个月，全国铁路发送旅客25.22亿人次，旅客周转量9454.53亿人公里，分别同比增长15.7%、10.6%，均创历史同期新高。百年铁路，百年追梦，从普铁到高铁、从蒸汽机车到复兴号、从追赶者到领跑者，“中国速度”惊艳世界。

党的十八大以来，在以习近平同志为核心的党中央坚强领导下，全路各级组织和广大干部职工，坚持以习近平新时代中国特色社会主义思想为指导，以习近平总书记对铁路工作的重要指示批示精神为根本遵循，围绕服务和支撑中国式现代化建设，埋头苦干、勇毅前行，推动铁路高质量发展取得显著成效。

如今的中国铁路在新旧列车飞驰中交会，一边是代表着“中国温度”的普速列车，一边是代表着“中国速度”的高速列车，新与旧的列车带着梦想进行时代的交接，两辆列车同时开往“春天”，而新的故事也正开篇！

**新时代以来，铁路的战略定位和作用更加突出。**

全国铁路固定资产投资完成 7.7 万亿元，营业里程由 9.8 万公里增加到 15.9 万公里，高铁由 0.9 万公里增加到 4.5 万公里，逐步建成世界最大的高速铁路网。与此同时，中国铁路始终心系“国之大者”，自觉在服务共建“一带一路”以及脱贫攻坚、乡村振兴等国家战略，在疫情防控、抢险救灾等重大任务中主动担当作为。蒙内铁路、中老铁路、雅万高铁等一批项目投产运营，130 多个县结束了不通铁路的历史，技术装备出口全球 100 多个国家和地区。最新数据显示，中欧班列累计开行超 9 万列、货物运输超 870 万标箱，通达欧洲 25 个国家 222 个城市；西部陆海新通道货物流向通达 124 个国家和地区的 523 个港口，成为广受欢迎的国际公共产品。

**新时代以来，铁路实现了由瓶颈制约型运输到逐步适应型运输的历史性转变。**

全面优化铁路货运布局，大力提升重点物资运输保障能力，积极拓展铁路货运市场份额，为打好污染防治攻坚战特别是打赢蓝天保卫战作出积极贡献；建成世界上规模最大的12306铁路互联网售票系统，持续扩大复兴号运行覆盖面，全面提升客运服务质量。始终坚持人民至上、生命至上，始终坚定不移践行总体国家安全观，树牢大安全意识，压紧压实安全生产责任，努力提升铁路本质安全水平，铁路安全进入较为稳定的历史时期。

**新时代以来，铁路发展的内在动力和活力不断增强。**

京沪高铁等一批企业成功上市，铁路投资主体实现多元化，铁路市场化法治化经营深入推进。深入实施创新驱动发展战略，形成了以复兴号动车组为代表的一大批创新成果，CR450科技创新工程取得重大突破，高速列车实现单列时速453公里、交会时速891公里运行，复兴号CR400系列动车组标准等122项重要技术标准发布实施。装备技术加快升级换代，自主化、智能化、绿色化技术加速创新应用，高铁技术树起国际标杆。光说些数据大家可能没有什么直观的感受，正好今天来到张家口，我就来跟大家说说京张高铁。习近平总书记在京张高铁开通运营时曾作出重要指示："从自主设计修建零的突破到世界最先进水平，从时速35公里到350公里，京张线见证了中国铁路的发展，也见证了中国综合国力的飞跃。"

作为国家铁路、人民铁路，中国铁路的每一次落子都与时代召唤紧密相连，与全面建设社会主义现代化国家战略安排和目标任务同频共振，矗立在新时代的潮头。

回顾中国铁路发展历程，一条长长的铁路，印刻着中国铁路人在中国共产党领导下忘我奋斗的坚实足迹，展示着中国铁路人为实现中华民族伟大复兴，不忘初心、砥砺前行的壮丽画卷。从"世界高铁海拔最高点的坚守”陈永红到“柔肩扛重任、铁志绘通途”的薛娇，从“永不服输的‘机车医生’”黄忆到“践行‘人民至上、生命至上’”的赵阳，他们立足岗位、忠于职守，充分展示了铁路人在新时代新征程中的担当品格、奋斗精神。就拿我来说，作为一名工务人，我每天打交道的都是拥有“钢铁身躯”的家伙，检查线路设备、调整线路轨距、补修联结零件……一次次地弯腰俯身，一趟趟地冒雨出巡，严寒酷暑，风雨无阻。但我也只是 200 万铁路职工中的一个小小缩影，大家来自五湖四海，承担着不同的使命，为的就是要把中国铁路打造成为世界上最幸福的铁路，也想让所有人都能搭载上这趟通往幸福的列车。

时代呼唤着我们，人民期待着我们，唯有矢志不渝、笃行不怠，方能不负时代、不负人民。我们将积极践行社会主义核心价值观，坚定信心、开拓进取，积极投身全面深化改革浪潮，强化理论学习、练就过硬本领，把新思想、新思路、新方法、新理念贯穿到推动铁路高质量发展的道路上，充分发挥青年人“敢闯、敢试、敢担当”的精气神和“打破陈规、开拓创新的”魄力，将进一步全面深化改革的“大写意”转化为“工笔画”“施工图”。

奋楫扬帆豪情壮，踔厉奋发勇担当。乘着党的二十届三中全会的东风，在中国式现代化的壮阔征程上，我们要以更强的责任担当、更实的工作举措，更加有力地服务和支撑国家重大战略，把铁路打造成为构建新发展格局的基础支撑、促进共同富裕的坚实保障、全面建设社会主义现代化国家的开路先锋，让我们在拼搏奋斗中一同谱写中国铁路腾飞的华美乐章！

# 奋进铁路现代化

在2024年巴黎奥运会上，不仅中华健儿展雄姿、逞英豪，大量科技感浪漫感十足的中国制造和中国智造，也让人眼前一亮，彰显出中国产业链、供应链的强大与顺畅，这其中，中欧班列“钢铁驼队”功不可没。

作为党执政兴国的重要支柱和依靠力量之一，中国铁路始终胸怀“国之大者”，与时代同向同行，在以中国式现代化全面推进中华民族伟大复兴的宏伟蓝图中，精心描绘奋力推动铁路高质量发展、率先实现铁路现代化、勇当服务和支撑中国式现代化“火车头”的壮美画卷。

梦在前方，路在脚下。率先实现铁路现代化，抓手是啥？载体为何？途径在哪？就是加快构建“六个现代化体系”，即现代化铁路基础设施体系、现代化铁路运输服务体系、现代化铁路科技创新体系、现代化铁路安全保障体系、现代化铁路经营管理体系和现代化铁路治理体系。

这六大体系不是彼此孤立、毫不相干，而是紧密联系、互为支撑。现代化铁路基础设施体系，是物质基础和能力保障；现代化铁路运输服务体系，是重要标志和集中体现；现代化铁路科技创新体系是重要引擎和技术支撑；现代化铁路安全保障体系是最重要的基础保障；现代化铁路经营管理体系助推壮大经济发展实力、提升经营质量效益；现代化铁路治理体系，是制度支撑和机制保障。

到 2025 年，基本建成“六个现代化体系”，战略骨干通道不断加强，高铁主通道基本贯通，网络布局更合理，综合枢纽更顺畅，高铁服务品牌和现代物流体系优势不断增强。到 2035 年，率先建成服务安全优质、保障坚强有力、实力国际领先的现代化铁路强国。到 2050 年，全面建成更高水平的现代化铁路强国。

奋进铁路现代化，200 万铁路职工都是参与者、见证者、收获者，责无旁贷，大有可为，必有作为！

**奋进铁路现代化，让我们自豪自信，怀一腔热血。**

现代化的梦想，曾经那么遥远，现在又如此真切。

1919 年孙中山先生《建国方略》完成时，中国仅有铁路 1 万余公里。截至 2023 年底，全国铁路营业里程达 15.9 万公里，其中高铁 4.5 万公里，继续稳居世界第一，已远超孙中山先生当年的设想。到 2025 年，全国铁路营业里程将达 16.5 万公里，其中高铁 5 万公里，铁路网覆盖 99.5％的城区人口 20 万以上城市，高铁网覆盖 97.2％的城区人口 50 万以上城市。基础设施体系将一幅壮美工笔画，绘于960多万平方公里的辽阔大地上。

大漠孤烟、江南细雨、黄河九曲、长江奔流、林海茫茫、群山巍巍……条条钢铁巨龙飞驰奔腾出活力满满、热辣滚烫的中国。

“高铁出行，太快了！”当“中国旅游”成为网络热词，外国友人纷纷打卡，频频为高铁这张“金名片”点赞。记得2018年，我到张家口采访要坐6个多小时火车，昨天我来张家口却只用了1小时20分，乘坐高铁所用的时间大约是过去的五分之一。不久前，杭温高铁试验列车顺利跑出时速385公里的试验目标速度值，而时速400公里的CR450动车组正加紧研制，将于年内上线。

2024年5月，一列载有摩托车零配件的列车，从重庆团结村站启程，经浙江宁波舟山港出海，前往希腊比雷艾夫斯港……这是多式联运“一单制”改革的生动实践，货主无须分别对接公铁海三方，货物无须二次倒运换装，而是“一次托运、一次计费、一份单证、一次结费”，运输总耗时减少近一周，物流成本大幅降低。

遥望亚欧大陆，中欧班列、西部陆海新通道班列“双翼齐飞”，中老铁路、雅万高铁、匈塞铁路谱写“一带一路”新篇章，铁路服务高水平对外开放动力十足。

我们可以看到，傲人高铁贴地飞行，现代物流风生水起，运输服务体系树立起一个响当当的中国铁路品牌。奋进铁路现代化，身处其中的我们怎能不自豪？怎能不自信？

**奋进铁路现代化，让我们自立自强，精一门手艺。**

2024年7月24日，呼和浩特局集团公司举办首批特级技师聘任仪式。集团公司党委书记、董事长和总经理，为首批17名特级技师颁发聘书，并与他们座谈交流。

其实，加快构建“六个现代化体系”，对广大职工来说，最直接最实际的，就是把本职工作干好干出彩。前提就是有一门手艺，有两把刷子。

“道路千万条，安全第一条。”《流浪地球》里的这句台词，是郑州局集团公司郑州站运转车间车站值班员蒋涛的最爱。为了守护这份“最爱”，他以标为纲，上班实践、下班复盘、私下苦学，终创下在岗 12 年、接发列车 37 万余列未错排一次信号的佳绩，为构建安全保障体系添砖加瓦。

停车对标误差不超 20 厘米，连挂 $NJ_2$ 型机车硬币在车钩上屹立不倒，这都是青藏集团公司格尔木机务段运用一车间指导司机斯朗旺扎的绝活儿。穿越布满冻土、极度缺氧、最大坡度达 20‰的世界屋脊线路，这些绝活儿的练就，怎能“不经一番寒彻骨”？

草木会发芽，孩子会长大，岁月的列车，不为谁停下。奋进铁路现代化，是我们展现人生价值的酷炫舞台，更是我们个人成长成才的富饶土壤。在这个过程中，只要我们以硬本领干出漂亮活儿，我们就不仅能获取更坚实的收入保障，还能进一步实现个人全面发展，获得更明显的素质提升、更充分的价值认可。这些，也是治理体系的题中之义和终极目的。

愿我们不负时代、为梦奔腾，终将时光雕刻成钻，让本就不易的日子留有回甘，为自己和挚爱的人拼出一场人间值得。

**奋进铁路现代化，让我们慎终如始，秉一颗初心。**

2024 年 4 月 26 日，在南昌举办的全路宣教理论工作培训班结业，我有幸获评“优秀学员”，但更令我骄傲的是，证书是由“最美铁路人”——南昌局集团公司南昌站客运车间客运值班员李军颁发的。日日面对极大工作量和极快节奏，李军却能坚持爱洒服务台、奉献十五载，对旅客有求必应，总愿意多问一句、多帮一把，这大概，就是“初心不改”的一种完美诠释吧。

为了梦想，你能坚持多久？神舟十五号载人飞船航天员邓清明的答案是：近25年。2022年，56岁的他实现了飞天梦。“我可以用一生去默默准备，但不允许在任务来临的时候，没有准备好。”是持之以恒的坚守，才让邓清明迎来了梦想照进现实的高光时刻。

牵引变流器，好比列车的“心脏”。为中国高铁装上“中国心”的，就是株洲电力机车研究所设计专家陈燕平。她长年攻坚克难，即便身处逆境依然不言放弃，终听见梦想开花的声音，在科技创新体系中闪耀光芒。

可能，在那遥远的地方，你坚守一方小站，长年品味着些许孤寂；可能，每天你都面对重复问询和机械劳动，多多少少过得有点烦躁；也可能，工作中的挑战一波未平一波又起，你真心感觉有点撑不下去了……但是，我特别想告诉大家的是，最过不去的时候，你如果还能再坚持一下，很可能它就过去了。机遇总是化作困难来敲门，抗争最炽烈的热点上，才会闪耀智慧的璀璨光华。

奋进铁路现代化，一定不是一路坦荡、铺满鲜花，而是会有涉滩之险、爬坡之艰、闯关之难的。在这个过程里，需要通过六大体系，特别是经营管理体系中的改革法宝创新驱动、深挖潜能。但不必害怕，因为我们有党的核心掌舵，有坚实基础，有200万拉得出、打得赢的铁路职工，有明确目标和主攻方向。只要我们团结一心、不懈奋进，终会抵达成功彼岸。

浩渺行无极，扬帆但信风。阔步充满光荣与梦想的新征程，我们壮志满怀、信心十足。让我们更加紧密地团结在以习近平同志为核心的党中央周围，以率先实现铁路现代化、推动铁路高质量发展，为以中国式现代化全面推进强国建设、民族复兴伟业作出新的更大贡献！

奋进铁路现代化，春风十万里，正在来时路……兄弟姐妹们，加油！

# 建设命运共同体 奋力作出新贡献

“着力构建企业与职工命运共同体”是国铁集团党组提出的一项重大任务。建设企业与职工命运共同体，就是要激励干部职工自觉地与企业同呼吸、共命运、心连心，在推动铁路高质量发展实践中共享成果、共克难题、共担责任，在企业发展中“寻求最大公约数、画出最大同心圆”。

在党的领导下，铁路取得了令世人瞩目的历史性成就，这离不开以人民为中心的发展思想，离不开全心全意依靠工人阶级的方针政策，离不开铁路职工主人翁地位的不断加强。实践表明，取得价值共识，深化价值共融，是企业统一思想、凝聚人心的重大任务。企业的发展离不开职工，职工的成长也离不开企业，只有企业发展了，职工才能共享发展成果；只有职工共同努力，才能推进企业高质量发展。这就是企业与职工的“价值共融”。企业要把职工的福祉放在心上，职工要把企业发展的责任扛在肩上。我所在的福生庄线路工区，以提高线路设备质量，确保列车安全、平稳运行为己任，把执行规章“不走样”的精神贯穿到日常生产工作当中，实现一个又一个安全年。截至 2024 年 8 月 21 日，福生庄线路工区已实现安全生产 76 周年，位居全国铁路干线安全生产天数第一。福生庄线路工区正是以这种安全为天的主人翁精神为指引，艰苦奋斗，勇于拼搏，才获得了如此佳绩。2021 年，在中国共产党成立 100 周年之际，工区党支部被党中央授予“全国先进基层党组织”称号，而我也有幸作为工区班组党支部书记，在人民大会堂参加了颁奖仪式。

职工与企业的兴衰和荣辱息息相关，职工理应是企业的“主人”，而不是临时的“乘客”，必须义不容辞增强主人翁责任感，把企业高质量发展的责任紧紧扛在肩上，以忠诚担当、不辱使命的具体行动，让企业这艘大船破浪远航、行稳致远。企业的高质量发展与职工个人的全面发展密不可分。我们要加快适应，结合学习培训、练功竞赛和经营实践，不断更新知识结构，练就过硬本领。要全力支持改革，正确看待个人利益与企业利益、眼前利益与长远利益的关系，切实转变思想观念，把各项改革措施实实在在落到岗位上。要主动参与改革发展，多提合理化建议，多出“金点子”，多搞“小发明”“小创造”，把每个人的智慧汇聚成推动企业改革发展的宏大力量。

职工是企业的建设者、创造者，也是企业改革发展成果的受益者、共享者。企业高质量发展目标就是让职工共享发展成果，职工好、企业就好，企业好了、职工会更好。要积极顺应职工群众对美好生活的向往，让高质量发展成果更多、更广泛地惠及广大职工。如铁路“新八级”职业技能等级制度的建立，进一步拓宽了技能人才职业发展空间，激励引导更多技能人才扎根生产一线岗位，实现岗位成才。另一方面，要正确处理好个人利益与企业利益、眼前利益与长远利益的关系，争做增运增收的贡献者、节支降耗的有心人，为企业创新创效贡献聪明才智。唯此，职工与企业的利益共同体才能在合力共为中巩固和共享。我来到福生庄线路工区的第一天，就被“福生庄容得下文化低的人、容不下不学习的人”的家训触动了。我深知，线路设备检修表面看是体力活，但每项工作都必须精确到毫米，要有大锤敲出“针线活”的工匠技巧，才能使线路质量满足运输需求。正是依靠工区这种精益求精的工作态度，执行规章不走样的工作精神，才能够激励着我不断前进，不断自我积累，一步步从线路工到工长，再成长为技术科的业务骨干。

众人拾柴火焰高，众人划桨开大船。在特大洪灾、雨雪冰冻、抗震救灾、世纪疫情、保通保畅等重大考验面前，全路干部职工上下一条心、拧成一股绳，闯过了一道又一道的难关，打赢了一场又一场的硬仗。实践证明，200 万铁路职工是最听党的话、坚定跟党走的产业大军，是特别能担当、特别能奉献、特别讲纪律、特别有执行力的优秀队伍。

征途漫漫、惟有奋斗，让我们牢固树立命运共同体意识，心往一处想、劲往一处使，把爱路之情、奋斗之志化作实干之责、拼搏之行，努力推动铁路高质量发展，奋力谱写中国铁路更加灿烂的崭新篇章。

# 弘扬传承以“人民铁路为人民”为核心的铁路精神

2023 年 7 月 30 日滞留落坡岭的傍晚，我们的列车已晚点近 10 个小时。车窗外暴雨倾盆、线路塌方，车厢内食物紧缺、用水殆尽，这一场突如其来的大考检验着我们乘务组的每一个人。然而，此刻身在风雨中的我们并不孤单。976 名旅客和乘务组成员的生命，时刻牵动着全国人民的心，凝聚着党和国家的关注。国铁集团党组在第一时间贯彻落实习近平总书记对防汛救灾工作的重要指示展开救援。铁路干部职工会同解放军、武警、消防救援人员等各方支援力量正在赶来。“人民铁路为人民”，我们共同的目标就是决不让每一位旅客受到一丝一毫的伤害。

随着时间的推移，车厢内旅客情绪也开始出现波动。而落坡岭车站职工冒暴雨为我们筹集的物资，却被堵在道路塌方处。怎么办？大家把目光聚焦在列车长杨龙的身上。只听他斩钉截铁地说：“就是蚂蚁搬家，也要把物资运回来。”话音未落，大家毫不犹豫地冲到车厢外的狂风暴雨之中。我们紧紧地拉住手，生怕一不小心陷入泥泞，被湍急的水流冲走，物资在我们手中传递3个小时后，终于搬上了列车。很多旅客看到物资，都紧跟着我们涌入了餐车。场面几近失控，情况十分危急。面对蜂拥而来的旅客，我害怕了！害怕发生群体踩踏、害怕有人受伤！不行，我得站到高处，让旅客听见我的声音："千万不要拥挤，千万不要拥挤，咱们铁路一直秉承的就是人民至上、生命至上。我刚才下去的时候特别有感触，塌方的两处，我们走了七八百米，把这些东西给大家运回来，千万不要发生任何危险，好不好？我是一个女人，我也是一个'别人家的孩子'，我就是因为穿了这身衣服，我得对得起大家！"

我自己也没有想到，情急之下的一番话却有了这么大的效果。嘈杂的车厢顿时安静了许多，青年人把老人和孩子护在身前，让他们先领取物资。小小的车厢荡满了关爱与理解的春风，使我们能更好地照顾老、幼、病、残、孕等重点旅客。2023年8月3日2时10分，最后一批滞留旅客全部转运至北京丰台站。都平安了，一个都不少！我唯一没想到的是，我安抚旅客时说的话，竟在媒体上传播开来。在回到工作岗位后，很多人都在问我，为什么会哽咽地说出那番话，我当时心想：我们是人民的铁路，就要全心全意为人民。我深知，我们乘务组所有的付出，都离不开以"人民铁路为人民"为核心铁路精神的长期熏陶，而这也是人民至上思想在铁路的具体体现。

回顾中国共产党百年发展历程，党在领导革命建设和改革发展的伟大实践中，始终坚持和牢固树立群众观点，人民群众成为社会主义的创立者、社会主义改革发展的主力军、实现中华民族伟大复兴中国梦的重要力量。特别是党的十八大以来，在习近平新时代中国特色社会主义思想的指引下，铁路人坚持以人民为中心的发展思想，牢记“人民铁路为人民”的宗旨，努力开创铁路高质量发展新局面。党的性质、宗旨，铁路新的实践，让我们对践行“人民铁路为人民”的根本宗旨有了更加深刻的认识。“人民铁路为人民”是铁路行业优秀精神的集中体现，是铁路人的价值追求，体现着有责、担责、尽责。有责，是在国家政治层面，要求忠诚担当、服务大局，明确铁路政治责任和社会责任；担责，是在铁路发展层面，要求安全优质、创新先行，不断推动铁路事业高质量发展；尽责，是在职工个人层面，要求爱岗敬业、无私奉献，尽心尽力担当作为。有责思为、担责敢为、尽责有为，三个层面有机统一，体现了“人民铁路为人民”的内在要求。

回顾百年奋斗征程，中国共产党领导下的铁路人锻造了以“人民铁路为人民”为核心的伟大铁路精神，前赴后继的铁路榜样将“始终听党话、永远跟党走”的红色基因代代相传。从“二七”精神、“毛泽东号”精神，到小东精神、福生庄精神，再到大秦重载精神、青藏铁路精神，这些伟大精神是我们一代又一代铁路人通过不断摸索和努力奋斗沉淀下来的宝贵财富。

榜样是看得见的标尺，是听得见的号角。聚焦铁路榜样，他们大都来自平凡的岗位，是基层一线最普通的劳动者。凝视这些不同岗位的榜样，让我们看清自己想成为什么样子、能成为什么样子。我是列车员，就要学吕盼，用真情温暖百万人的旅途；我是机械师，就要学董宏涛，成为最好的“动车组医生”；我是机车检修工，就要学茹德玖，勤思考、苦钻研，永远走在攻关创新的路上；我是火车司机，就要学习杨勇，为旅客牢牢守住最后一道关；我是线路工，就要学王庭虎，扎根大山深处硬是把地质条件复杂、基础薄弱、病害严重的“担心线”养护成了“放心线”。我叫赵阳，我将沿着榜样的航向继续前行！

党的第二十次全国代表大会擘画了全面建设社会主义现代化国家、以中国式现代化全面推进中华民族伟大复兴的宏伟蓝图。党的二十届三中全会吹响了进一步全面深化改革的冲锋号，开启了新征程推进中国式现代化的时代新篇。启航新征程，奋斗正当时。随着快速发展，社会价值观呈现出多元化趋势，在这个时代，尤其需要同榜样人物一道引领主流价值走向，让社会主义核心价值观成为我们自觉选择的价值取向，让干事创业、创先争优成为我们自觉选择的行为取向。

与大雁齐飞，目光所及皆是广袤天空。作为新时代铁路人，让我们以铁路榜样为标尺，立足岗位，履职尽责，大力弘扬传承以“人民铁路为人民”为核心的铁路精神，以永不懈怠的精神状态和一往无前的奋斗姿态，为勇当服务和支撑中国式现代化“火车头”作出新的更大贡献！

# 郑州局集团公司

## 宣讲报告

扫码观看宣讲视频

宣讲、撰稿人员：

曹　琛　郑小燕　宋拓华

刘笃仁　柴洪涛　吴有志

侯晓楠　尚　晋　焦　楠

陈存志　曹文学

# 用党的二十届三中全会精神引领铁路高质量发展

2024 年 7 月 15 日至 18 日，党的二十届三中全会在北京胜利召开了。从党的十一届三中全会开始，四十多年来的历届三中全会谋划的都是有关改革的问题。之所以这样，是因为围绕党的中心任务谋划和部署改革，是党领导改革开放的成功经验，我们通过改革的办法来推动党的中心任务的落实。所以我们会看到，党的二十届三中全会的主题仍然是改革：进一步全面深化改革、推进中国式现代化。这就是为了贯彻落实党的二十大作出的战略部署，也就是二十大确立的以中国式现代化全面推进强国建设、民族复兴伟业的中心任务。

习近平总书记指出："从实践经验和现实需要出发，中央政治局决定党的二十届三中全会研究进一步全面深化改革、推进中国式现代化问题，主要有以下几方面考虑。第一，这是凝聚人心、汇聚力量，实现新时代新征程党的中心任务的迫切需要。第二，这是完善和发展中国特色社会主义制度、推进国家治理体系和治理能力现代化的迫切需要。第三，这是推动高质量发展、更好适应我国社会主要矛盾变化的迫切需要。第四，这是应对重大风险挑战、推动党和国家事业行稳致远的迫切需要。”所以我们就理解了：这次全会之所以制定这样的改革主题，正是为了建设强国、实现复兴，是为了制定具体的改革办法。

那么，这次全会都说了些什么呢？这次全会最重要的内容就是发布了一份决定——《中共中央关于进一步全面深化改革、推进中国式现代化的决定》。进一步改革要怎么改？这份决定具体地回答了这个问题。

除引言和结束语外，这份《决定》有 15 个部分，共分为三大板块，内容条目通篇共列有 60 条。

《决定》第一部分为第一板块，是总论，主要讲这轮改革的重大意义和总体要求，并且规定了改革的总目标：继续完善和发展中国特色社会主义制度，推进国家治理体系和治理能力现代化。瞄准这个总目标，《决定》又具体地提出了“七个聚焦”，这是未来五年的重大改革举措。此外，《决定》还明确了改革要贯彻“六个必须坚持”的重大原则，这些原则是对改革宝贵经验的总结和运用。有所坚持的改革，才是不会迷失方向的改革。

《决定》第二至第十四部分为第二板块，主要从经济、政治、文化、社会、生态文明、国家安全、国防和军队等方面对进一步全面深化改革做出系统部署，并在每一方面提纲挈领地阐述了该方面与推进中国式现代化的逻辑联系。

我们能在其中方方面面的谋划里，看到“具体”和“深入”两个词。我们能看到对羁绊的破解，看到对潜力的挖掘，看到就业怎么解决，工资怎么上涨，还有上学的事、看病的事、住房的事、托儿所和养老院的事……这些是大政方针的事，也是老百姓过日子的事。

那么，这次改革有没有提到铁路的事呢？有同志知道吗？提到了几次？——是有的！在《决定》里，有两处专门提到了“铁路”。一处是在构建高水平社会主义市场经济体制那一部分，明确提出了推进铁路等行业自然垄断环节独立运营和竞争性环节市场化改革。还有一处是在健全推动经济高质量发展体制机制那一部分，明确提出了深化综合交通运输体系改革、推进铁路体制改革。两次专门提到铁路，说明党中央对咱们铁路非常重视，对铁路改革非常用心，这也为我们国铁企业进一步全面深化改革明确了目标方向。

《决定》第十五部分为第三板块，主要讲加强党对改革的领导。党的领导是进一步全面深化改革、推进中国式现代化的根本保证。要坚持党中央对进一步全面深化改革的集中统一领导，深化党的建设制度改革，深入推进党风廉政建设和反腐败斗争，不仅做到“打铁还需自身硬”，还要钉好每一颗改革落实的钉子。

以上是《决定》的主要内容，也是党的二十届三中全会精神的核心内容。

那么，作为党领导的铁路职工，我们要如何贯彻落实全会精神呢？我认为，主要有这五个方面。

第一，我们要坚决确保铁路安全持续稳定，以高水平安全保障高质量发展。对于铁路来说，安全就是我们的天，而我们每一个铁路职工每一天的努力工作，就是为了一起撑起这片天。有了这片安全的天，才有铁路继续发展的空间。

第二，我们要全面提升铁路客运产品供给水平，更好满足广大人民群众出行需求。人民的铁路会响应百姓的需要，比如推出联程票、区间计次票，让群众买一张票能坐两个车次、一张票去仨地方；又比如设置静音车厢、开行旅游专列，不仅陪伴旅客奔波于事业和家乡，更带他们惬意地抵达更多诗和远方。

第三，我们要加快推进铁路现代物流体系建设，充分发挥铁路在有效降低全社会物流成本中的主力军作用。铁路不仅能拉得动山西的煤、新疆的棉，更能拉动中间环节，就像通过多式联运、直通班列、物流总包，我们为货主免去中间环节，让发货的时候只需要签一张单子，进行一次结算，帮企业节省金钱，为社会节省时间。

第四，我们要深入推进铁路经营管理创新和科技创新，全面提升铁路发展质量和效益。想办法把中国制造的复兴号开得更快、开到更远，用一张更密的铁路的网拉动社会经济发展，既充实我们自己职工的钱包，也充实社会效益的腰包。

第五，我们要全面加强铁路党的建设和党风廉政建设，为新征程推动铁路高质量发展提供强有力的保障。只有中国共产党才能组织起铁路工人千千万，而这靠的就是铁路党的建设。“始终听党话、永远跟党走”，这是我们铁路人的口号，更要融入我们的工作实践。

四十多年沧桑巨变，中国共产党并不曾使用什么魔术，他们只不过知道人民所渴望的改变——而他们拥护这些改变。同志们，伟大的改革呼唤团结的实践！让我们以全会精神为引领，在新征程率先实现铁路现代化，为强国建设与民族复兴贡献铁的实践！

# 让复兴号奔驰在祖国广袤的大地上

听了关于党的二十届三中全会精神的宣讲，我感触很深，这不由得让我想起两年前我与河南代表团乘坐复兴号 G806 一同前往北京参加党的二十大的情景。

“小燕，这是不是你们的车啊？到北京要多长时间啊？”听说我是铁路的职工，大家都围到我跟前，好奇地问这问那。我回答说：“咱们乘坐的是目前国内最先进的复兴号动车组列车，两个多小时就到北京了。”他们又听说我是负责高铁列控系统的工程师，很是钦佩，都给我竖起了大拇指。那一刻，我感到，大家“点赞”的不仅仅是我，还有日新月异发展的中国铁路。

回想起上小学的时候，我学过一篇课文，叫《詹天佑》。我知道了这条 1909 年通车、时速只有 35 公里的京张铁路，是中国自主设计并建造的第一条铁路。它拉开了自主建造中国铁路的序幕，也改变了当时由于晚清政府软弱无能、西方列强为了攫取资源争夺铁路修筑权的局面。

到了民国时期，孙中山先生在《实业计划》中描绘了《中国铁路全图》，提出 10 年内修建 20 万里铁路的计划。可惜这个规划在当时的政治、社会环境下根本无法实施。

中华人民共和国成立后，中国铁路建设得到高速发展。成渝铁路就是其中的一个重要标志。当时，10 余万建设者逢山开路、遇水架桥，在没有大型机械，施工条件极端艰苦等情况下，仅用两年时间便让蜀道变成通途。这条中华人民共和国成立后建成的第一条铁路，为新中国铁路建设积累了宝贵经验。

那时候，火车速度还比较慢。记得 1995 年我到成都求学，每次乘坐的都是绿皮火车。当时的绿皮火车车厢拥挤，走走停停，要坐上两天一夜才能到。那时候，我就在想，火车要是能跑得快些该多好。这个小小的念头，便成了我投身铁路工作的内心动力。

毕业后，我从一名旅客变成了铁路建设者，正好赶上中国铁路从 1997 年到 2007 年先后实施的六次大面积提速。大提速是中国铁路的重大事件之一，经过提速，不但提升了运输的速度和效率，也为中国高铁的快速发展积累了宝贵经验。

进入新时代，铁路干部职工始终听党话、永远跟党走，推动中国铁路事业取得历史性成就、发生历史性变革。“四纵四横”高铁网提前建成，“八纵八横”高铁网加密成型，高速、高原、高寒、重载铁路技术达到世界领先水平，高铁里程超过了世界其他国家高铁里程的总和。一张世界上最现代化的铁路网和最发达的高铁网还在快速延展。

而我也赶上了好时代，由一名桥梁工转入高铁岗位工作。从

2010 年参与郑州局集团公司第一条郑西高铁建设，到新时代十年先后主持完成郑渝、郑徐等八条高铁新线列控系统的仿真、验收和调试，我参与见证了中原高铁从“一”字形到“十”字形、从“十”字形到“米”字形的建设过程。能够为世界上运营速度最快的“复兴号”精准导航，我感到很自豪。

几个月前，我跟随河南省劳模宣讲团到“愚公移山”的发源地——济源宣讲。会上，有听众问:“郑主任，河南全省 18 个市，没通高铁的就剩济源了，济源地区啥时候通高铁啊？”想到呼南高铁焦济洛平项目的可行性研究报告已获得国铁集团和河南省政府的联合批复，我就底气十足地说:“焦洛平项目已经批复，很快济源就能告别不通高铁的历史了！”大家听了我的介绍后，都高兴得鼓起掌来。

我回答济源父老乡亲的内容，又将是一个小小的蓝图，也必然载满着人民群众沉甸甸的希望，同样，也将是我和同事们肩负的光荣使命。

2023 年 1 月 18 日春节前夕，习近平总书记视频连线郑州东站，嘱咐我们铁路工作者:“要精心组织调度，严守安全底线，确保广大旅客安全出行。”当时我也在现场聆听了总书记的指示，总书记对铁路的关爱关心、殷殷嘱托和殷切希望，成为我前行的动力。

铁路百年沧桑巨变，见证强国复兴之路。一条条新线路让神州大地上的路网“工笔画”更加精细，让“流动的中国”更加生机勃勃。奋力推动铁路高质量发展、率先实现铁路现代化的进军号角已经吹响，让我们牢记总书记的殷殷嘱托，立足长远、干在当下，更加自觉地担负起应有的责任与使命，让复兴号更安全、更快捷地奔驰在祖国广袤的大地上！

# 弘扬铁路精神　勇担时代使命

聆听了郑小燕主任的宣讲，让我由衷地感到，她就是当下践行“人民铁路为人民”精神的典型代表。下面，我将通过讲述另一位优秀铁路人的事迹，让大家切实感受到弘扬和践行铁路精神是我们的使命。

陇海铁路上全国唯一用人名命名的铁路桥——杨连第桥，高45米、长172.5米，耸立在秦岭余脉的峭壁之中，是陇海铁路第一高桥。在这座大桥上，镌刻着一个可歌可泣的英雄故事。

1949年5月，解放军进军大西北，铁道兵临危受命，抢修陇海铁路8号桥。对于这座桥，当地流行这样一句民谣“八号顶，八号顶，掉下来，摔成饼”，可见桥墩有多高。时间紧、任务重，没有登高设备，杨连第冒着生命危险，仅凭着一根带钩的木杆，率先攀上光秃秃的桥墩，带领战士们提前20天抢通大桥，为运输战略物资争取了宝贵时间，杨连第也因此荣获“登高英雄”称号。1950年，杨连第参加中国人民志愿军赴朝鲜作战，而他在抢修清川江大桥时壮烈牺牲，年仅33岁。为了纪念英雄，铁道部将陇海铁路8号桥命名为杨连第桥。一直以来，一代代铁路人精心养护大桥，保障大桥安全畅通。今天，我要介绍的主人公李玉斌已经守护这座大桥16年了。

“信念坚定、爱岗敬业，勇于攀登、拼搏奉献”，杨连第用生命谱写的登高精神，成为铁路人“始终听党话、永远跟党走”的红色基因的具体写照，也深深融入了李玉斌祖孙三代的血脉。李玉斌的爷爷作为新中国第一代铁路人，守护杨连第大桥18年直到退休。后来，他的父亲也扎根这里，一干就是38年。2008年，李玉斌怀揣梦想来到杨连第工区报到，父亲反复叮嘱他：“你要接好班，守好桥……”后来他才知道，父亲上班时，爷爷也是这样说的。

紧握接力棒，当好守桥人。坚守着心中恒久不变的红色基因，李玉斌练业务强技能，很快就成为技术骨干。2016年，李玉斌光荣成为杨连第桥隧工区最年轻的工长，他当时就下定决心，一定要像登高英雄杨连第那样，带着大伙把工作干得更出色！他们用了4年时间，将桥腹中312块木板换成高强度钢制步行板，整体更换了360根桥枕和256米护木，对3840平方米的钢梁全面喷砂、除锈、油漆，使这座历经百年风雨的英雄桥旧貌换新颜，焕发出新时代的蓬勃生机。

登高精神不仅在杨连第桥上熠熠生辉，也成为整个工区的精神坐标。李玉斌他们管辖的路段80%地处湿陷性黄土区域，每年汛期防洪压力巨大。2021年夏天，河南遭遇特大暴雨，90多天时间，他们背着帐篷吃住在线路旁，24小时不间断巡视，对线路严防死守。8月22日中午，他们正冒着大雨巡视设备，突然听到轰隆隆的声音，就在他们面前几步远的地方，一大片护坡瞬间溜塌下来。情况十分危急！李玉斌当机立断立即封锁线路，设好防护，调来抢险人员和挖掘机清理塌方，经过两个多小时的连续奋战，以最快速度抢通了线路。此时，李玉斌和伙伴们已经累得瘫坐在地上，看到顺利通过的列车，大家相互望着对方，不由自主地笑了起来，打心里充满了成就感。这些年，李玉斌所在的工区及时发现处理各类隐患200余件，管辖范围内未发生一起行车安全事故。

2016年，大桥旁建起了杨连第烈士纪念馆，成为中国铁路和河南省爱国主义教育基地。李玉斌主动请缨，当起了纪念馆的义务讲解员，他说："在英雄桥上干的时间越长，我就越被杨连第登高精神所感动，就越觉得自己有责任讲好英雄故事，把红色基因传承好。"多年来，李玉斌义务讲解300多场次，让杨连第的英雄故事越传越广。

如今，李玉斌祖孙三代已经守护杨连第大桥70多年了。一代又一代铁路人用奉献和担当丰富着杨连第"登高精神"的时代内涵，这种精神不仅仅是对工作的执着和热爱，更是对国家和人民的深深责任感和使命感。

回顾中原铁路的发展历程。一百多年前，河南省第一个党组织——中共洛阳组，在洛阳机务段大院里诞生，真理的光辉从此闪耀中原大地。1923年，二七大罢工第一声汽笛在郑州机务段大院内拉响，党领导下的中国工人阶级力量得到彰显。时至今日，英勇、团结、牺牲、奉献的"二七"精神仍激励和影响着一代代铁路人。1960年，一群年轻的郑铁人扎根太行山深处的孔庄站区，不畏自然和生产生活条件的艰苦，护卫太焦煤运通道安全畅通，铸就了“艰苦不怕吃苦、安全即是奉献”的孔庄精神。

近几十年来，郑铁人投身祖国建设，在郑州北站形成了“驼峰精神”；在中国铁路六次大提速试验中凝聚了“第一速精神”；进入新时代，郑铁人仍旧在中国式现代化建设中坚持改革创新，推动铁路事业不断取得新突破。

铁路精神是具体的、可感知的，它充盈在“毛泽东号”机车驾驶室内；它充盈在大山深处的孔庄站区；它充盈在跨越世界屋脊的青藏铁路线上；它充盈在复兴号动车组创造交会速度世界纪录的试验现场，它承载着铁路事业的辉煌历程。

铁路精神是鲜活的，有生命力的，它传承在动车组司机杨勇为保障车上旅客安全，撂下生命中最后一把闸的英勇举动时；它传承在科研工作者单杏花带领团队攻克铁路 12306 系统一系列技术难题时；它传承在列车乘务员赵阳感情激动地向滞留旅客说“我就是因为穿了这身衣服，我要对得起大家”时……它汇聚在几代铁路人的智慧和汗水中。

回望历史，立足当下，展望未来。我们深刻感受到，坚定不移听党话、跟党走是铁路精神的底色，“人民铁路为人民”是铁路精神的核心，是铁路人始终不变的初心。一个时代有一个时代的主题，一代人有一代人的使命，踔厉奋发新征程，勇毅前行担使命，让我们大力弘扬和践行伟大铁路精神，勇当服务和支撑中国式现代化的“火车头”，努力在新时代展示新气象新作为！

# 我赶上了好时代

先来说说我的“命”吧。我生在 20 世纪 70 年代的农村，家里很穷。我往台前一站，大家都看到了，我这个“颜值”比较“接地气”。按照最新“颜值”分类法，我这个类型，属于“非典型性帅哥”。啥是“非典型性帅哥”？就是猛一看，好像有点丑，仔细一看，哦，是真不好看。别看我现在不好看，我年轻的时候呀——年轻那会儿也不好看。

我还天生非常“社恐”。虽然生在农村，但是我啥农活都不会干。放羊我怕羊跑了，赶车我怕马惊了，扬场、犁地，这些既需要力气又需要技巧的活儿，我更干不了。俺爹恨铁不成钢，后槽牙都快咬碎了——“咦，我看你会弄点啥？将来你连个媳妇也寻不上！”我成了俺爹的一块心病，愁得他整天睡不着觉！

再来聊聊我的“运”。“人丑就要多读书”，所幸我读书还行。老师说好好读书，会有出路。农活上一无是处的我，抓住了这根救命稻草。1990 年那个火热的夏天，我以全县中考第二名的成绩，考取郑州铁路机械学校！俺爹的焦虑瞬间被治愈，说这是祖坟冒青烟了，领着全家去祖坟前磕头。可能年轻的职工不太理解——不就是考了个中专吗？有什么了不起啊！至于这样吗？当时的中专，特别是我考取的这所全国统招的中专，可以媲美现在的双一流大学了。户口农转非，不收学费，每个月发 30 斤粮票，再给点生活费，毕业分配工作，并且是铁路上的“铁饭碗”。美不美！

其实，我至今还保存着一双布鞋。确切地说，那是一双 34 年前纯手工打造的千层底布鞋。当年，我穿着二姐给我做的这双新鞋，走上了通往城市的道路。到了学校，我发现这双鞋不行，因为千层底是用旧棉布一层层叵起来的，并不隔水，学校的公用水房整天水漫金山，根本下不去脚。这双鞋是穿不成了，但我此后多年一直留着，舍不得扔——它是我靠自身努力改变命运的特殊符号。

我庆幸自己生在一个好时代，一个公平公正的、靠个人努力就能改变命运的好时代。毕业后，我成了一名铁路变电所值班工，与千千万万铁路职工结成了命运共同体。

然而，对于当时的我来说，这份工作来得太顺利了，一开始我并没意识到其可贵之处，直到遇见潘红。潘红是谁，等会儿我再和大家讲。

我还有另一个有“历史”的物件——一本旧书，叫《考研英语词汇》。因为不满现状，35 岁时，我头脑一热，做了个非常奇葩的决定——考研。我没上过高中，没读过大学，以 35 岁的“高龄”考研，专业还是艺术理论研究，刺激不刺激？更刺激的是，我竟然以高分通过了笔试。

2008 年 4 月，我到云南艺术学院参加研究生入学面试，导师就是前面提到的潘红。当得知我已 35 岁、是铁路正式职工、每个月除了五险二金拿到手的工资还有两千多元的时候，潘红不淡定了："这个同学，你真气人呀。你这是典型的身在福中不知福！铁路上的工作，多少人梦寐以求却求之不得！你现在说扔就扔，考虑过后果吗？你报考的这个专业，就业面非常窄，最糟糕的情况是毕业即失业。最好的就业方向，也无非是到一个普通大学当个老师。大学老师，听着好听，可没你们铁路上这么好的工资待遇呀！要不要读研，你再考虑考虑吧！"

出了面试考场，走在昆明街头，云贵高原的风吹得我十分"凌乱"。最终我放弃了读研。因为导师潘红的话警醒了我——铁路待遇这么好，真的是个好企业，可不能轻易离开呀！

重新回到工作岗位，铁路再次收留了我。从头再来！从变电值班工到工长，从科室助勤到聘任干部，从被提拔为副主任到成为段党委宣传助理员，我脚踏实地，步步坚实。随着岗位一次次变动，我的工资一步步水涨船高。我爱人因为单位倒闭被迫下岗，情绪十分低落。我拍着胸脯，底气十足地对她说："不用担心，我这份工资足以让咱们衣食无忧。"

新时代以来，人民生活条件持续改善，职工对美好生活的向往和追求持续提高。国铁集团、郑州局集团公司始终把满足职工对美好生活的向往作为奋斗目标，花在职工身上的钱逐年递增，推动改革发展成果更多更公平地惠及全体职工。发展依靠职工，发展为了职工，发展惠及职工。我们的工资逐年稳步增长，即使在疫情期间，各行各业受到剧烈冲击的大环境下，铁路行业依然保持了较高的工资增长率。对此，在座的大家应该都深有体会。此外，还有五险二金，困难补助、伙食补贴、助学补贴、帮扶慰问、教育经费、健康体检……这些工资单上看不到的暖心支出，数不胜数。

职工无小事，枝叶总关情。“三线”建设资金不断投入，职工生产生活条件得以持续改善。食堂、宿舍、浴室、文化室、活动室、健身房、晾衣房……这些暖心工程，让沿线职工生活得更舒心、更舒适。

工作环境的改善、生活条件的提升，都是共建共享铁路高质量发展成果的生动体现。广大职工共享铁路发展成果，已成为不争的事实。职工的优越感、获得感、幸福感、安全感，越来越强。良好的发展态势是干部职工共同努力的结果，大家都是企业的主人，理应共享发展成果。

铁路给了我们这么多，我们该如何回报呢？我认为，在本职岗位上不遗余力、尽己所能，把本职工作做到极致，这就是最实在的回报。当你全身心投入工作的时候，你与所在的企业、所在的单位，才会真正地结为牢不可破的命运共同体。

职工靠企业生存，企业靠职工发展。企业好，职工才能好；职工好，企业才更好。聚焦新时代新征程国家铁路的使命任务，我们重任在肩、使命光荣。希望大家都能在好时代、好企业、好单位、好岗位上，以改革创新点燃高质量发展引擎，以提质增效赢得先机、赢得优势，为铁路高质量发展作出应有的贡献。

# 当好铁路现代化的“火车头”

说说铁路现代化。
首先是，
基础设施现代化，
满眼都是大变化。
“八纵八横”高铁网，
成型在即，
把牢靠的基础给打下。
京沪京哈京港澳，
日均客流运量大。
陆桥沿江沪昆线，
沿途风景美如画。
豫鲁再添新通道，
日兰高铁人人夸。
中原人民节假日，
轻松海边去度假。
中国高铁誉中外，
普速铁路也不差。
浩吉成昆青藏线，
名字听着就复杂。
侯月朔黄和大秦，
运煤总量数它仨。
城际铁路市郊线，
建设也都没落下。
群众出行更快捷，
方便出行意义大。

说完了基建说服务，
运输服务现代化。
由瓶颈制约型运输，
向适应型运输来转化，
营运里程突破十六万，
世界第一人人夸。
花开不光墙内红，
墙外也能结大瓜。
铁路名片出国门，
中欧班列成佳话。
“一带一路”好政策，
世界各国成一家。

这些做得这么好，
全靠科技创新现代化。
从东风和谐到复兴号，
代代创新闪光华。
高速高原和高寒，
重载技术也拿下。
智能高铁新技术，
全面实现自主化。
科技创新新工程，
重重难关都攻下。
交会时速“八九一”，
新的纪录惊天下。
从追赶，到领跑，
实现技术大步跨。
跑得虽快别害怕，
安全保障来护驾。
技术装备迭代快，
路网持续来扩大。

安全为本齐努力，
安全保障现代化。
新形势，新变化，
分析论证从严抓。
红线底线不动摇，
贯彻安全工作新方法，
统筹发展和安全，
吸取教训两手抓。
人防物防和技防，
三位一体来叠加。
做到持续能发展，
机制措施更优化。

各项措施都做好，
还有经营管理现代化。
市场经营更灵活，

运输效率在扩大。
重点物资有保障，
适应市场新变化。
推出了，
电子票更方便，
进站只需把脸刷。
增收节支是目的，
提质增效有办法。
便捷畅通成体系，
经济高效不偏差。

智能绿色做载体，
离不开治理体系现代化。
党建引领做保障，
各种困难都不怕。
法律法规在完善，
有理有据又有法。
全路上下齐努力，
发展路上大步跨。

无论清晨和日暮，
还是春秋与冬夏。
让我们，
齐心协力，众志成城，
加快构建“六个体系现代化”，
推动铁路高质量来发展，
率先实现铁路现代化，
勇当服务和支撑中国式现代化的“火车头”，
让“火车头”精神传天下。

# 武汉局集团公司

## 宣讲报告

扫码观看宣讲视频

宣讲、撰稿人员：

郭　威　张琪悦　洪　璞

贾青青　刘　玉　陈启亮

李高奇　裴司琦　曾连平

肖益帆　覃　凯　宋　超

任　瑶

# 让中国变“小” 让梦想变“大”

2009 年 12 月 26 日，武汉站作为武广高铁第一站建成通车，我很荣幸地参与了武汉站开通运营，也是武汉局第一批高铁站客运工作人员。

作为年发送旅客最多的客运站之一，从寥寥无几的乘客，到“红眼高铁”的开行和智能化设施的普及；从务工人群的“大包小包”到商务旅客的拉杆箱、公文包……我在这里见证了中国铁路发展诸多的“变”与“不变”。

2012 年 12 月 26 日，京广高铁京郑段通车，标志着京广高铁全线开通运营。那年元旦小长假，我和母亲一起陪着姥姥去帮她完成“亲眼看一次天安门”的愿望。坐在高铁上，我不停地给姥姥介绍着高铁贴地飞行的速度，实验着硬币不倒的平稳，讲述着减速玻璃的神奇……直到现在，当时姥姥脸上那开心和激动的神情仍让我记忆犹新。

在车上，我们一起聊着坐火车的感受，三代人都有着自己的记忆。姥姥已经 80 多岁了，对于她来说，辗转多趟火车才能回一趟老家是过去的她最深的体会，因为那是她曾经唯一能感受火车的机会。

现如今，古人“千里江陵一日还”的美好愿望借助中国铁路的快速发展梦想成真！我们只需短暂的时间，便能跨越千山万水，实现从繁忙都市到风景如画的乡村的快速切换。特别是党的十八大以来，“八纵八横”高铁网建设取得了重大进展，让许多城市与地域进入了“一小时通勤圈”“两小时生活圈”“八小时交通圈”，铁路主动服务党和国家工作大局的决心从未改变。

对于我的母亲来说，之前为了进货，她需要经常乘火车往返于省城，背着、拎着或挑着大包小包的货物，登车是她乘坐火车的首要难题，排队无序“挤上车”是上车的主要方式，上车之后栖身于车厢的某一个角落是她最深的体会，尤其在夏天，车厢里电风扇下方的“角落”是大家最先抢占的地方。

而我，从参加工作以来大多乘坐都是动车组列车，再就是新空快速列车，温馨、智能是我对火车最深的感受。

现如今，随着“一日一图”对运力的精准调配，越来越多的人体会到了“说走就走”的幸福感。从曾经的肩扛手提、拼命挤车，到现在的轻装出行、从容上车；从当初的推着小车吆喝送餐、送水，到现在的“铁路畅行码”全覆盖；从以前难以下脚的尴尬记忆，到现在静音车厢的无干扰服务……铁路为民情怀的初心从未改变。

对于曾经的我而言，旅客为了买到一张火车票，凌晨就手拎小板凳排队在售票窗口给刚工作时的我留下了最深的印象，尤其是冬天，有人甚至身裹棉被，在售票窗口一坐就是一夜，就为了能买到

“第一张”卧铺票。那时的我是一名售票员，为了让更多旅客一夜的等待变得值得，每当早上做好开窗前的准备工作后，我都会深呼吸几口气，然后一把拉开帘子，以最快的速度敲打着键盘。

现如今，随着铁路不断改革创新，旅客购票实现了从“彻夜排队”到“动动手指”，出行服务从电子客票到候补购票，从自主选座到刷“脸”进站，从高铁 Wi-Fi 到手机点餐……铁路为满足人民群众对美好出行需求的恒心从未改变。

2024 年 6 月 15 日，京广高铁全线实现按时速 350 公里高标运营。就在刚刚的暑假，我带着女儿坐着高铁去了珠海。列车运行中一会儿穿越隧道，一会驶过桥梁，孩子特别的兴奋。

列车通过大瑶山隧道时，女儿盯着黑乎乎的窗外问我：“爸爸，我怎么觉得高铁和地铁很像啊？”我告诉她，这是我们今天坐车通过的最长的一条隧道，花了将近 3 年时间才修建好，也是当时中国的唯一特长隧道。

看着女儿高铁旅途中好奇与兴奋的模样，回首中国铁路这百年来的发展，速度快到让我觉得有些梦幻。中国的铁路，从“追赶”到“领跑”，从“输血”到“造血”，从“制造”到“智造”，从“引进来”到“走出去”，真正实现了从无到有、从落后到世界领先的最华丽转变。不断更新变化的列车运行图，让中国变“小”，让梦想变“大”。

中国铁路进入新时代以来取得举世瞩目的重要成就，最根本在于国铁集团坚持以习近平新时代中国特色社会主义思想为指导，在于坚持以习近平总书记对铁路工作的重要指示批示精神为根本遵循，在于坚决将党中央、国务院的决策部署通过每个铁路人落实落地。

奋力推动铁路高质量发展，勇当服务和支撑中国式现代化的

“火车头”，这是铁路人新的历史使命。时代在召唤，使命在呼唤，每一个铁路人都要使命在肩！新时代，我们要做矢志前行的“逐梦人”，挺起宽厚的肩膀，以先进典型为榜样，用辛勤劳动成就强国复兴的梦想；我们要做坚定勇毅的“信仰者”，坚守理想信念，坚定改革方向，磨砺改革意志，满怀激情书写铁路改革新篇章；我们要做只争朝夕的“实干家”，以钉钉子精神一锤接着一锤敲、一茬接着一茬干，在服务国家战略和经济社会发展中全力以赴、一往无前。

# 进一步全面深化改革
# 为谱写中国式现代化新篇章贡献铁路力量

刚刚过去的党的二十届三中全会，我们紧紧围绕推进中国式现代化这个主题，擘画了进一步全面深化改革战略举措。接下来，围绕这个主题，我想跟大家分享三个字。

## 第一个字：解——解改革之问，破译时代密码。

全面深化改革是推进中国式现代化的根本动力。回顾党的十一届三中全会，正式开启了我国改革开放和社会主义现代化建设的新纪元。进入新时代，党的十八届三中全会，让我国改革开放的事业迎来了前所未有的全新局面，我们蹚深水区、啃硬骨头，在很多领域实现了历史性变革、系统性重塑、整体性重构。

时代有呼唤，人民有期望。党的二十大之后，全面推进强国建设、以中国式现代化全面推进中华民族伟大复兴成为党的中心任务。

面对纷繁复杂的国际国内形势，面对新一轮科技革命和产业变革，面对人民期待，只有继续推进改革，才能破译时代的密码。在这样的历史条件下，党的二十届三中全会作出进一步全面深化改革、推进中国式现代化的战略部署。

这是新时代新征程实现党的中心任务的迫切需要。

这是完善和发展中国特色社会主义制度、推进国家治理体系和治理能力现代化的迫切需要。

这是更好适应我国社会主要矛盾变化的迫切需要。

这是应对重大风险挑战、推动党和国家事业行稳致远的迫切需要。

## 第二个字：掌——掌改革之舵，指航星辰大海。

如今，我们站在新的历史起点，党的二十届三中全会科学谋划了进一步全面深化改革的指导思想、总目标和重大原则。充分说明了以下三点：

首先，改革是有方向的。在思想旗帜上，我们全面贯彻习近平新时代中国特色社会主义思想，深入学习习近平总书记关于全面深化改革的一系列新思想、新观点、新论断。

在发展理念上，我们全面贯彻新发展理念，走创新、协调、绿色、开放、共享的发展道路。

在大局意识上，我们统筹国内国际两个大局，统筹推进“五位一体”总体布局，协调推进“四个全面”战略布局。

在总基调上，我们坚持稳中求进工作总基调，坚持解放思想、实事求是、与时俱进、求真务实，进一步解放发展社会生产力，激发增强社会活力。

在着力点上，我们要以经济体制改革为牵引，促进社会公平正义，增进人民福祉。

在方法论上，我们更加注重系统集成，更加注重突出重点，更加注重改革实效。

其次，改革是有目标的。我们的目标是继续完善和发展中国特色社会主义制度，推进国家治理体系和治理能力现代化。

这个目标，既同党的十八届三中全会提出的全面深化改革总目标一脉相承，又同党的二十大作出的战略部署相衔接，更为我们进一步全面深化改革明确了方向、汇聚了力量。

最后，改革也是有立场、有原则的。全面深化改革必须坚持党的全面领导，坚持以人民为中心，坚持守正创新，坚持以制度建设为主线，坚持全面依法治国，坚持系统观念。这“六个必须坚持”的原则，辩证统一、相互促进。不仅是对改革开放以来，新时代全面深化改革以来的经验的科学总结，是我们党这么多年不断深化对改革规律性认识的重大成果。

### 第三个字：闯——闯改革之路，彰显国铁担当。

铁路作为国民经济大动脉，更应该彰显国铁担当，勇闯改革之路，以实际行动回应时代的呼唤。

我们看《决定》，一共 15 个部分 60 条措施，除第一部分总论外，在其余的 14 个部分、56 条措施中，直接对铁路改革提出要求的 2 条，主要包括：推进铁路等行业市场化改革、体制机制改革；涉及铁路工作的 40 条，主要包括：构建全国统一大市场、健全新质生产力体制机制等；需要铁路提供服务和保障的 14 条，主要包括：服务区域协调发展战略、乡村振兴战略等。

面对新时代新要求，我们要因势而谋，顺势而为，乘势而上，把握中国式现代化的中国特色和科学内涵，坚定不移地坚守国家铁路、人民铁路的战略定位。在此基础上，我们要对照全会提出的各项改革举措，系统规划国铁企业改革的总体战略，同时，立足企业实际，提出切实可行的改革方案，努力地将《决定》里面的“大写意”转化为实际工作中的“工笔画”“施工图”。同时，我们还需主动融入扩大内需、区域协调发展、主体功能区建设、碳达峰碳中和等国家发展大局中，确保改革方向与国家战略同频共振。

那么，作为新时代铁路职工，我们要做到以下几点：

对待改革，我们要充满信心。老百姓的关切与期盼，正是改革的方向与动力。改革将为经济社会发展带来更大活力和动力，也将为我们每个人带来更多的获得感。

看待改革，我们要保持清醒认识。改革之路不可能一帆风顺，更非一蹴而就。我们应警惕网络上关于改革的非权威解读，非官方信息，防止误解误读改革言论，防止有害信息的传播，确保对改革的正确理解。

支持改革，我们要付诸实际行动。改革不是轻轻松松、敲锣打鼓就能实现的，需要我们每名职工立足岗位、奋斗拼搏。让我们紧密团结在以习近平同志为核心的党中央周围，坚决执行国铁集团和集团公司的部署和具体工作安排，积极投身改革实践，为实现中国式现代化努力奋斗！

锚定现代化，改革再深化。进一步全面深化改革，归结到一点，就是为了推进中国式现代化，而我们铁路就是要率先实现现代化，勇当服务和支撑中国式现代化的“火车头”。

# 率先实现铁路现代化　人人都是主角

“啤酒饮料矿泉水，花生瓜子八宝粥，来，老师，腿让一下、让一下……要得！”关于绿皮车，在座的各位有怎样的记忆？这些年来，又体验到我们铁路怎样的变化呢？

从“绿皮火车”到“复兴号”，从“一票难求”到“八纵八横”，从“大排长龙”到“动动手指”……这些年，中国铁路发生了翻天覆地的变化，我们的体验也由“走得了”向“走得好”的转变。“中国铁路了不得哦”是来自人民的心声，“China’s high-speed railway is very good!”是来自外国友人的点赞！

这些变化，都是我们持续推进铁路现代化的结果。党的二十大以来，国铁集团党组立足新时代新征程国家铁路使命，顶层设计了六个现代化体系建设方案，包含了安全保障、基础设施、运输服务、科技创新、经营管理、铁路治理等，为率先实现铁路现代化指明了具体路径。

我们全路 200 万干部职工，也正在为构建“六个现代化体系”付出艰苦卓绝的努力，“将改革进行到底”“我是党员我带头”、一封封请战书，一张张成绩单让人振奋、令人动容。“我要安全，我能安全”“让标准成为习惯，让习惯符合标准”一个个平凡岗位上，誓言铿锵、丹心闪耀。率先实现现代化，这是铁路人的自信宣言和庄严承诺，也是铁路服务和保障社会主义现代化强国建设的使命担当。

那谈及铁路现代化，大家会想到哪些关键词呢?

是“高速度”“高科技”抑或“人工智能”?

现代化铁路到底是个什么样的图景?

请大家随我一起从时间轴上来铺开铁路现代化的宏伟蓝图。

到 2025 年，也就是明年，中国铁路将基本建成“六个现代体系”。铁路营业里程将达到 16.5 万公里，全国 1、2、3 小时高铁出行圈和全国 1、2、3 天快货物流圈基本形成，人享其行、物畅其流。

到 2035 年，中国铁路将率先建成现代化铁路强国。7 万公里的世界最大高铁网，20 万公里的钢铁巨龙绵延交错，3 万吨重载列车“多拉快跑”，400 公里时速高铁持续引领，北连白山黑水，南至椰林琼岛，西越雪山荒漠，东临万顷碧波，将 20 万以上人口的城市逐一串联，织就世界上最繁忙的铁路运输网。

再到 2050 年，中国铁路将全面建成更高水平的现代化铁路强国。那时候，中国将成为全球铁路科技创新高地，成为世界铁路行业规则和标准制定的主导者，全球铁路看中国。

伟大的事业之所以伟大，就在于目标的宏大高远。铁路现代化不是发个文件、喊个口号就能实现的，每一个现代化目标都需要人来实现，每一项工作都需要我们大家一起干！无论什么岗位、什么工种，人人都有责任、人人都是主角。从“硬件”“软件”上实现铁路现代化，都离不开人才队伍的现代化，人既是“硬件”的建设者、创造者，也是“软件”的主导者、执行者，是连接“硬件”和“软件”的关键。作为铁路职工，我们要跟上现代化的步伐，我认为，主要有以下三点。

首先，要转变思想观念，适应现代化。在推进铁路高质量发展的生动实践中，如果仅有“物、技、制”的积累，而我们却被各种传统的、落后的、错误的思想观念束缚着，就无法成为真正的新时代铁路人。只有我们从心理、态度和行为上适应现代化，与六个现代化同步前进，才能够更好推动铁路现代化。

入路已有四年，回想我首次看道学习以及初次进行线上实操的时候，我终于坐上那把熟悉又陌生的椅子，第一次真正地握上了闸把，那种感觉“千斤沉万斤重”，至今仍令我感慨万千。

这套“豪华之椅”，平日里在师父去厕所的间隙，我才能短暂地体验一下，坐在上面缓慢地提起手柄，1 级、2 级、3 级……列车驶出站的那一刻，我和车、和车上的旅客，仿佛融为了一体。不怕在座的各位笑话，当时我的内心真的很激动，不知道为什么，甚至有一种热泪盈眶的感觉。刹那间，我终于体会到之前开展的大讨论“假如我值乘的列车中坐着我亲人”的感受，那一刻，责任感和敬畏感油然而生；那一刻，我知道了手比口呼的意义。

如今，每逢佳节，我也能开着高铁送旅客回家，妈妈也会骄傲地和别人说:“我孩子是开高铁的！”

工作四年来，我有幸在机车、动车、高铁均有过乘务经历，让我深刻地认识到乘务员这个岗位使命光荣、责任重大，思想观念也一次次地发生了改变。

其次，我觉得我们的业务技能要引领现代化。铁路是一个大系统，各工种各岗位都有自己的“独门秘籍”，“一招一式”都有标准，“一言一行”都有依据，入门不易，做精很难。

不知道大家感受怎么样？我总感觉现在的科技发展太快了，一种本领恐慌油然而生。我所值乘的线路是从武汉至四川，途经最为艰险的山区铁路之一——宜万线，从四年前的 10 余种动车车型增加到现在的 20 余种。我师父常和我说：“要多学习，别怕知识多，就怕问题来了，你不会。”随着智能高铁、智慧铁路的加快推进，我们是被推着走，还是提前储备知识和技能？我想大家都有答案，“技多不压身”的道理大家都懂。

最后，我觉得我们要有创新思维，既能适应新的变化，又能立足岗位主动创新。创新是引领发展的第一动力。要想高质量发展，不仅铁路企业要有创新精神，我们铁路职工也要有创新思维，这要求我们既能接受新事物，也能创造新事物。近年来，我们身边出现了越来越多的创新技术能手，有“入职 7 年来，带领团队掌握 18 项动车组配件自主维修能力，累计节约成本约 605 万元”的青年五四奖章获得者李鹏辉，还有“在库内推了 5 万多次闸，将 5 万余字的理论规章背得一字不差”的全国铁路技术能手李任飞……如今，越来越多的年轻一辈成为技术大拿、创新大咖，他们是通过创新让个人成长乘上企业发展“快车”的优秀代表。

今天的铁路站在进一步全面深化改革的新起点上，一条通向复兴的铁路现代化之路从脚下伸向远方……

# 铁路精神代代传　牢记使命扬新帆

树高千尺有根，水流万里有源。回顾百年奋斗征程，中国共产党领导下的铁路人锻造了以“人民铁路为人民”为核心的伟大铁路精神。“英勇、团结、牺牲、奉献”的“二七”精神，见证了铁路工人为争取自身权益，不畏强权、勇于斗争的壮丽篇章；“战山斗水、坚守奉献、创新争先”的成昆精神，书写出铁路建设者在艰难困苦中不屈不挠、勇于开拓的壮丽史诗；“挑战极限、勇创一流”的青藏精神，更是诠释了铁路人克服高寒缺氧、挑战生命极限的顽强意志和无私奉献……这些伟大精神是我们一代代铁路人通过不断摸索和努力奋斗传承下来的宝贵财富，照亮了百年铁路发展道路。

如今，历史的答卷交到了我们手上，在新时代新征程中，我们该如何传承和弘扬铁路精神呢？接下来我想讲述这样一群铁路人的故事，他们在面对困难与艰险时不畏惧、不退缩，向险而行，挺身而出。他们用责任与担当践行新时代“人民铁路为人民”的庄严承诺！

还记得四年前的冬天，2020 年 1 月，疫情期间，铁路既要保障列车通行运行，又要承担抗疫人员和物资接转重任。一个艰难的抉择摆在我们面前：是继续待命，还是冒着风险坚守在铁路抗疫最前线？我想，如果在这个时候选择退缩，一定会后悔一辈子。“我是党员，我先上”“我身体好，我留下”……100 多封请战书见证着我们的决心和勇气。经过党组织综合考虑，武汉站 33 名同志组成“头雁”党团员突击队，立刻投身到紧张繁忙的战斗中。

武汉站是客运站，不具备使用装卸设备的条件，到站的抗疫物资全靠肩扛手搬。曾经的客运员、值班员变成了与病毒赛跑的搬运工。手提不动，就抱在胸前；抱不动，就扛在肩上；扛不动，就两三个人一起抬。2020 年 2 月 3 日一大早，600 多箱配给雷神山医院的医疗物资紧急运抵武汉站。列车刚刚停稳，队长彭开伟马上带领 20 多名队员，从车厢到站台分成两列连起“人力传输带”，众人齐心协力，仅用 16 分钟就将四节车厢物资完全卸完，23 分钟后 6 辆汽车装运完毕。尽管疲惫不堪，但看到物资送达前线、助力抗疫，大家倍感欣慰。

在抗击疫情期间，铁路人挺起了钢铁脊梁。我们“头雁”党团员突击队坚守武汉站，架起抗疫物资运输生命线，度过了 76 个难忘的日日夜夜。我们圆满完成 500 多趟动车组、1 万多名医护人员、3 万余箱防疫物资的转运任务，没出过一次差错。

没有一个冬天不可逾越，没有一个春天不会到来。“头雁”队员们又回到了各自的岗位上，为旅客平安、有序、温馨出行忙碌起来。2024 年 1 至 6 月，武汉站共发送旅客 2900 万余人次，日最高峰 14.8 万人。

还记得今年春运的一天，一位年轻的妈妈急匆匆地跑到服务台，原来她和 3 岁的女儿走散了，并且她女儿还是聋哑人，传统的广播找人肯定行不通。接到这位妈妈的求助时，客运二班、三班正在交接班，客运领班田刚在对讲机里简单说了这个情况，连续作战一天一夜的二班 29 名职工全部决定放弃休班，立即返回现场，人手一部对讲机，分片分区寻找。经过一个多小时地寻找，客运员张利民终于发现小女孩正抱着心爱的玩具小熊在厕所门口等妈妈，只是候车室流动的旅客太多了，一晃眼就把这个小小的身躯淹没了。年轻的妈妈把女儿紧紧地拥入怀中，号啕痛哭，嘴里对我们反复说着："谢谢！"而这个特别可爱的小女孩，也用她稚嫩的小手向我们比了一个"感恩的心"。

还是 2024 年春运，武汉局集团公司管内遭遇罕见低温冰冻天气，这对正常行车运输秩序造成极大影响。武昌运转车间的王康同志带领着十余名"头雁"突击队连续奋战 15 个小时对武昌站 94 组道岔进行清扫，确保了车站行车秩序。客运员柴权在人手紧张的情况下，一人肩负起运送 3420 份应急食品的运送重担。休班的客运值班员张晓芳主动申请到车站对夜间停留在候车室的旅客，送上一杯杯暖心的豆浆。

没有豪言壮语、惊天壮举，我们把对旅客的温情和守护融入日常的热情服务中、融入日常的严格作业中、融入冰天雪地的坚守中，将这份责任与担当化为日用而不觉的精神力量。

我所在的武汉局集团公司，还有许多像"头雁"党团员一样，奋战一线，不言苦、不喊累，时刻记挂着旅客货物安危的铁路人。有用双脚丈量山的高度，用生命建起危石档案，13 年间翻山越岭

3 万多公里，用镰刀和斧头开辟出 500 多条巡山之路的桥梁工鲁朝忠；有从事客车车辆 35 年，检修 70 多万辆列车，先后发现 3000 多起安全故障事故隐患的“客车神探”黄望明；有坚持自主创新，参与 20 多项重大攻关，设计 30 多种铁路工程机械，产品远销 26 个国家和地区的“最美铁路人”王江……他们在各自的岗位上执着坚守、创新实干，汇聚起推动武铁高质量发展的磅礴力量。

发展永无止境，奋斗未有穷期。党的二十届三中全会吹响了进一步全面深化改革的嘹亮号角，党中央对铁路发展提出了更高要求。铁路精神是推进铁路现代化的强大凝聚力，我们要永葆奋斗的精神底色，接过老一辈铁路人的接力棒，使铁路精神跨越时空，历久弥新！

# 构建企业与职工命运共同体<br>绘就共建共享最大同心圆

我的同事——来自武汉站的贾青青，用自己和伙伴们抗击疫情、迎战风雪的亲身经历为大家诠释了“人民铁路为人民”的铁路精神。这既是国铁企业对党和人民做出的郑重承诺，更是以人民为中心的发展思想在铁路企业的具体实践。长期以来，国铁企业各级组织全面落实党的依靠方针，坚持发展依靠职工、发展为了职工、发展成果由职工共享，尽最大努力满足广大职工对美好生活的新期待，精心构建企业与职工命运共同体。

那么，到底什么是企业与职工命运共同体呢？我认为，就是企业与职工亲密相依、兴衰相伴、荣辱与共。职工团结奋斗，企业就能兴旺发达；企业发展好了，职工就能更好地共享发展成果。

职工是推动企业发展的根本动力、不竭源泉。铁路的发展，离不开广大铁路职工的付出和奉献。截至 2023 年底，全国铁路营业里程已达 15.9 万公里，其中高铁 4.5 万公里，“八纵八横”高铁网主通道建成约 80%，开工在建规模约 15%。去年，全国铁路投产新线 3637 公里，其中高铁 2776 公里，又有 22 个县结束了不通铁路的历史。中国高铁发展之快、质量之高令世界瞩目。成绩的背后，凝结着数百万铁路人的智慧与汗水。他们当中，有安全值乘 97 趟冬奥列车的北京局集团公司北京客运段列车长吕盼，有 2023 年度新时代成铁榜样洪锋，也有在危急时刻摺下生命中最后一把闸的成都局动车组司机杨勇……他们都是铁路职工队伍中普通的一员，却都在平凡的岗位上书写着不凡业绩。也正是由于以他们为代表的广大铁路干部职工不忘初心、牢记使命、埋头苦干、克难攻坚，才换来了铁路事业蒸蒸日上的好势头。

大家都知道，天上不会掉馅饼，企业的发展绝不是等来的、喊来的，而是拼出来、干出来的。新时代以来，在特大洪水、雨雪冰冻、抗震救灾、世纪疫情、保通保畅等重大考验面前，正是全路 200 万干部职工心往一处想、劲往一处使，才闯过了一道又一道难关，打赢了一场又一场硬仗，取得了一个又一个骄人的成绩，充分展现了铁路人特别能吃苦、特别能战斗、特别能奉献的光荣传统和优良作风。只要我们每一个铁路人都立足岗位、履职尽责，以钉钉子精神做好每一件事、守好每一个岗、当好每一次班，就一定能推动我们的企业更快更好地发展。

企业是职工幸福生活、快乐工作的坚实保障。我们常说“大河有水小河满”，一个企业只有发展了，蛋糕做大了，职工的幸福生活才更有保障。近些年，我们铁路改革发展成效显著，这让我们国铁企业改善职工生产生活条件的能力更强、底气更足，就工资福利来说。以我们宣讲团成员贾青青同志为例，她在 2008 年刚入路的时候每个月到手工资不到2千元，现在已经有1万元左右了，16年间涨了近5倍。特别是前几年疫情期间，国铁企业客货运输遭受了巨大冲击，但我们大力开展节支降耗，增运增收，全力确保职工收入，这些年还实现了职工收入既定的涨幅。

都说“职工利益无小事”，国铁企业始终把改善职工生产生活条件作为共建共享的重要举措，把职工满意不满意、高兴不高兴作为检验工作成效的重要指标。党的十八大以来，国铁企业累计投入344.7亿元用于职工生活线、文化线、卫生保健线建设，投入帮扶救助资金108.1亿元，助困247.6万户、助学13.5万人次、助医299.6万人次。一座座职工公寓拔地而起，一件件健身娱乐设备搬进工区，一趟趟健康医疗列车开到沿线，我们生活品质更高了、工作环境更好了、文化生活更丰富了，大家的获得感、幸福感、安全感与日俱增。

除了可观的工资收入和福利待遇，铁路发展的成果还惠及我们职工工作生活的方方面面。得益于企业民主管理制度的不断健全，我们每一位职工都享有企业管理的知情权、参与权、表达权、监督权，提出建议、表达诉求的渠道更加畅通；得益于安全管理和教育培训的持续规范，企业保安全的措施越来越严、防事故的能力越来越强，我们人身伤害的风险降低了，家庭幸福自然更有保障了；得益于“一线培养人才、人才来自一线”的育人用人导向，我们也欣喜地看到一个个铁路人借助铁路这个广阔的舞台，通过自己的努力实现了个人价值的不断升华。这里面，有咱们成都局集团公司的技术创新能手严皓、青年班组司机赵仁杰，也有我们武汉局集团公司的“机车医生”黄忆、“技能大师”马耀峰，还有我自己、也有在座的各位。我们同在国铁企业这个大家庭里，每个人都在通过自己的辛勤劳动为国家、为社会、为企业作贡献，同时我们又是最直接的受益者。我也相信，随着率先实现铁路现代化的日益临近，随着中华民族伟大复兴的日益临近，我们的保障也会更加坚实有力。

团结才能胜利，奋斗才会成功。迈上新征程，国铁集团按照党的二十届三中全会部署要求，紧扣进一步全面深化改革的主题和总目标，作出了进一步全面深化国铁企业改革，着力推进国铁企业治理体系和治理能力现代化的决策部署。实现这一目标任务，离不开200万铁路职工的接续奋斗。铁路高质量发展没有旁观者，也没有局外人。我们都是参与者、见证者、推动者，只有人人参与、人人尽力，发展成果才能人人共享、人人受益。只要全路干部职工上下一条心、拧成一股绳，就一定能汇聚成攻坚克难的强大合力，就一定能推动铁路高质量发展不断取得新成效，就一定能用团结奋斗创造出幸福美好的生活。

# 西安局集团公司

## 宣讲报告

扫码观看宣讲视频

宣讲、撰稿人员：

赵孜靖　雷继升　王小卫

袁晨洋　孟　露　赵美露

# 又踏层峰辟新天　铁军扬帆立潮头

大约四十六年前，我家里突然有了个黑白电视机，那可是当时附近的第一户，人人围着它转。十一年前，我家里添了小轿车，出行摩托车被淘汰了。

这两个时间咋就变了？还得看看当时发生了啥。1978 年，也就是四十六年前，召开了党的十一届三中全会，拉开“改革开放”的序幕，2013 年，也就是十一年前，召开了党的十八届三中全会，明确要“全面深化改革”。如今召开的党的二十届三中全会强调“进一步全面深化改革”，由此可见，什么没有变？那就是“改革”本身。“改革”正是近四十年以来我们的目标追求。

党的二十届三中全会继往开来，既是实践续篇，也是时代新篇。

领悟会议精神，离不开《中共中央关于进一步全面深化改革、推进中国式现代化的决定》。这份重要文献，足足经过八个月的征询、修改、调研，作为纲领性文献，它有 2.2 万字，像一张“建筑改造图”，搭成了中国式现代化这栋“房屋”。

要看“房屋”，首先要看到建筑框架，这篇文献整体分为“1+13+1”三大板块，这就是基本构成。其次要看到建筑设计，第一是“举旗帜”，高举改革开放旗帜，树立必须坚持的思想旗帜，告诉我们跟着什么干；第二是“观局势”，总结新时代以来的重大成就，科学研判外部环境，告诉我们为什么干；第三是“定结构”，提出总目标和分节点目标，形成时间表和任务书，告诉我们要干成什么结果；第四是“筑根基”，提出改革实践中必须贯彻的方法原则，告诉我们用什么干；第五是“布全局”，围绕“制度”改革，以经济体制改革为牵引，部署文化、民生、生态等领域改革，告诉我们怎么干；第六是“固房梁”，提出加强党对改革的领导、深化党的建设制度改革等等，告诉我们谁带着干。这六方面紧密相连，概括了文件的主要内容和精神。最后要看到建筑构造，这份《决定》读一遍需半小时，想要更好掌握要点，记住“一二三六七十四，这组数字有含义”，通过口诀内容，熟知文件的核心观点。

总的来说，改革就是从“有没有”到“好不好”的过程，而《决定》这张图，给出了关于“干”的蓝图。

“改革开放”这沉甸甸的四个字，之所以能激发中国人的强烈共鸣，就在于宏大叙事背后是无数人可见的感受。从粮票布票到移动支付，从飞机飞两遍到战机飞一天，从蒸汽火车到动车高铁……这些巨变真切地发生着，当网友开玩笑说“咱妈发展这么快，等我赶赶进度”的时候，在座的各位会不会为我们国家、为我们铁路骄傲？

不仅国内如此，最近有个词，也一度成为海外社交媒体的流量密码，词条播放量高达 7 亿，那就是“China Travel”。我在来的路上看到很多外国人，才知道中国高铁已经是他们的“必玩项目”，很多外国博主在体验中国高铁时，会感慨座位有充电、行驶很平稳。他们最爱的部分，就是坐着高铁吃外卖。这些我们觉得平常的事，他们很震惊。这一切的背后，体现的是改革开放所带来的活力。

党的二十届三中全会接过改革开放接力棒，更是高瞻远瞩。首先会议有规划改革的顶层设计，在进一步全面深化改革新征程上，提出“四个迫切需要”，让改革适应形势。其次冲着最突出问题去，咱们最关心的无非就是钱袋子、命根子、小孩子，会议针对“急难愁盼”问题，解决了步子怎么迈、障碍怎么破、“硬骨头”怎么啃的难题。最后有正确改革方法论，会议坚持问题导向、目标导向和实践导向相统一，比如发展银发经济等，具有很强的针对性。因此党的二十届三中全会在为进一步全面深化改革聚力攻坚。

改革未有完成时，到底怎么做，有这么一句评论想分享给大家，就是“在变局中找到节奏”。铁路作为中国式现代化的重要支撑，就要紧跟党中央和国铁集团党组步伐，找到改革的“节奏感”。

企业、职工最先要做的就是学。怎么学？就是按照党中央提出的“一项政治任务”和国铁集团党组提出的“五个把握”，从中领会此次会议的重大意义和重要精神。

深刻领会方可全面落实。于企业而言，最重要的是以钉钉子精神抓好改革落实。首先，要“找到位置”，锚定目标不放松，改革创新才能“牢固”。例如西安局集团公司以“六个现代化体系”为统领，明确“八个创一流、八个新跃升”，上海局集团公司锚定强局目标、坚守排头兵的定位，奋力推动铁路高质量发展等。其次，要

“钉实钉牢”，持续深化重点领域改革，《决定》体现了党中央对铁路工作的高度重视，企业要紧跟党中央和国铁集团党组步伐，促进客、货市场化和创新体制改革，聚焦新质生产力、安全管理体系等，释放铁路潜力。最后，要“用好锤子”。钉钉子，工具很重要，企业要贯彻好“六个原则”，确保用“锤子”钉牢“钉子”。

于个人而言，最重要的是三个字：学、干、创。首先，思想上要学，学会议精神、学专业知识，能适应新时代改革需要；其次，行动上要干，改革能否取得实效，就看我们干不干，要始终保持昂扬奋进的精神状态，鼓足干事创业的精气神；最后，实践上要创，我们是改革创新受益人，只有不断创新，才能让改革成果从“为他”变成“为我”。

“为者常成，行者常至。”中国式现代化是我们的共同事业，也是一项需要付出艰辛努力的宏伟事业。我们要以学习贯彻党的二十届三中全会精神为动力，全力抓好各项重点工作，坚决实现国铁集团党组提出的年度目标任务，为勇当服务和支撑中国式现代化的“火车头”贡献力量。

# 让铁路精神在万里铁道线熠熠生辉

2021年，按照党中央号召、国铁集团党组部署，我有幸和十一名同事一起赶赴青藏铁路，开启了两年的援藏之行。

我在秦巴山区工作了三十多年，我们西安局集团公司的传家宝“巴山精神”早已融入血液。我曾在多个偏远小站工作过，也曾在18公里的秦岭隧道里奋战一天一夜，自诩还是下得了力、吃得了苦，但到了高原，才发现这里的苦，那才是真的苦。

“到了昆仑山，气息已奄奄；过了五道梁，哭爹又喊娘；上了风火山，进了鬼门关。”这是当地的一句俗语。西藏的空气含氧量只有内地的一半，人在这里走路都会“大喘气”，生理和心理时刻都在经受着考验和挑战。

狼、狗熊，这些我们南京的朋友在红山动物园花钱才能看到的食肉动物，在那里可以经常免费看到。极高海拔地区的厕所都是旱厕，离宿舍一般都有几十米远，职工夜里上厕所得叫上同伴，手持木棒结伴而行。不出意外，“意外”就会来了。2022 年 6 月，在雁石坪施工期间，因为没有生活用房，我们就住在帐篷里。一天夜里，我被帐篷外一阵呼呼的“大喘气”声惊醒，一扭头，看到身边的工长也瞪大双眼，附在我的耳边小声说：“狗熊来找吃的，千万别动，一会儿就走了。”我们两个大男人双手紧扣，像热恋的小情侣，彼此都能听见对方的心跳。过了好久，见外面没了动静，我才感觉到自己的手好痛、腿抽筋。此时此刻，我才真正地明白“艰苦”和“极限”的差别。

青藏铁路精神是一种敢为人先挑战极限的担当。到了唐古拉，我才更深切领悟“极限”的含义。“唐古拉”在蒙语中的寓意是“雄鹰也飞不过的高山”。海拔 5072 米的唐古拉站，是世界铁路海拔最高的火车站，被誉为离天最近的车站。“六月飞雪、一天四季”是最真实的写照，烈焰当头的几分钟后，可能就会有冰雹来袭。大家可能想象不到，内地的朋友们还在空调房里避暑时，那里却经常大雪纷飞，还夹杂着冰雹。

在唐古拉的五天五夜，我到现在想起来还心有余悸。在线路上排查故障，刺骨的寒风直朝棉袄里钻，我就跟没穿衣服似的，眼睛睁不开，鼻涕擦不净，牙齿直打颤。由于是无人区，方圆百里没有商店、餐馆、旅馆，甚至都没有自来水。饿了我们就啃方便面，渴了我们就喝矿泉水，困了就在机械室角落眯一会儿。第三天，也是我“高反”最猛烈的时候，我的血氧消耗低于 60%，心脏极度压迫，心率高达 120 次 / 分，血压飙升到 180 毫米汞柱，感觉这方便面堵在喉咙和胸口，吐不出来、咽不下去。我慢慢地感到呼吸愈加困难，头疼欲裂、口齿不清、意识恍惚。同行的司机是个 30 来岁的藏族小伙，也淌了一地的鼻血。说出来不怕大家笑话，当时的我瘫卧在地上，内心恐惧极了，最强烈的想法是医院离这儿还有几百公里，我会不会死到这儿……脑子里回想着正在上学的儿子、年迈的老父亲，我的亲人们！我死了，他们该怎么办……

同行的技术科长白吉欢救了我。他给我服用了速效救心丸，搀着我到车上吸了半个多小时氧气，我才慢慢缓过劲来。他安慰我说，这条线他已经跑了 28 年，这种情况经历了许多次，挺挺就过去了。看着白吉欢脸上的“高原红”，我被深深地触动，这是多么平凡而又伟大啊！在这生命的禁区里，正是铁路建设者不怕牺牲、战天斗地，攻克了“多年冻土、高寒缺氧、生态脆弱”三大世界性工程难题，才打破了外国人“有昆仑山脉在，铁路就永远到不了拉萨”的狂悖；也正是有千千万万白吉欢这样缺氧不缺精神，坚守雪域高原的养路人，才保证了“天路”的安全畅通。

青藏铁路精神是一种勇立潮头争创一流的超越。像我这样的人，在雪域天路比比皆是。为了早日把核心设备换成国产，将行车安全主动权牢牢掌握在中国人自己手中，我的同事马会军白天施工、夜间吸氧，冒着随时晕倒的风险优化施工组织；26 岁的党员梁海峰，连续工作 64 天，即使出现了尿血症状仍然坚守岗位……

是什么让我们远离家乡到“天路”？是什么让一批批援藏干部前赴后继？又是什么让一代代铁路人执着坚守？我坚信——这是因为有强大的精神力量在引领和支撑。这种精神是“158”精神“巴山精神”“青藏铁路精神”及“二七”精神等一系列铁路精神的交融。如何传承发扬好这些精神，我的同事杨先问给出了答案，他自愿留在青藏高原。“苦是真苦哇，选择留下来，是因为这里真的需要我。”

他说，青藏铁路具有重要意义、是国家战略，能在这里工作是他一生的荣耀。

人无精神则不立、国无精神则不强。铁路人创造了铁路精神，铁路精神激励着铁路人，作为新时代的铁路人，我们当以“人民铁路为人民”为宗旨，在万里铁道线上做一颗爱岗敬业的螺丝钉，以无私奉献的姿态、挑战极限的斗志、“功成不必在我、功成必定有我”的豪迈，共同迈进铁路现代化建设新征程。

# 步履铿锵　走好铁路现代化新征程

党的二十大报告中提出“以中国式现代化全面推进中华民族伟大复兴”，国铁集团党组全面深入贯彻落实党的二十大精神，明确在未来五年乃至今后的一个时期，国家铁路的中心任务是推动铁路高质量发展，率先实现铁路现代化，勇当服务和支撑中国式现代化的“火车头”。提出了在“基础设施、运输服务、科技创新、安全保障、经营管理、铁路治理”方面，构建“六个现代化体系”的宏伟目标，明确到 2025 年基本建成“六个现代化体系”，到 2035 年实现交通强国铁路先行的历史使命，以铁路现代化助推中国式现代化。

那么，要怎么理解“六个现代化体系”呢？可以说，现代化铁路基础设施体系、现代化铁路科技创新体系、现代化铁路安全保障体系和现代化铁路治理体系支撑保障着铁路现代化进程，而现代化铁路运输服务体系和现代化铁路经营管理体系则是检验和展示铁路现代化成果的关键所在。

构建现代化铁路基础设施体系是推动铁路现代化发展的物质基础。回首 20 世纪 90 年代，我们国家铁路里程仅有 5.8 万公里，对于一个有着十多亿人口的大国来说，铁路建设的缓慢，严重阻碍了人员的流动与经济的发展。同时期的日本人口仅有一亿，铁路营运里程达到了 3.5 万公里，其中高速铁路新干线的营运里程已经达到了 2000 公里。而截至 2023 年底，我们铁路营业里程已达 15.9 万公里，其中高铁 4.5 万公里，可以说是今非昔比了。

构建现代化铁路科技创新体系是推动铁路现代化发展的动力引擎。参加工作 31 年，我开过 10 余种火车。我刚上班的时候，西部铁路还是相对比较落后的，当时铁路还没有完全普及电气化，内燃机车还是运输主力，蒸汽机车还在使用，而我特别幸运，一来就被分到了单位少之又少的电力车队。1996 年，我考取了第一本电力驾照，开的是韶山 1 型电力机车。这种机车是我国最早的电力机车，因当时技术限制，只能采取有级位调速，起动列车时列车往前一顿一顿地，很不平稳，加之这个车牵引力小、故障率高，操作起来很不方便。后来，在 2000 年的时候，韶山 7 型机车配属到了西安机务段，这种机车相对比较先进，并且采用无级调速，起动平稳、故障率较低，我很轻松就可以做到平稳操纵。2007 年，我正式成为一名动车组司机，值乘了西北第一趟动车组列车，先后驾驶过 CRH2A 型、CRH380AL 型、CRH380B 型以及我国自主研发的复兴号动车组。与以往机车相比，动车组发生了质的变化。这种车采用先进的网络控制系统、具有定速功能、直通式制动机、密接式车钩、固定编组，使得我们动车司机可以更简单地做到平稳操纵。而现在的复兴号动车组，吸收了以前所有和谐号动车组的优点，采用标准化司机室设计，车内设施智能化，还实现了 Wi-Fi 全覆盖。31 年间，我见证了中国的机车从引进消化到自主创新，从追赶到超越的华丽转变。

构建现代化铁路安全保障体系是铁路现代化发展行稳致远的重要保障。列车安全控制装置从 LKJ-93 发展到 LKJ2000 再发展到 ATP，从最初的只能用最原始的数码管显示列车速度、限制速度和距前方信号机的距离，全靠司机凭经验操控的情况，发展到“数字 + 图形”显示内容，具备超速制动功能，最后发展到现在，最先进的车载安全计算机控制，不但可以用“数字 + 图形”显示内容，还具备了预警提示功能和列车超速防护功能，安全系数大大增加。

构建现代化铁路治理体系是铁路现代化发展的制度支撑。以前接车的时候，我们司机要进行静止检查，对机车进行机能实验，那时主要按照师父的处置方式进行学习，师父教得好，带出徒弟的水平就高。而现在我们有了“一书一图一表”，不再只靠口口相传的经验，凭着更科学、更专业的规章制度和操作规程，流程越来越规范，行车越来越安全。

构建现代化铁路运输服务体系是铁路服务和融入中国式现代化的着力点。我们积极创新，建成了世界上规模最大的铁路 12306 系统，推出电子客票、移动支付、刷脸进站、在线选座、互联网订餐等一系列便民利民措施。在 20 世纪 90 年代春运时，旅客彻夜排队买车票，大包小包扛着上火车，车厢走廊过道全部躺着人。对比现在的春运，基本没多少人排队买票，大家出行都是轻装上阵，车厢里也不再是拥挤不堪地塞满人的场景。

构建现代化铁路经营管理体系是提升企业经营水平的关键所在。我还记得以前开车的时候，如果不增加新线路，一张列车运行

图一用就是好几年，也没法根据需求随时变动，大家只能干着急！现在铁路依靠大数据，提前研判，日常图、高峰图、周末图动态调整，真正做到了一日一图，还能根据旅游、文化等特点，打造旅游专列、文化专列等特色产品，满足个性化需求。

现代化描绘了未来发展的壮丽蓝图，续写了中国铁路的伟大奇迹。可能会有人问，目标这么宏大，能不能实现呢？入路 31 年的所见所闻、亲身经历，通过中国铁路发展中那些“不可能”到“可能”的鲜活实例，我想，答案不言而喻。只要我们继续保持信心、决心、恒心，奋发笃行、开拓进取，就一定能把铁路现代化的蓝图变为现实！

最后，引用一句大家都熟悉的口号：“要致富，先修路。”作为国民经济的大动脉，“动脉”通了、宽了，才能更快实现铁路现代化，进而推动中国式现代化的快速发展。让我们一起携手并进，立足岗位奋勇争先，为铁路现代化、为中国式现代化贡献自己的力量！

# 为中国铁路点赞

入路前，我觉得铁路就是一种交通工具，或者是一段愉快的旅行。而自从穿上这身路服，我这个“铁一代”突然发现这个问题好难用简短的话回答。我问身边的小伙伴，有人说：铁路是养家糊口的工资，也有人说铁路是人生的窘境。我问中年师傅，有人说铁路是全家老小的寄托，也有人说是铁路是土里刨食的酸楚。我问即将退休的“老铁路”，有人说铁路是自己的一辈子，还有人说铁路是他这辈子最大的成就……这个问题，其实并没有标准答案，而是需要我们每名铁路人用行动来作答。

我所在的西安局集团公司宝鸡电务段，管辖的宝成铁路是中国第一条电气化铁路，这里有一段电气化铁路的传奇故事。1956 年 11 月，《人民日报》专门刊登了一篇题为《我国铁路电气化的途径》技术文献，这篇文章提出，我国要发展电气化铁路，应当果断放弃成熟的直流低压供电，直接采用交流高压供电这一世界主流技术。

资料显示，这项先进供电制式，1954 年由法国在全球最早投入铁路运营。那个时代，不要说电气化铁路，乡村地区连通电都是奢望。而提出这个重要建议的唐山铁道学院曹建猷教授，本着“做就做到最好”的远见卓识，让我国一步摸到了世界先进行列，没有重走西方国家“先直流再交流、先低压再高压”的迭代路径，为国家节约了大量资金。如今，这项以 25 千伏特工频交流供电为基础的电气化铁路技术标准，不仅用在宝成铁路和大秦重载铁路，还应用在“国之重器”的中国高铁上，更成为中国铁路标准的重要基础。

经过五十多年的加速发展，“从零起步”的中国电气化铁路，终于在 2012 年成为全球电气化铁路通车总里程第一名。如今，我们电气化铁路技术装备出口到全球，实现了全产业链“走出去”。兜兜转转几十年，“中国造”来到了“法兰西”——这个曾经的铁路强国。

更令我动容的，是曹建猷教授的赤诚。这位把毕生献给共和国铁路事业的“无双国士”说：“我们在电流制问题上没有走弯路，这也是我对我们的祖国的一点点贡献。”他以 70 岁的高龄加入中国共产党，在生命的最后时刻嘱咐家人将骨灰留在那个他曾为之呕心沥血的宝成铁路宝凤段。此刻，我想对于这位麻省理工学院的博士而言，铁路是他赤诚的报国心，更是他奋斗的一生！

就在昨天，我人生第一次来到南京，见到身边这座声名远扬的地标——南京长江大桥。站在这座完全由我国自主设计、自主施工的“争气桥”下面，我不由得感动于大桥建设者们的铮铮铁骨，更为这座桥梁的总设计师——梅旸春先生折服。这位 1925 年的硕士，一直立志为中国建设更多的桥梁。他和茅以升院士一同建成钱塘江公铁两用大桥、却又因日寇侵略一同炸毁它的那份心情，我无法想象。

中华人民共和国成立后，梅旸春先生先后主持了武汉、南京长江大桥等重要工程设计。他夜以继日地泡在南京的大桥工地上，以至于突发疾病，被迫离开岗位。1962 年 5 月 12 日，梅总工最后一次来到大桥工地，最后一次与他未竟的事业作别，谁知他最终没有回到北京，在他魂牵梦萦的大桥工地一侧与世长辞。

今天，眼前这座当年“最为艰难的一座大桥工程”，已经有了四个兄弟。特别是 2011 年 1 月建成通车、设计时速 300 公里的南京大胜关长江大桥，更是世界首座六线铁路大桥。如今，中国的铁路桥梁有近 10 万座，无论是技术、材料，还是能力，都是世界领先。此刻，我想对梅旸春先生说：今日的中国铁路，如您所愿！

让我们把视线回到不远处的大胜关大桥上，中国新名片——复兴号 CR400AF 型电力动车组正如利箭般穿梭往来。回首往事，2003 年 10 月秦沈客运专线全段建成通车之时，距离世界上首条高铁——日本新干线已经建成 39 年了。面对曾经的落后，我们奋起直追，用中国智慧引进各派高铁技术，更时刻不敢忘记——自力更生、自主创新。我们发挥独家优势，从中央到地方，从路内到路外，产学研一体，产业链协同，汇聚推动高铁发展的强大合力。2008 年，时速 350 公里的京津城际铁路建成运营；2011 年，京沪高铁创造高达 486.1 公里的铁路运行试验最高速度；2019 年，世界首条智能化高铁——京张高铁开通运营；2023 年 10 月，中国高铁走出去的标志性工程——印尼雅万高铁开通运营。仅仅 21 年，我国建成世界上最大的高铁网，实现了从追赶到并跑、再到领跑的历史性变化。对此，习近平总书记指出，“我国自主创新的一个成功范例就是高铁”。中国高铁成为中国奇迹的代言人，网友更是戏称：“如今的世界高铁版图最简单的划分，就是中国和其他。”

这些伟大成就的背后，同样离不开我们每一位铁路人的不懈奋斗。让复兴号拥有“中国心”的铁科院研究员张波、为高铁装上“智慧大脑”的通号院总工程师陈志强、用过硬技术助力“中国速度”的中车钳工张雪松……一大批新时代的铁路明星脱颖而出，让中国铁路行稳致远。

2024 年 8 月 17 日的《人民铁道》报，刊登了一首小诗。

走进铁路，你真的不能轻视
脚下的每一粒道砟
哪怕是散落在沿线、荒原深处
它们都是安全守护神
日夜守护列车，风雨兼程

这正是铁路人的精神品质。一代代铁路人牢记“始终听党话、永远跟党走”的铮铮誓言，心系祖国，服务人民，才能不断把共和国的铁路事业推向前进。

习近平总书记强调，“交通成为中国现代化的开路先锋”。作为新时代铁路人，我们要从铁路发展成就中汲取力量、淬炼初心，勇于担当、善于作为，为勇当服务和支撑中国式现代化的“火车头”贡献力量。最后，请所有在场的朋友们帮助我完成一个挑战，一起伸出右手，竖起大拇指，为在场、不在场的每一位铁路人点赞！为了不起的中国铁路点赞！

# 建设命运共同体　共绘最大同心圆

在入路第一课，我就学习了唐业成烈士的事迹。在护坡作业时，唐业成发现有一块大石头横贯在正快速驶来的货物列车前，此时刹车已经来不及了，千钧一发之时，他挺身而出，用生命守护了铁路安全。一般来说，生命不应该是最宝贵的吗？不是铁路职工的他，为什么可以为了铁路奋不顾身？为什么可以舍生忘死？讲课的老师给了我们答案：因为人民铁路为人民，所以人民铁路人民爱。虽然知道了为什么，但我其实一直没有很好理解。

到今天，我从事客运工作已有 5 年时间了。不知道在座的大家是否跟曾经的我有一样的感受，我曾感觉每天灰头土脸、按部就班，三点一线，“躺不平、卷不赢”，好像一眼就能望到头。大家都说咱打工人穿的 T 恤是“PPT”，戴的表是“Excel 表”，背的包是“压缩包”，走的道是“好的，收到”，可以说是“班味”十足。但有这么一个人改变了我的看法，他在我们局特别“火”，号称“最美列车长”，但他可不仅仅是长得帅。他叫向保林，今年59岁了，是宝鸡至广元间6063次小慢车的列车长，这条线，他一跑就是20多年。向保林把服务山区百姓作为己任，在列车设置“惠民助农”车厢，建立“老乡微信群”……帮助老乡们解决各种“疑难杂症”就是向车长工作的日常。此外，他还主动担当起沿线学生的护送工作，自掏腰包给孩子们买喜爱的课外书，并通过社会捐赠、职工内部募集旧书等方式为孩子们筹集各类书籍，供孩子们免费借阅。

一件事重复20多年，20多年只干一件事，不会腻吗？不会烦吗？向保林用他二十年如一日的实践向我们展示了：不会。他是连接大山与城市的纽带，带着怀揣梦想的山区百姓，驶出大山奔向远方，他在铁路事业中实现了自己的价值。看着他，我开始慢慢理解了老师的答案。

2021年，命运的齿轮开始转动，我踏上了前往勉县元墩镇杨庄小学的支教之路。杨庄小学辐射周边4个自然村，其中3个曾是深度贫困村，全校师生200名，60%以上学生都是留守儿童，很多孩子从来都没有走出过大山。在得知孩子们大都没上过音乐课的情况后，我就从基本音符、节奏入手，为孩子们普及乐理知识，创立了建校以来的第一个合唱团。在第一次上排练课的时候，一个小男孩问我：“老师，我们什么时候可以去外面演出啊？”孩子的这一问竟让我一时语塞，我们最终能实现这个梦想吗？这群孩子们的歌声能让更多人听到吗？说实话，当时的我也很迷茫。但看着孩子们眼神里流露出的那种期待，我暗下决心，对他们说：“只要你们好好努力，咱们一定能登上更大的舞台。”孩子们看着我坚定的神情，也相信并努力着。在这一刻，我彻底明白了唐业成的奉献、向保林的坚守，这些看似不起波澜的日复一日，一定会在未来的某一天让我们看到坚持的意义。2023 年 10 月 12 日，我们终于等来了这一天。我们受邀前往北京，登上了二七剧场，让更多的人知道了这群可爱的孩子，听到了他们真挚的歌声：“遥遥的天之涯，萱草花开放，每一朵可是我牵挂的模样，让它开遍我等着你回家的路上，好像我从不曾离开你的身旁……”

这首歌只有短短的 2 分钟，但从乡村到北京，从操场到舞台，我们却花了整整 2 年时间。舞台上闪闪的星光，孩子们纯真的笑容，他们的眼睛里充满对未来的憧憬……那一刻，孩子们的梦想被再次点亮；那一刻，我看到了人民铁路为人民的担当；也是那一刻，我感受到了身上沉甸甸的责任。为助力乡村振兴，我们联合“四镇八村”的驻村干部，通过抖音直播、公益慢火车展销等多种形式助力农产品销售，在 2023 年暑假的近两个月内，共销售农产品 3.7 万斤，帮助村民增收 29.5 万元。

两年的支教时光一晃而过，从三尺讲台到高铁站台，虽然身份变了、岗位变了，但我以一己之力帮助更多人的初心没有改变。

我的工作所在地宁强，是羌族的聚集地。为了促进民族融合，让当地百姓都能共享铁路发展成果，我们宣传铁路知识，教当地百姓使用手机购票；遇到羌族民族节日，我们会身着羌族服饰在候车室表演歌舞；我们会举办展销会，推介羌族刺绣产品和农产品，带动乡亲们致富。习近平总书记指出，“共享是全民共享”。对于我们铁路来说，就要各阶层、各民族、各地区人民都能享受到铁路发展成果，一个民族也不能少，一个人也不能掉队。我们以实际行动，用真情、用热情让民族团结之花在宁强南站常开长盛。

我想，正是有千千万万的向保林坚守着“人民铁路为人民”的初心，才有了千千万万的唐业成“人民铁路人民爱”的奋不顾身。正是有一代代铁路人用一生奋斗着、守护着、推动着铁路的发展，才有了我们今天的中国铁路，我们新时代的铁路人才有了今天稳定的社会保障，有了窗明几净的办公、住宿环境，有了便利的通勤方式。这不，前几日我在朋友圈刷到，咱们上海局集团公司刚入路的新职工就分了“新房”，这“新房”里不仅有标准间，还有健身房、阅览室、熨烫间等设施，简直让人“羡慕哭了”。实现铁路高质量发展，我们既是推动者，又是受益者。我们和企业是荣辱与共、兴衰相依的命运共同体，企业发展了，我们才能共享发展成果；我们共同拼搏努力，才能推动企业繁荣发展。只要我们真正把个人命运融入企业发展之中，立足岗位、履职尽责，以钉钉子精神做好身边的每一件小事，把小事做精做细，就一定能在铁路高质量发展实践中把日子越过越红火！

# 济南局集团公司
# 宣讲报告

扫码观看宣讲视频

宣讲、撰稿人员：

薛美子　袁　帅　周炳坤

徐鸿运　盛麟斐　叶晓天

汤红星　杨婉清　陈子微

董悦青　吴也乐　刘红玲

# 用好率先实现铁路现代化的“关键一招”

改革扬帆风正劲，击鼓催征再出发。2024 年 7 月 15 日至 18 日，党的二十届三中全会在北京胜利召开，这次会议是在以中国式现代化全面推进强国建设、民族复兴伟业的关键时期召开的一次十分重要的会议，全会审议通过了《中共中央关于进一步全面深化改革、推进中国式现代化的决定》，2 万多字的《决定》包括 15 个部分 60 条任务，共提出 300 多项重要改革举措，是新时代新征程上推动全面深化改革向广度和深度进军的总动员、总部署，充分释放了改革不停顿、开放不止步的强烈信号。

党的三中全会，在亿万中华儿女心中具有沉甸甸的分量。党的十一届三中全会是划时代的，开启了改革开放和社会主义现代化建设新时期。党的十八届三中全会也是划时代的，开启了新时代全面深化改革新征程，开创了我国改革开放全新局面。党的二十届三中全会，充分彰显了以习近平同志为核心的党中央将改革开放进行到底的坚强决心，必将对以中国式现代化全面推进民族复兴伟业产生重大而深远的影响。

历史的航船到达新的方位，新的时代任务会为我们党提出新的现实课题，迫切需要用深化改革来破题答卷。当前，面对纷繁复杂的国际国内形势，面对新一轮科技革命和产业变革，面对人民群众新期待，要开创中国式现代化建设新局面，仍然要靠改革开放，必须把改革继续推向前进。这是凝聚人心、汇聚力量，实现新时代新征程党的中心任务的迫切需要；是完善和发展中国特色社会主义制度、推进国家治理体系和治理能力现代化的迫切需要；是推动高质量发展、更好适应我国社会主要矛盾变化的迫切需要；是应对重大风险挑战、推动党和国家事业行稳致远的迫切需要。

横空大气排山去，砥柱人间是此峰。改革开放是中国共产党最鲜明的旗帜。放眼全世界，没有哪个国家和政党，能有这样的政治气魄和历史担当，敢于大刀阔斧、刀刃向内、自我革命，没有哪个国家和政党，能在这么短时间内推动这么大范围、这么大规模、这么大力度的改革，也没有哪个国家和政党，能在改革进程中取得这样的历史性变革、系统性重塑、整体性重构。从“全面深化改革”到“进一步全面深化改革”，蕴含着历史的再接续、时代的新图景，更蕴藏着改革开放以来特别是新时代全面深化改革的宝贵经验，为确保改革航船稳舵前行提供了成功路径。

改革正挥凌云笔，又踏层峰辟新天。站在新的历史起点，《决定》科学谋划了进一步全面深化改革的总体目标、重大原则、重大举措等方面的内容。改革是有方向、有立场、有原则的。《决定》明确提出“六个坚持”的重大原则：坚持党的全面领导、坚持以人民为中心、坚持守正创新、坚持以制度建设为主线、坚持全面依法治国、坚持系统观念。“六个坚持”的重大原则，既是“过去我们为什么能够成功”的深刻总结，更是“未来我们怎样才能继续成功”的行动指南。《决定》提出，进一步全面深化改革的总目标是继续完善和发展中国特色社会主义制度，推进国家治理体系和治理能力现代化。锚定关键领域，《决定》从总体上囊括了推进中国式现代化的战略重点，强调了“七个聚焦”。明确要求，“到二〇二九年中华人民共和国成立八十周年时，完成本决定提出的改革任务”。

蓝图绘就千般景，奋楫扬帆万里程。中央有号召，人民有期盼，铁路有行动，是我们的底色底蕴。响应党的二十届三中全会进一步全面深化改革的时代号角，国铁企业始终坚守国家战略性、先导性、关键性重大基础设施的骨干地位，始终牢记国家铁路、人民铁路的战略定位，立足“两个大局”，心系“国之大者”，把对党忠诚体现在坚决贯彻落实习近平总书记对铁路工作的重要指示批示和党中央决策部署上。

铁路现代化是在改革开放中不断推进的，作为全面深化改革的重要一环、国企改革的重要组成部分，铁路在推进重点领域和关键环节改革上着力，推动我国铁路事业取得历史性成就、发生历史性变革：2013 年，铁道部撤销，实施铁路政企分开改革，铁路改革迈出历史性关键一步；2017 年，建立现代企业制度，铁路市场化改革取得初步成效；深化铁路运输供给侧结构性改革，实施货运增量、客运提质和“复兴号”品牌战略三大举措。从传统运输生产型企业到现代运输经营型企业，从“追赶”到“领跑”，从时速 35 公里到 350 公里，从“走得了”到“走得好”……实践充分证明，改革是解决铁路深层次矛盾的必由之路，也是铁路事业大踏步赶上时代的重要法宝！

乘风破浪，勇立潮头。大道至简，实干为要。乘着党的二十届三中全会精神的政治东风，聚焦“提高人民生活品质”“建设更高水平平安中国”，落实“降低全社会物流成本”，推进“现代化基础设施建设”，推动国有资本和国有企业做强做优做大，改革再出发的冲锋号已经吹响。贯彻落实党的二十届三中全会精神，迫切需要全路上下团结一致、乘风破浪，用好率先实现铁路现代化的“关键一招”，以进一步全面深化国铁企业改革为动力，以加快构建“六个现代化体系”为载体，勇当服务和支撑中国式现代化的“火车头”，奋力推动铁路高质量发展取得新的更大成就！

# 海铁联运　路远情长

古老的丝绸之路，跨过沙漠海洋，绵亘万里河山，穿越千年时空，闪耀在人类文明持续前进的宏大历史进程中。2013 年秋，习近平总书记在访问哈萨克斯坦、印度尼西亚期间，先后提出共建“一带一路”倡议。今天，日夜兼程的中欧班列，不绝于途的货运汽车，往来不歇的空中航班，奏响了当代的钢铁驼铃。

牢记习近平总书记嘱托，中国铁路实干作答，加快推进铁路货运向现代物流转型发展，以发展多式联运服务国家战略。海铁联运，便是多式联运的一种形式，青岛是海铁联运的桥头堡，而我就是土生土长的“青岛小哥”，服务海铁联运是我的日常工作，今天我要与大家分享的，就是来自我的家乡、我的岗位的故事。

想必大家对青岛的栈桥，印象都非常深刻。120 年前，栈桥曾作为清政府的海军码头，货物由此装载上船，形成了巨轮与陆地的连接，也让海路与铁路的“齿轮”在此交汇。随后，青岛先后建成船渠港、小港、大港并实现铁路直通，随着胶济铁路的修建，山东海铁联运的体系初步形成，也带动了山东半岛口岸贸易与开埠通商迅速兴盛，一条横跨山东半岛的黄金通道由此诞生。

然而，在战火纷飞的年代，铁路和港口屡遭损毁，海铁联运的发展趋于停滞。新中国成立后，中国铁路涅槃重生，服务于国家经济建设，进入快速发展时期。1951 年 3 月 14 日，中国铁道部与苏联交通部在北京签署了《中苏铁路货物联运协定》，标志着中国开始了国际间的铁路货运联运合作。

进入中国特色社会主义新时代，在中国共产党的领导下，中国铁路进入迅猛发展时期，山东路网覆盖全省、通达全国，海铁联运的潜能得到充分释放，也带动了山东港口运输连接世界，走向深蓝。

为适应多式联运发展新要求，深入落实党中央战略规划与国铁集团党组部署要求，济南局集团公司做出了探索与实践，打造出工作联合促进协调联动、港站联通打通运输堵点、运行联动提升运输效能、价格联调降低物流成本、信息联享构建智慧桥梁、资产联营实现优势互补、战略联盟汇聚发展合力的海铁联运的“七联”模式，以一种创新的经营文化，搭建起铁路与港口间高效协作的桥梁与纽带，让多式联运运行得更加密贴。现如今，济南局集团公司海铁联运班列已达 100 条，港口站日均装车由 2012 年的 5200 车增长到 2024 年的 9500 车。海铁联运的“七联”模式蕴含着铁路人的智慧，也彰显出铁路人的使命与担当。

下面我要讲的这个故事便是对“七联”模式的最好诠释。

时间回到 2024 年春节期间，“宇宙中心”山东省菏泽市曹县。一家食品企业销售的芦笋、果蔬罐头因质美价优，海外订单激增

30%。突如其来的订单，让商家体验了短暂的喜悦后又感到忧心忡忡，按照国际贸易规则，轮船公司一般会给外贸企业7天的“免箱期”，即免费使用所租赁的空集装箱。如果免箱期内没有完成装货，赶不上船期将造成巨大损失。节约运输成本，把增长的订单转化成真金白银，对企业产能和外贸物流提出双重考验。

从集装箱堆场挑空箱开始，7天的免箱期便进入倒计时。青岛港内五层楼高的集装箱堆垛成山，挑选18个符合食品用标准的集装箱如大海捞针，原本一天的工作量，被迫延长到两天。

开行一趟省内班列，最少需要凑齐35个集装箱，经过车站连续奋战，第三天一早班列驶出黄岛港，15个小时后送达曹县。

原本计划，班列在当晚11点开出曹县站返回黄岛港，可意想不到的情况又发生了，由于搭同一班列返港的企业未能及时送货，发车时间再次推迟。车站启动预案，调配力量、加急装车，与时间一路赛跑，穿越6条铁路干线，途经30多个车站，从班列驶出曹县那一刻起，黄岛站就密切关注着班列的返回时间。让班列后发先到，全力赶船，这是“抢七”战的最后关头，铁路与港口快速联动，车站安排运力将这趟班列调出铁路专用线，临时改走站内散货线，为班列硬生生抢出4个小时的入港时间。港口快速启用集港通道，早已等候的工作人员、机械全速运转，卸车、装船无缝衔接、高效联动。

一声嘹亮的汽笛，让所有参与“抢七”战的铁路职工舒缓了紧张又疲惫的身心，目送满载集装箱的国际货轮缓缓驶离灯火通明的海港，30天后货轮顺利抵达欧洲，把曹县的芦笋、果蔬罐头送上欧洲消费者的餐桌。像这样的海铁联运“抢七”战，每天都在上演，大到汽车机械、工程装备，小到精密电子、食品服装，琳琅满目的“中国制造”，通过“联”模式走向世界，而海铁联运的高效优质服务，也同样走进获益商家的心间。时至今日，海铁联运、空铁联运、铁水联运多种模式为铁路的客户商家提供了更多的选择，而铁路在综合交通运输体系中的骨干地位也更加凸显。

百年前，西方列强通过铁路外运掠夺中国矿产资源，百年后，中国制造通过海铁联运远销海外市场。中国铁路，与共和国同呼吸、共命运，在新中国成立的 75 年光辉历程中，走出了一条属于自己的奋斗之路、创新之路、发展之路，更为中国式现代化建设坚定不移地履行着时代所赋予的责任、使命、担当。

车轮滚滚，一路向前，在每一个铁路人埋头苦干、勇毅前行的脚下，是通途与共、行稳致远的中国。勇当服务和支撑中国式现代化的“火车头”，不只是一句口号，更是一份责任与担当。站在新的更高起点上，我们铁路人牢记习近平总书记的谆谆教诲，为以中国式现代化全面推进强国建设、民族复兴伟业准备着，不忘初心、牢记使命，交通强国、铁路先行！

# 蓝图已就　实干筑梦

近年来，我们总能在各种电视节目、新闻报道里听到一个词——现代化。关于什么是现代化，很多人给过我们答案，古人说，那是“还似旧时游上苑，车如流水马如龙”。我们的父辈说，那是“楼上楼下，电灯电话”。是的，每个时代都有每个时代的梦想和考题，近年来，实现现代化这道题我们答了很久。

2022年，习近平总书记在党的二十大报告中擘画了全面建成社会主义现代化国家，以中国式现代化全面推进中华民族伟大复兴的宏伟蓝图。国铁集团党组围绕贯彻党的二十大精神，聚焦高质量发展主题，提出了构建“六个现代化体系”的目标任务。

2023年，国铁集团党组深入研究，提出推动铁路高质量发展、率先实现铁路现代化，勇当服务和支撑中国式现代化“火车头”的中心任务，加快构建铁路“六个现代化体系”提上日程。

规模和质量并举，是铁路网建设的更高标杆。百年前，孙中山先生提出“交通为实业之母，铁道又为交通之母”“筑十万英里铁路，共致中国富强”的《建国方略》被称为近代中国谋求现代化的第一份蓝图。而百年后的今天，由中国人设计、建造、运营的“八纵八横”高速铁路网贯通林海雪原、热带丛林、大漠戈壁、东海之滨。到“十四五”结束，中国铁路营业里程将会突破 16.5 万公里。当年孙中山先生的构想，在中国共产党的领导下，在新时代的伟大征程上，无限接近，即将实现。

从黄埔江畔到黄海之滨，高铁列车密集开行，环游齐鲁一日通达，盛邀在座的评委老师和各路局的兄弟姐妹们，走进好客山东我的家乡，来一场说走就走的旅行！你们乘车，我来开车！

服务是铁路的本质属性。人民群众对美好出行的向往，就是铁路人奋斗的目标。面对 14 亿人口的运输需要，国铁集团党组坚持全面提高铁路运输服务的普惠性、均衡性、可及性，让铁路现代化建设成果更多更公平地惠及全体人民。

2019 年，京张高铁动车组列车首次实现时速 350 公里自动驾驶。

2021 年，全新的复兴号智能动车组列车扩大开行范围。

2024 年，复兴号智能动车组列车技术提升版上线运行。

安全、舒适、温馨的乘车体验进一步提升。

随着共建“一带一路”倡议的持续深化，中欧班列、中老铁路等标志性项目加快成势，大量输出中国制造的同时，也带回了琳琅满目得海外商品。人享其行、物畅其流，一小时生活圈、两小时经济圈、“1、2、3”天快货物流圈等逐步形成，现代化铁路运输服务体系的构建已经初具规模。

科技创新是率先实现铁路现代化的重要支撑。全面推动川藏铁路攻关项目、深入实施CR450科技创新工程。越来越"聪明"，已成为人们对铁路技术装备飞速发展的普遍印象。

2024年6月，习近平总书记在全国科技大会上深情点赞中国高铁，"高铁技术树起国际标杆"！这是对中国铁路200万职工的最高褒奖，更是对我们接续奋斗的无限期许与鞭策。

安全是铁路发展之本，本固而邦宁。总体国家安全观和大安全观的牢固树立，人防、物防、技防"三位一体"的安全保障措施有力有效，安全预防和管控能力、应急处置和救援能力的增强，代表着中国铁路的本质安全水平和安全保障能力已位居世界前列。

效率效益是铁路发展之源，有缘而水活。这次比赛一路走来，从北京南站到济南西站、上海虹桥站，在我们每个车站枢纽融合区，有多个餐饮店售卖来自全国各地的美食，满足大家多重口味需求。还记得小时候，坐着火车到一个地方就要买一些当地的特产带回家，像德州扒鸡、北京稻香村点心、上海梨膏糖等。而现在，这些曾经的稀罕物已经变得大众化，正是现代化铁路经营管理体系的日益成熟带来的发展红利。

建设现代化铁路治理体系，是推进国家治理体系和治理能力现代化在国家铁路的具体行动。铁路作为国家战略性、先导性、关键性重大基础设施，是中国特色社会主义的重要物质基础和政治基础，是我们党执政兴国的重要支柱和依靠力量。要始终牢牢把握"两个一以贯之"的重大政治原则和改革方向，让国铁企业的行业主体作用更加明显，为率先实现铁路现代化提供全面的制度支撑和政治保障。

蓝图已就，实干筑梦。在推进铁路高质量发展，率先实现铁路现代化的生动实践中，绝不是某一个系统，某一个工种的现代化，一定是全铁路行业的现代化。车机工电辆，我们每一个人都是主角，我们要以“功成不必在我”的精神境界和“功成必定有我”的历史担当，心往一处想、劲往一处使，为勇当服务和支撑中国式现代化的“火车头”贡献自己最大的力量。

# 永不褪色的铁路精神薪火永续

2009年我退伍参加工作，在选择工作地点的时候，我放弃了留在大城市的机会，选择了回到家乡，下定决心要给生我养我的山区做点贡献。

工作这些年，我的身上多了很多“军功章”，但随着荣誉越来越多，我再问初心，山区条件这么艰苦，为何而守？

很快，我找到了答案，当看到电影《幸福慢车》里主人公程路放弃高铁，选择坚守慢火车的情节，当听到山民们不坐慢车去县城，就没菜吃、没衣服的台词时，那熟悉的画面让我热泪盈眶。山区虽苦，绿皮火车虽慢，但它扶起了沿线很多村民的日子，也满足了山区人民对美好生活的向往。新时代铁路榜样刘传双坚守大山义无反顾与隧道为伴，保的是铁路大动脉的安全畅通、守的是人民幸福安康。2024年南方持续强降雨，铁道线大面积受灾，面对特大洪灾的关键时刻，我们铁路人不畏艰难，坚决贯彻国铁集团“防、避、抢”

工作要求，胸怀大爱，书写忠诚，在抗洪抢险的最前线谱写出一幕幕感人篇章。

我工作的地方也是生我养我的家乡。这里风景很美，但以前因为交通不便，山里的人出不去，外面的人也进不来。改变贫困的现状，是一代代山里人共同的期盼。过去，辛泰铁路是鲁中山区唯一的一条铁路，沿线分布着许多村镇，线路上运行的7053/4次绿皮火车，因票价低廉，受到乡亲们热捧。

冬天大雪封山，这趟绿皮火车就成了乡亲们出行的唯一交通工具。以前我所在的班组就担负着辛泰线接触网设备的维护任务，管辖内有7座隧道、11座上跨桥，地形复杂、条件非常艰苦。

我在辛泰线工作了11年，印象最深的就是治理隧道冰害。这里的7座隧道建于1974年，隧道内常年不见阳光，冬天滴水成冰，很多地方悬挂着冰柱，而冰柱一旦触及接触线之类的供电设备，极易引起线路跳闸，影响火车正常通行。到了冬天，隧道内打冰是一项重点工作。因为不知道隧道的结冰情况，我和伙计们只能挨个隧道巡检，一旦发现冰柱就用工具打下来。

打冰并不是件容易的事，隧道所在的地方，全是山路，汽车开不进去，我们只能扛着30多斤重的工具步行到达。经常是脸被冻得发麻，贴身的衣服却被汗水湿透。而去最远的桃园1号隧道除冰，要翻过两个山头，步行两个多小时才能到达。

每年冬天，看着工区年轻伙计细嫩的脸被冻得皴裂，说实话我心里特别难受。为解决这个难题，我趁除冰机会，在隧道口待了整整一天。经过观察发现，雨水凝结成冰凌需要2小时20分钟。而从下雪到隧道内出现覆冰，则需要两天。

掌握了冰凌形成的规律，我将过去的巡检法改成了定点除冰法，赶在冰凌形成之前，将隐患清除。这一办法运行到现在，工区未出现一起因隧道覆冰跳闸而引起的责任事故。

山区里，很多树木杂乱地生长在护坡上，遇到刮风下雨，树枝一旦搭到接触网上，极易引起接触网线路跳闸，给列车安全运行带来极大隐患。为了及时清除危树，我和伙计们只要去现场，就随身带着伐树工具。

铁道线路从山谷穿过，山坡上的小树砍伐极不方便，每次我都将绳子绑到腰上，让伙计们把吊在半山坡进行砍伐。伙计们都开玩笑说："'悟空'，上！"说实话，为了能保持身体的敏捷，我体重减掉了 30 斤。

除了长在山坡上的杂乱小树，在铁道旁边还有很多大树，随着时间推移，每年都会有树枝侵限，而这些树木的主人多是沿线村庄的空巢老人。因此砍伐危树这项工作推进起来非常困难。

其中有一棵树是一位参加过解放战争的老军人在 60 年前和老伴一起种的，对他来说树就成了思想的寄托。

从一次次被关在门外，到我们能坐下来拉家常，我们给他浇过园子、拉过弦子、喂过猪。在一次聊天中，得知老爷子和我爷爷共同参加过济南战役，当我把我爷爷的军功章拿给他看时，老爷子潸然泪下，浓浓的战友情，促使他在砍伐协议上最终按下了手印。

当面对村民不理解甚至质疑和辱骂时，我也委屈，但作为一名党员，一名铁路人，组织把这项工作交给了我，我就要竭尽全力做好！

看到我们守护的列车拉来越来越多游客，山货也卖出好价钱，乡村幸福路越走越宽。作为鲁中山区人，我切身感受到了铁路把我的家乡发展带上了快车道，我为扶贫列车的持续开行骄傲自豪。

近几年，越来越多的年轻大学生选择来到这里，但这些“95后”“00后”个性很强，加上山区条件艰苦和他们想象的不一样，心里不由得打了退堂鼓。为了留住他们，我白天带着他们干“天窗”、练业务，晚上挨个做思想工作，讲故事、拉家常，是又当爹又当妈，真比我在部队时带兵都难。慢慢的，他们的心安定了，逐渐适应了山区工作，业务水平也不断提升，先后有多人成长为岗位技术能手，特别是听到他们说“我也要像工长一样，成为‘火车头’”！我特别欣慰。

蜿蜒盘旋的铁路线上，是你是我，是我们铁路人用坚韧和汗水铸就了今日铁路的辉煌，新时代铁路榜样更是时代英雄，是中国铁路的脊梁。家是最小国，国是千万家，看到他们的故事，我热血偾张，守护好山区铁路，看家乡父老走向富裕的新征程，就是我们这一代的使命担当！

人民铁路为人民，同心共筑中国梦是我们一直以来不变的梦想。铁路的发展不仅立足于满足人民群众出行的需求，更在推进全体人民共同富裕方面不断努力。交通强国，铁路先行，这是党和全国人民赋予我们铁路人的神圣使命，我要用自己的行动向新时代铁路榜样致敬，感受铁路人的家国情怀，践行铁路精神，生生不息，传承弘扬！

# 追逐光　成为光　发出光

从百年前的胶济铁路、京张铁路，到新中国建设初期的成渝铁路、大秦铁路、京九铁路，再到新时代的京沪高铁、广深港高铁，铭刻在钢轨上的记忆，见证了中国铁路从蹒跚起步到领跑向前逐梦追光的壮丽史诗，更孕育了一代又一代铁路人铿锵奋进、追光前行。

如同那句歌词："红日升、在东方，其大道满霞光！我何其幸，生于你怀，承一脉血流淌。"

我们做新时代的追光者：

追寻"革命理想高于天"的信仰之光；

追寻"踏平坎坷成大道"的奋斗之光；

追寻"但愿苍生俱饱暖"的为民之光。

在我的身边有这样一束平凡的"光"：33年前，一张记者抓拍的贫困山区"大鼻涕"男孩的照片，成为希望工程的宣传照。33年后，当年的男孩成为京沪高铁济南西站一名客运值班员，担任"善辉善行”服务队队长，用轮椅小推车接送重点旅客，形成一道扶老携幼、帮难解困的“风景线”。与“善辉善行”组成“高铁儒行三‘hui’共建”服务体系的济南站“慧心暖途”、曲阜东站“小惠微善”，分别由全国五一劳动模范王孜慧、全国向上向善好青年孙鲁惠带领职工，把齐鲁大地优秀传统文化与高铁服务相结合，“老吾老以及人之老，幼吾幼以及人之幼”让线上和线下服务延伸至千里之外。

看吧，在我们国铁企业各个岗位上，微芒汇炬，点亮万里铁道线。传承半个多世纪的南京站“158”雷锋服务站，“铁路‘158’，温暖如在家”；活跃在车厢内的“海之情”服务品牌及“你是我的眼”特色志愿服务项目，关注到盲人旅客的出行需求；开遍雪域高原的“天路格桑花”、融入民族文化元素的“金花”品牌，等等。这些优秀服务品牌成果，就像那满目的星光，让铁路服务“软实力”温暖入心、璀璨生辉。

从追随光，到成为光，再到发出光，我不断寻找着、践行着自己的初心，根扎在一线，心安在车站，情系在铁路。作为一名特等站的客运值班员，我在实践优质服务内涵，努力做服务窗口的一束光。

近期，随着国家144小时免签政策实行，大量外国游客China travel打卡中国美食美景、体验东方传统文化人数激增，我的岗位济南西站的外籍旅客不断增多。7月下旬的一天，G2053次列车停止检票后，匆匆跑来4位外籍旅客，我主动迎上去，“Would you show me your information of ticket？（麻烦出示您的车票信息。）”当看到他们手机订单上显示的正是刚刚驶离的G2053次列车时，我的大脑飞速运转：列车发车无法退票，并且这是济南西站最后一趟前往青岛方向的列车。我立刻搜索济南站、济南东站、大明湖站是否还有其他车次，可惜没有了。但是他们当晚必须到达青岛，为第二天的会议活动做准备，更让他们焦虑的是身处异国手机信号不佳，打不通电话。我要来他们对接人的手机号，对接人杨先生十分焦急。我安抚他说："没关系，我先让 4 位外籍旅客在商务休息区等候，确定好方案之后您再打回来电话就行。"半小时之后，杨先生回电，会议方安排了商务车前来济南西站接 4 位外籍旅客通过高速赶往青岛，在确认好到达时间和车牌号后，我引导他们踏上行程。当我转身要离开时，其中一位外籍旅客突然喊住了我，她拿出一盒巧克力，并用英语连声致谢。出于对异国习俗的尊重，我与她共享这份甜蜜。目送他们满意而去，我的内心充满着被肯定的成就感和为中国铁路争光的自豪感。

提升与高铁技术相匹配的高铁服务品质，我与班组的姐妹们共同学习、共同实践、共同成长，各美其美、美美与共。作为山大外语专业毕业的我，担任着班组讲堂的教官，每次班前会辅导大家"学一道客运业务题、学一个交流手语、学一句外语服务常用语"。

一次齐鲁行，一世山东情。触摸华夏山河，共识中华文明，拥抱中国速度，畅想共同发展。

我们班组里这些平均年龄 28 岁的姑娘们，尝试学习多语种为四海宾朋服务，用真情服务社会，用奋斗奉献企业，挥洒汗水成就别样人生，我们既是铁路高质量发展实现目标的生力军，更是目标实现的受益者。在安全发展稳步、科技创新能力提升、客货运输服务水平增强的同时，宿舍环境"智能化"、食堂菜品"卷起来"、职工收入吃下"定心丸"，工余生活打卡"新方式"，铁路职工幸福感、获得感不断增强，这样的正向循环也催化出更积极的工作氛围。

你看，稚嫩的脸颊洋溢着笑容；你看，紧锁的眉头在渐渐舒展；你看，他的轮椅身后、她的导盲杖前，都有铁路职工奉献的身影。我们是守护安全的“螺丝钉”，是岗位建功的“排头兵”，是客运服务的“引航星”，将心比心、尽己为人，我们是中华优秀传统文化的传播者。一流的服务、一流的技能，成就一流的品牌，让旅客出行体验更美好！在实现国铁企业高质量发展中，我们就是高铁窗口的形象大使和迎宾使者！

“流动的中国”绽放着蓬勃的活力；“奋进的国铁”让世界看到高质量发展的累累硕果。借用近日外籍旅客创造的网络新词：“city 不 city”来赞美中国。让我们新时代的铁路职工执光开路、奉献拼搏，勇当服务和支撑中国式现代化的“火车头”，在本职岗位上，谱写更精彩、更豪迈、更 city 的高铁服务窗口新华章！

# 上海局集团公司

## 宣讲报告

扫码观看宣讲视频

宣讲、撰稿人员：

张　敏　周星成　李　军

张祖艳　王子亮　束　畅

蒋雨鸥　孙晶宜　徐飞强

# 大力弘扬改革创新精神
# 为服务和支撑中国式现代化作出更大贡献

《汉书》曰："革"，变也。改革即改变与革新。

2007年春运，上海站"车票大卖场"人山人海，大批旅客翘首以盼，却一票难求，售票员邹俊创下单日售出3000张车票的最高纪录！2024年春运，铁路12306系统，单日最高售出2000万张车票。从纸质车票到电子客票，这是我国春运购票变迁的真实写照，也是中国改革发展的生动缩影。

从"改革开放"到"全面深化改革"，再到"进一步全面深化改革"，总目标一以贯之，中国共产党以改革的历史自觉，把这一前无古人的开创性事业推向前进，在危机中育新机，于变局中开新局，创造了亿万人民的美好生活，赢得了百年变局加速演进中的战略主动，迈向了充满光荣和梦想的复兴之路。

党的十一届三中全会后，改革的春风吹遍大江南北，经济特区、个体经营、证券交易等新事物如雨后春笋不断涌现，一批人"先富起来”了。与此同时，人们听到了铁路六次大提速的铿锵足音，中国铁路加速驶向崭新的历史轨道……

进入新时代，党的十八届三中全会吹响了全面深化改革的号角，脱贫攻坚让近1亿贫困人口脱贫摘帽，教育医疗、收入分配、社会保障等方面推出的一项项改革举措暖了人心、聚了民心。与此同时，中国高铁从追赶到领跑，复兴号奔驰在祖国广袤的大地上，成为一张亮丽的国家名片……

如今，站在新的历史起点，党的二十届三中全会胜利召开，这既是全面深化改革的实践续篇，也是推进中国式现代化的时代新篇，进一步全面深化改革是对新时代新征程举什么旗、走什么路的再宣示，彰显了将改革进行到底的坚强决心和使命担当。

全会审议通过了《中共中央关于进一步全面深化改革、推进中国式现代化的决定》。《决定》一共15个部分60条，分三大板块，提出了300多项重要改革举措。

第一板块是总论，主要阐述进一步全面深化改革推进中国式现代化的重大意义和总体要求。第二板块是分论，以经济体制改革为牵引，全面部署各领域各方面的改革。第三板块主要讲加强党对改革的领导、深化党的建设制度改革。

人民有所呼，改革有所应。习近平总书记强调，“老百姓关心什么、期盼什么，改革就要抓住什么、推进什么”。学有所教、病有所医、住有所居、劳有所得……一项项民生问题被列入《决定》的重点改革领域。

《决定》还提出了推进铁路等行业自然垄断环节独立运营和竞争性环节市场化改革，深化综合交通运输体系改革，推进铁路体制改革等。

一子落而全盘活。2024 年 7 月 30 日，杭温高铁进入试运行阶段。这条高铁，作为国家混合所有制改革试点和社会资本投资铁路示范项目，成为民营资本参与重大基础设施建设的又一成功案例。

一技创而满行兴。CR450 高速试验列车在福厦高铁上，实现了单列时速 453 公里、交会时速 891 公里的新纪录，飞驰的高铁背后无不彰显了科技的硬核力量。

一网成而全路通。截至 2023 年底，15.9 万公里的铁路网纵横交错，4.5 万公里的高铁线交织成网，“人享其行、物畅其流”的图景加速铺展……

道路通，百业兴，人们在高铁飞驰中感受幸福，中国铁路的改革成果由全民共享！

击鼓催征，时不我待！改革只有进行时，没有完成时！

《决定》提出的总目标中，明确了到 2035 年的阶段性改革目标和“七个聚焦”的分领域改革目标，并强调到 2029 年完成本决定提出的改革任务。形成了在总目标统领之下推进改革的时间表、路线图、任务书，重点部署了未来五年的重大改革举措。

铁路作为国民经济大动脉、重大民生工程，承载着国家发展的重任和人民的期待，要紧扣进一步全面深化改革的总目标，以加快构建“六个现代化体系”为载体，全面深化改革创新，加快构建铁路现代化安全保障体系，持续深化铁路运输供给侧结构性改革，加速推进国铁企业治理体系和治理能力现代化，深入实施创新驱动发展战略，勇当服务和支撑中国式现代化的“火车头”！

习近平总书记说过：“人民是历史的创造者，人民是真正的英雄。”

这是上海虹桥站疫情后首个五一假期的图景，“铺满”旅客的候车大厅井然有序。人们出行的热情高涨代表着市场火了、经济热了、人心暖了。正如图中这句标语所写“凡人微光、汇聚成炬，中国力量、未来希望”，每个人都在奋斗的路上，努力工作、认真生活，就能汇聚成炬形成磅礴力量。

国铁集团党组指出：200 万铁路职工是永远听党话、跟党走的过硬队伍，是推动新时代铁路事业高质量发展的中坚力量。

无论是在沱沱河畔高原无人区，还是在寂寥少人的偏僻小站；无论是在热闹的候车室，还是在飞驰的列车上；还有机车、车辆、钢轨、桥隧等不同的地方，我们铁路人有千万种姿态，却有着同样的拼搏与坚守。或许我们只是轨道上最平凡的一颗螺丝钉，但微光成炬，每个人奋斗的样子，构成了今天中国铁路向“新”而行的强大力量！

一代人有一代人的长征，一代人有一代人的担当！改革蓝图已定，需要我们共同绘就！我相信，有习近平新时代中国特色社会主义思想的科学指引，有全体铁路职工汇聚起最广泛的改革力量，我们必将披荆斩棘、勇往直前，筑路架桥、通达四方！

# 南来北往　时代交响中的中国铁路

2024年春运期间，一部名为《南来北往》的铁路题材年代剧刷新了央视爆款剧播出纪录。该剧以京哈铁路为背景，以改革开放40年为跨度，展现了一群铁路人的生活缩影，见证了中国铁路从蒸汽机车到内燃机车再到高铁时代的飞速发展。

孙中山先生曾说："今日之世界，非铁道无以立国。"

新中国成立之初，全国仅有2.1万公里铁路。《南来北往》故事开始的1978年，也只增长到5.2万公里。就在那一年，党的十一届三中全会吹响了改革开放的号角，在"南攻衡广、北战大秦、中取华东""强攻京九、兰新，速战宝中、侯月，再取华东、西南"的战略部署下，一条条铁路在祖国大地上织成一张四通八达的钢铁网络。

进入新时代，党的十八届三中全会谱写了全面深化改革的新篇章，也开创了中国铁路改革发展的全新局面。

新时代壮丽的铁路发展史，无不饱含着以习近平同志为核心的党中央的亲切关怀。每每在重要节点、关键时刻，习近平总书记都会对铁路工作作出重要指示批示。正是拥有坚强领导核心、拥有科学理论指引，中国铁路才有屹立不倒的精神支柱，才能战胜一切艰难险阻，不断创造新的辉煌。

新时代，路网建设成绩斐然。从一条线到一张网，从“四纵四横”到“八纵八横”，全国路网规模和质量大幅跃升。

俯瞰中华大地，一幅美丽的路网工笔画在华北平原、东海之滨、岭南大地、西部边疆徐徐铺开。现如今，神州大地铁路密布、高铁飞驰，从此山不再高、路不再长。

2023 年 11 月 28 日，开工前勘测 6 年，线路修改近百次，建设了 12 年的川青铁路青白江东至镇江关段开通运营，填补了西部地区的路网空白，标志着四川省阿坝藏族羌族自治州从“手无寸铁”直接迈入动车时代。川青铁路为沿线带来交通便利的同时，也为当地经济建设、文化旅游提供强劲动力。

每年暑运期间，作为当前距离九寨沟、黄龙景区最近的运营车站，每天在镇江关站中转的旅客络绎不绝。“坐着高铁游九寨”已成为旅客的首选交通方式，九寨沟景区在 2024 年更是创下了接待旅客突破 200 万人次的记录。

逢山开路、遇水架桥，国铁企业正全力以赴把人民群众的期盼向往变为现实。

新时代，运输服务质量大幅提升。国铁企业始终坚守“人民铁路为人民”的初心和使命，主动承担社会责任，深化运输供给侧结构性改革。

在客运方面，供给能力成倍提升，客车覆盖了 99%的 20 万人口以上城市，高峰期“一票难求”的现象得到有效缓解。2024 年春节，伴随着《南来北往》创下收视纪录，铁路春运也创下了新纪录：累计发送旅客 4.84 亿人次，同比增长 39%。

最大限度满足旅客出行需求的同时，客运服务质量也在全面提升，来到铁路客运车站，绿色通道、便捷换乘通道等“畅通工程”方便旅客通行；登上客运列车，只需动动手指就能在餐车享受特色美食……乘坐火车逐渐成为广大人民群众出行的首选交通方式。

在货运方面，新时代前 10 年，国家铁路完成货物发送量 324 亿吨，较上个 10 年增长 21.7%。快装快卸、抢运春耕物资，优化组织、秋粮“颗粒归仓”，挖潜护能、冬煤多拉快跑，人民群众生活需要被铁路以“一张网”的优势精准保供着。通则畅，畅则兴，从“走得了”“运得出”到“走得好”“运得畅”，铁路逐渐成为人民群众获得感最强、最直接的行业之一。

新时代，发展内动力不断增强。铁路蹄疾步稳推进改革：自 2013 年撤销铁道部，组建中国铁路总公司，到 2022 年底，铁路政企分开和公司制改革基本完成，国铁企业始终争做深化国企改革的实践者和竞进者。企业“轻装上阵”的同时，混改上市也在提速加力。

被称为“班味儿”最浓的京沪高铁，作为“中国高铁第一股”，实则是一列“六边形战士”。它以我国高铁 3.7%的营业里程输送了 9.3%的旅客运量，自诞生之日起，仅用 3 年时间就实现盈利，服务质量、安全性能、科技创新持续领先，代表着我国高铁建设和运营最高水平，成为经济发展的新引擎。

国铁企业坚持向体制机制改革要动力，向优化结构布局要活力，向持续深化改革要潜力，正不断向着建设世界一流铁路企业的目标奋力前行。

风正帆悬逐浪去，奋楫争流向未来。新时代铁路发展的实践不断证明，200 万铁路人最听党的话、永远跟党走，是党最可信赖、最可依靠的产业力量。顶烈日、熬冷天、迎疾风、抗暴雨，哪里有需要就战斗在哪里；爬陡坡、攀高山、跨深沟、蹚急流，岗位在哪里就坚守在哪里。铁路人以热血赴使命、以行动践担当……

凡是过往，皆为序章。眺望实现铁路现代化的前进路，必然会面对诸多可以预见和难以预见的风险挑战，然上下同欲者胜，风雨同舟者兴，身为新时代铁路人，当以习近平总书记的亲切关怀、殷切期望为动力，以奋斗者的姿态，踏踏实实把该做的事做好，一步一个脚印地坚定前行，在铁路安全、运输、经营、建设等岗位上书写精彩人生。

最后，我以《南来北往》的一句台词作为我本次宣讲的结尾，也是祝福，火车“越跑越快，奔的是前面的红日头，甩掉的是昨日的黄昏”。祝中国铁路事业欣欣向荣，祝广大铁路干部职工幸福安康，祝我们伟大的祖国繁荣昌盛！

# “一把密钥”谱写铁路现代化的绚丽篇章

这几年在铁路职工的朋友圈，有个话题成为大家工作交流的热点。大家都在聊什么呢？聊铁路现代化和“六个现代化体系”。大家为什么这么关心这个问题，它们究竟有什么含义，又与我们职工的日常工作有何关联？今天咱们就来聊一聊。

说到铁路，大家会想到什么呢？想到世界上第一台蒸汽机车，新中国修建的第一条铁路成渝铁路，复兴号智能动车组列车，等等。这些都是大家对于铁路的感性认知。我们为什么会有这种印象呢？从近现代史的发展维度来看，铁路自诞生以来，就是工业文明的重要标志，是现代化的重要象征。铁路在国家现代化的进程中具有不可替代的重要作用。

先来聊一聊铁路现代化。铁路现代化并不是一个抽象的历史概念，而是一个具象的工作目标。2020 年国铁集团出台《新时代交通强国铁路先行规划纲要》，首次提出率先建成现代化铁路强国的战略目标。2023 年国铁集团工作会议提出国家铁路的中心任务，并于年底正式印发铁路现代化建设方案通知。所以，对我们铁路职工而言，铁路现代化就是国家铁路对标对表党的中心任务和中国式现代化战略部署而提出的战略目标。它与中国式现代化的关系，就是部分与整体的关系。铁路现代化是国家现代化的重要组成部分，是中国式现代化的铁路篇章。

再来聊一聊“六个现代化体系”。这个概念大家一定都非常熟悉——现代化铁路基础设施体系、现代化铁路运输服务体系、现代化铁路科技创新体系、现代化铁路安全保障体系、现代化铁路经营管理体系、现代化铁路治理体系。职工朋友们，仅仅知道“六个现代化体系”的内容名称是不够的。习近平总书记强调，“做到知其言更知其义、知其然更知其所以然”。“六个现代化体系”的实质是什么？它与铁路现代化和铁路高质量发展有何关联？要解答这个问题，就必须回到国家铁路的中心任务这一段重要论述。这段论述文字不多，但逻辑关系十分严密，自上而下，层层递进。

第一句，推动铁路高质量发展，这是阐明铁路改革发展的首要任务和根本主题。党的二十大报告指出：“高质量发展是全面建设社会主义现代化国家的首要任务。”我们对标党中央要求，就必须把铁路高质量发展摆在首要位置。第二句，率先实现铁路现代化，这是战略目标。第三句，勇担服务和支撑中国式现代化的“火车头”，这是战略定位。第四句，重点是构建“六个现代化体系”，这是战略安排。铁路要率先实现现代化、要当好“火车头”，就必须有一个系统的战略安排和工作方案，这就是“六个现代化体系”的实质。所以，铁路现代化与“六个现代化体系”的关系，就是总体目标与具体举措的关系。“六个现代化体系”之所以重要，因为它为服务和支撑中国式现代化提供了发展方向，为铁路现代化提供了系统方案，为铁路高质量发展提供了现实路径。

关于构建“六个现代化体系”，同志们可能还有一个小的疑问。为什么是六个，不是五个或者七个呢？这个问题的答案就隐藏在前面的修饰词里——“重点”。何为重点，重点就是主要矛盾。为何强调重点，因为铁路现代化是一项系统工程，推进系统工程必须抓主要矛盾，重点突破，以点带面。“六个现代化体系”是铁路率先实现现代化的重点工作抓手和主要工作载体！并不是全部，不是所有。这六个体系，从“三个保障”“两个体现”“一个引擎”六个方面，驱动着铁路这台超大联动机朝着现代化的目标阔步迈进。所以，这是由“六个现代化体系”自身的功能定位决定的！

最后一个问题，也是大家最为关心的问题！作为一名一线职工，这些与“我”何干，具体“我”该怎么干呢？

大道至简，实干为要！当前和今后一个时期，加快构建“六个现代化体系”，推动铁路现代化建设是全路工作的重点。作为一线职工，我们要立足本职岗位，从小事做起，在改革创新中展示作为，在提质增效中再立新功，用好“六个现代化体系”这把密钥，共同谱写铁路现代化的绚丽篇章！

作为工程设计师，要为路网建设多出一份力；作为客运值班员，要为运输服务多跑一公里；作为专业技术骨干，要为科技创新多出金点子；作为安全防护员，要为安全保障再添一把锁；作为市场营销员，要为经营创效多开动脑筋；作为机关同志，要为治理现代化多想几个好办法！全路200万职工啊，只要我们同心同力、共同接力，“六个现代化体系”的安排就一定能干完，干好！大家说有没有信心！

职工朋友们，你可曾记得，百余年前革命先驱曾立下誓言，“今日之世界，非铁道无以立国”；百余年后的今天，站在铁路现代化的关键节点上，我们要真真切切地明白，今日之铁道，必须也必将在我们肩上展翅高飞！当铁路横跨四川盆地飞跃青藏高原，当“八纵八横”全面贯通，当 CR450 高速动车组奔驰在祖国广袤的大地上，当本质安全水平、经营管理水平、现代治理水平均位居世界前列，这就是“六个现代化体系”成功构建的样子，这就是铁路现代化率先实现的样子！

# 立足平凡岗位　赓续铁路精神

历史的车轮滚滚向前，铁路精神历久弥新。从“英勇、团结、牺牲、奉献”的“二七”精神、到“报效祖国、忠于职守、艰苦奋斗、永当先锋”的“毛泽东号”精神，到“战山斗水、坚守奉献、创新争先”的成昆精神、再到“挑战极限、勇创一流”的青藏铁路精神……这些伟大的铁路精神是铁路人广泛认同的共同价值和情感基础。从历史的深处走来，它们已然成为看得见的标尺、听得见的号角。

铁路是中国共产党领导中国工人阶级登上政治舞台的最早发源地之一。百年来，面对不同时期党的使命任务，铁路人始终响应号召、听从指挥，在革命、建设、改革发展实践中形成了以“人民铁路为人民”为核心的伟大铁路精神谱系。

一代又一代铁路人，从中国铁路百年发展历程中汲取精神力量，让“人民铁路为人民”薪火相传。在伟大铁路精神谱系中，“158”精神就是其中之一。

2014 年，我非常荣幸地成为南京站“158”雷锋服务站的一员。这个被中宣部授予“时代楷模”的先进集体，五十六年如一日坚持开展学雷锋活动，形成了“敬业爱岗甘当螺丝钉，无私奉献甘当践行者，温暖社会甘当一团火”的“158”精神。在“158”，我学会了客运服务英语、手语、急救护理等技能，在一次次服务重点旅客中，我深深理解了铁路精神的核心价值，渐渐成长为旅客口中的“活雷锋”——哪里有重点旅客哪里去，哪里有应急需要哪里上！

2018 年，我心怀这份精神，高擎理想火炬，来到徐州站，加入“顺心”雷锋服务台，把“158”精神传递给更多志同道合的小伙伴。在这个新团队中，我们推出了“顺心急救”“顺心乐园”“让身份证回家”等系列服务项目，以爱心贴心服务旅客，以精心真心感动旅客，让每名旅客都能够感受到“人民铁路为人民”的初心使命。我也从一名铁路精神的向往者、学习者，成长为一名践行者、传播者。

这些铁路精神，熔铸了铁路人始终听党话、永远跟党走的红色基因，并深深融入改革发展时代脉动中，激励着一代代铁路人以永不懈怠的精神状态和一往无前的奋斗姿态，推动新时代中国铁路实现高质量发展。

伟大时代，呼唤伟大精神；崇高事业，需要伟大精神引领。

**弘扬铁路精神，需要我们追寻榜样之光，找准前行航向。**

2024 年 1 月 24 日，中宣部、国铁集团联合向全社会公开发布第六届“最美铁路人”先进事迹。他们中，有“零差错”保障列车运行安全的机械师；有扎根秦巴山区养护钢铁动脉的养路人；有驾驶复兴号驰骋雪域天路的机车乘务员；有深情浇灌民族团结之花的列车长……

他们在最平凡的岗位，迸发最美的风采，挥写最美的画卷；他们是一线岗位的星芒，是铁路人的高光，是看得见的正能量，是具象化的铁路精神。

见贤思齐，这些榜样让我们看到了理想的化身；择善而从，让我们打开了成长的方式；奋发实干，让我们在平凡岗位上，成就不凡事业！

**弘扬铁路精神，需要我们学习先进事迹，汲取奋进力量。**

“为有牺牲多壮志，敢教日月换新天”。千钧一发之际，D2809次动车组司机杨勇，用生命和鲜血践行了“随时准备为党和人民牺牲一切”的铮铮誓言。在他出生成长、奉献终身的西南大地上，“战山斗水、坚守奉献、创新争先”的成昆精神历久弥坚、薪火相传，铸就了成昆铁路推动经济发展、增强民族团结的英雄大道。

每当中央有号召、人民有需要，铁路人就会以实际行动挺身而出、积极响应。在轨道延伸的地方，铁路精神如一面催人奋进的猎猎旗帜，“一点不差，差一点也不行”，这样的铮铮誓言支撑着无数铁路人在坎坷磨难中拼搏奋起、在大风大浪中奉献担当，以爱国之情、报国之志，勇担加快发展的兴路重任，实现岗位报国的崇高理想。

这样的事迹，鼓舞我们在探索前行中磨砺自身，在厚积薄发中绽放异彩；这样的豪情，激励我们在挑战自我中开拓创新，在新时代舞台上创造新业绩、展现新作为！

**弘扬铁路精神，需要我们同心同向共为，唱响奋斗旋律。**

党的二十届三中全会审议通过的《中共中央关于进一步全面深化改革、推进中国式现代化的决定》，明确了进一步全面深化改革，要聚焦提高人民生活品质，坚持以人民为中心，解决好人民最关心最直接最现实的利益问题，不断满足人民对美好生活的向往，这对提升铁路客运服务水平、对我们的工作提出了更高要求。

“知之不若行之”，弘扬铁路精神，致敬铁路榜样，最关键在于学做合一、知行合一。此时此刻，以“人民铁路为人民”为核心的伟大铁路精神，正在激励着千千万万的铁路人。

我是高铁司机，我在工作中充分预想、精心操纵，努力实现级位与速度的完美结合，让列车更快更稳的运行！

我是列车员，我在工作中一心服务旅客、视旅客为家人，展示中国高铁的高品质服务，让人民群众在美好体验中愉悦出行！

我是线路工，我把“列车安全通过”视为一切工作的底线和神圣职责，在冰凉的钢轨上，播洒工务人奋斗的热血人生！

我是检车员、我是货运员、我是客运值班员……千千万万个“我”，正以实际行动积极投身铁路事业，践行“人民铁路为人民”的庄严承诺！

辞家壮志凭一剑，报国先声震两河。让我们从榜样的先进事迹中萃取力量，传承弘扬伟大铁路精神，踔厉奋发，勇毅前行，奋力谱写铁路高质量发展新篇章！

# 构建企业与职工命运共同体 共建共享铁路高质量发展成果

现如今，铁路人在朋友圈花式“晒幸福”已经成了常事：“‘智慧食堂’靠脸吃饭可还行？”“乘务员专属‘主题酒店’羡慕了吗？”“多功能活动室乐趣翻倍玩到嗨！”林林总总的话语虽然朴素，但字里行间却流露出身为铁路人满满的骄傲和自豪。

党的十八大以来，国铁企业承载强国重任、肩负先行使命，一路向前奔赴远方，在服务党和国家工作大局、服务人民群众出行的同时，也在尽最大努力满足广大职工对美好生活的新期待。在推动铁路高质量发展、率先实现铁路现代化的新征程上，共建共享是我们画出的最大同心圆，也是我们前行道路上最亮丽的风景。

企业和职工的关系犹如“鱼”和“水”，是荣辱兴衰相依的命运共同体，企业发展了，职工才能共享发展成果；职工共同努力，才能推进企业发展。实现铁路高质量发展，我们既是推动者又是受益者。

我们每一个人都有对美好生活的无限向往，期盼有更满意的工资收入、更高的生活品质、更优美的工作环境、更舒适的居住条件，以及更丰富的文化生活。这一目标也正是国铁企业各级组织的努力方向，是铁路高质量发展的应有之义，我们为率先实现铁路现代化共同奋斗的过程，也必定是共享铁路现代化发展成果的过程。我们只有树牢主人翁意识，自觉地与企业同呼吸、共命运、心连心，才能在推动铁路高质量发展实践中共担责任、共解难题、共享成果。

从职工关心的事情做起，从急难愁盼问题入手，国铁企业持续改善职工生产生活条件，深入落实国家创新驱动发展战略，持续推动 5G、人工智能、大数据、云计算、物联网、工业互联网等智能科技与安全生产、运输经营等深度融合，铁路技术装备体系发展取得重大突破。CTC 调度集中控制系统、北斗惯性组合导航铁路轨道几何状态测量仪、电子客票和电子货票、动车组车底检修机器人……通过现代化技术装备的引用投入，“硬件”设备水平不断提高，既提升了工作效率，又减轻了工作负担。随着科技进步和先进技术的推广应用，铁路职工的作业条件越来越好，工作也更加轻松。

从生活线到文化线，再到卫生保健线，铁路“三线”建设温暖着每一名铁路职工。国铁企业结合标准化站段、车间和班组建设，持续加强铁路“三线”建设投入力度，积极打造“职工之家”“职工书屋”“铁路爱心屋”“青年之家”“健康管理室”和职工文体活动中心等场所及设施，铁路职工的生产生活条件，特别是沿线职工的生产生活条件一天比一天好，精神文化生活更加丰富多彩。

企业的发展离不开职工，职工的成长也离不开企业，只有企业发展了，职工才能有更好的发展平台。在推进铁路高质量发展的过程中，一个个铁路人努力奔跑、追梦前行，借助铁路广阔的舞台，通过自己的努力实现了个人价值的不断升华。

昆明机务段“90后”动车组司机胡坚，值乘中老铁路开通运营首发列车，代表200万铁路人向习近平总书记报告首发列车准备情况，成就了人生中的高光时刻；全国劳动模范杭州客运段甬广车队队长陈美芳，胸怀职业理想，为旅客带来春天般的温暖，通过刻苦学习和不懈奋斗，从普通的劳务工转为合同制职工，一步步成长为享誉全国的先进典型；还有最美铁路人，成都客运段集动二队列车长阿西阿呷，扎根“慢火车”28年，陪伴彝族同胞迈上求学路、求医路、团结幸福路、脱贫致富路，用坚守实干、真情奉献，弘扬了“战山斗水、坚守奉献、创新争先”的成昆精神，像盛开在大凉山上永不凋谢的索玛花，影响和激励一批又一批铁路职工默默扎根、向上生长。

一滴水只有融入大海才永远不会干涸。实现人生价值，离不开个人的奋斗努力，更离不开企业提供的广阔舞台。当我们把自身的小我融入企业的大我，不断强化价值共识，推动价值共融，铁路事业就能不断向前发展，我们个人价值也必将得到体现和升华。

天上不会掉馅饼，好日子绝不是张张嘴喊来的，必须是搏尽每分力干出来的。只要我们心往一处想、劲往一处使，就一定能汇聚攻坚克难的强大合力。只要我们立足岗位、履职尽责，以钉钉子精神做好身边的每一件小事，就一定能在铁路高质量发展实践中把日子越过越红火。

亲爱的职工朋友们，党的二十届三中全会擘画了进一步全面深化改革、推进中国式现代化的宏伟蓝图，国铁集团党组提出以全面深化改革创新为动力、加快构建“六个现代化体系”的目标任务。

征途漫漫，惟有奋斗。让我们牢固树立命运共同体意识，万众一心，再创佳绩，勇当服务和支撑中国式现代化的“火车头”，为以中国式现代化全面推进强国建设、民族复兴伟业贡献铁路力量！

# 南昌局集团公司

## 宣讲报告

扫码观看宣讲视频

宣讲、撰稿人员：

沈青青　李佳龙　胡轩烨

于永生　李　军　邹碧峰

邹靖翀　鞠　蓓　胡雅婷

刘　慕

# 坚持以人民为中心
# 进一步全面深化国铁企业改革

## 深刻领会、牢牢把握党的二十届三中全会精神。

江山就是人民、人民就是江山。从石库门到天安门，从兴业路到复兴路，我们党靠人民而兴、因人民而强。在北京的西长安街上，有一座看似“神秘”的宾馆，它有着中国“会场之冠”的称号，这就是京西宾馆，党的十一届三中全会和党的十八届三中全会都曾在这里召开。

山一程、水一程。当时间来到 2024 年 7 月，党的二十届三中全会在北京胜利召开。这次全会是在以中国式现代化全面推进强国建设、民族复兴伟业的关键时期召开的一次十分重要的会议。

决定，相信在座的每一位职工都做出过。我们高考填志愿，要做决定；大学毕业，选择来铁路工作，更是人生中最重要的一次决定。这次全会，我们党，也做了一个决定，这个决定是全会最重要的成果，那就是审议通过了《中共中央关于进一步全面深化改

革　推进中国式现代化的决定》。《决定》字句间，饱含着深厚的人民情怀。“改革开放是亿万人民自己的事业”，正如习近平总书记强调的，“为了人民而改革，改革才有意义”。

学习好贯彻好全会精神是当前和今后一个时期全党全国的一项重大政治任务。重点学什么？习近平总书记为我们指明了方向，就是要深入学习领会全会精神，深刻领会和把握进一步全面深化改革的主题、重大原则、重大举措、根本保证。善于从纷繁复杂的矛盾中把握规律，是行之有效的方法论。我想，掌握这四个要点，有纲举目张之效。

“主题”是推进中国式现代化。

“重大原则”也就是“六个坚持”原则。这“六个坚持”，是对改革开放以来特别是新时代全面深化改革宝贵经验的科学总结。

“重大举措”是锚定关键领域，凸显改革锐度。《决定》共提出300多项重要改革举措。特别是在构建高水平社会主义市场经济体制中，明确提出推进铁路等行业自然垄断环节独立运营和竞争性环节市场化改革。

“根本保证”就是党的领导。

**深刻认识和把握“六个坚持”重大原则，坚持以人民为中心的改革价值取向。**

“六个坚持”是一个有机整体。《决定》强调要“坚持以人民为中心，尊重人民主体地位和首创精神，人民有所呼、改革有所应，做到改革为了人民、改革依靠人民、改革成果由人民共享”。

为了人民而改革，改革才有意义。14年前，一位年轻的妈妈背着巨大的行囊，在南昌火车站赶车，这一幕感动了亿万网民，大家亲切地称她为“春运母亲”。14 年过去了，曾经的她，返乡需要三天两夜，如今高铁通到了家门口，她的生活因铁路的改革发展，发生了翻天覆地的变化。我们铁路抓改革、促发展，在座的小伙伴们没日没夜地奋战在铁路一线，不就是为了让人民过上更好的日子吗？

依靠人民而改革，改革才有动力。一部改革开放史就是一部我党践行初心使命的历史。左边是 1978 年的老南昌站，改革开放、人潮涌动、一票难求，右边是今天的南昌站新站房，宽敞明亮、高铁飞驰、随到随走。从绿皮火车到复兴号，中国铁路旧貌换新颜。在座的各位想想，这些年来，我们的食堂伙食是不是越来越营养？我们的单身宿舍条件是不是越来越好？我们的作业环境是不是越来越人性化？作为铁路职工的我们，正在享受着铁路改革发展带来的红利。

**坚持以人民为中心，进一步全面深化国铁企业改革。**

在讲这部分内容前，先问大家一个问题，紧紧围绕推进中国式现代化进一步全面深化改革，最需要依靠的是谁？最需要依靠的就是人民。

同理，国铁企业改革发展，最需要依靠的是我们在座的每一名职工。我们要传承铁路“始终听党话，永远跟党走”的红色基因，全心全意依靠职工、切实维护职工权益、充分调动职工积极性、主动性、创造性，确保国铁企业改革始终沿着习近平总书记和党中央指引的方向前进。

国家安全是中国式现代化行稳致远的重要基础。我们要始终坚持“人民至上、生命至上”的理念，确保高铁和旅客列车安全万无一失。危急时刻，“最美铁路人”动车组司机杨勇，撂下保护旅客生命安全的最后一把闸，他用生命践行了“人民铁路为人民”的宗旨。铁路安全作为国家安全的重要组成部分，任何时候都必须紧紧抓在手上。

进一步全面深化改革，要聚焦提高人民生活品质。我们都知道，上海局集团公司有个昵称叫“动局”，因为上海局集团公司动车组列车数量全路第一。我们南昌局集团公司也有昵称，叫“套局”，因为套跑的旅客列车特别多。但是我想，无论是“动局”还是“套局”，在周末、节假日等繁忙时段，既要用足高铁、又要用活普铁，才能更好满足人民群众出行需求，要积极开发适老化客运产品，更好服务银发经济，要深入开展列车餐饮提质专项行动，更好提供“一盒好饭”。只要我们坚持以人民为中心，就一定能让人民在共享铁路现代化成果中，有更多更强烈的获得感、幸福感、安全感。

再高的山、再长的路，只要我们锲而不舍地前进，万里铁道线，终有到达目的地的那一天。到 2035 年，我们将率先建成现代化铁路强国。回望，走过不凡历程；远眺，充满梦想荣光。让人民生活幸福是“国之大者”。新征程上，中国铁路将始终坚持以人民为中心的改革价值取向，进一步全面深化改革，实现更高水平的人享其行、物畅其流，安全优质、人民满意，用责任和担当真正践行“人民铁路为人民”的铮铮誓言！

# 坚持人民至上<br>在实现铁路现代化中奋楫争先

请大家跟着我，沿着长安街继续向前走，一座宏伟的建筑映入眼帘，这是一座由人民设计、人民建造、造福于人民的议政大厅，是党和国家领导人与人民群众一起共商国家大事的地方。您看，从水天一色、满天星斗的天花板，大家能猜出是哪吗？没错，这就是人民大会堂。

再问大家第二个问题：进入新时代，中国社会的主要矛盾是什么？我和大家再一起来复习一下："中国特色社会主义进入新时代，我国社会主要矛盾已经转化为人民日益增长的美好生活需要和不平衡不充分的发展之间的矛盾。"中国社会的主要矛盾发生转变，人民对美好生活的向往就是我们奋斗的目标。

党的二十届三中全会审议通过的《中共中央关于进一步全面深化改革、推进中国式现代化的决定》，凝结着党和人民全面推进中国式现代化的实践经验和集体智慧，强调进一步全面深化改革必须

“聚焦提高人民生活品质”。

立足铁路事业，该如何“提高人民生活品质”？

全国人大代表，国铁集团董事长、党组书记刘振芳表示，“未来五年乃至今后一个时期，国家铁路的目标任务是推动铁路高质量发展，率先实现铁路现代化，勇当服务和支撑中国式现代化的‘火车头’，重点是构建‘六个现代化体系’”。只有现代化的铁路，才能真正提高人民生活品质。

作为万里铁道线上的平凡一员，我们又如何在实现铁路现代化中奋楫争先呢？大家不必急着回答，跟着我往下走，相信每个人都能找到属于自己的答案。

我是一名来自一线的火车司机，今天，在这里给出我自己的答案。

截至 2023 年底，全国铁路营业里程达到 15.9 万公里，其中高铁 4.5 万公里。握紧手中这把闸，在路上，我见证了路网规模质量明显提升，“八纵八横”高铁主通道加密成型；在路上，我载着各族人民畅游祖国的大好山河；在路上，我看着货物沿着“一带一路”成列成列地驶出国门。这，就是构建现代化铁路基础设施体系的有力回答。

在你我身边，有这样一位“最美铁路人”，相信大家对她都比较熟悉，有没有朋友知道她的名字？没错，她就是党的二十大代表，咱们上海局集团公司上海客运段的顾蓉。她是中国第一代动车组列车长，二十多年来她始终用心运载幸福，用爱传递真情，将“东方情”服务品牌的故事带到了人民大会堂。我身边也有这样一位榜样，他是南昌局集团公司动车组司机陈承仪，扎根铁路 31 载，他是熟练掌握4种车型7种不同编组的全能型动车组司机，被誉为“海西第一闸”。他们坚持服务至上，保障列车安全正点，让旅客“幸福感”加码，让货主“满意度”升级。这，就是构建现代化铁路运输服务体系的有力回答。

2024年6月，复兴号高速列车项目荣获2023年度国家科学技术进步奖特等奖，复兴号承载着中国制造的自豪，更承载着人民的期盼。国家科技进步奖一等奖获得者单杏花，见证中国铁路客票系统信息化从无到有、从有到优的全过程，以科技创新助力人民出行，正是因为把人民的需求时时放在心上，才点亮了中国铁路的科技创新之路。这，就是构建现代化铁路科技创新体系的有力回答。

时间拉回到我刚入路那年，那一年我与我的师父签订了师徒合同，那一年他在国铁竞赛中过五关斩六将，以理论实作双满分的成绩夺得冠军。我始终忘不了他对我的叮嘱，他说：“我们是守护旅客生命安全的最后一道闸。”精准执标，呼唤应答是对所有旅客的庄严承诺；确保高铁和旅客列车安全万无一失，是我们铁路人的铮铮誓言。这，就是构建现代化铁路安全保障体系的有力回答。

2023年，我们实现了运输业持续增运增收、非运输业健康发展，合资铁路公司持续高质量发展，实现国铁控股运营合资铁路公司整体盈利，利润总额创历史最好水平。这，难道不是构建现代化铁路经营管理体系的有力回答吗？

铁路是中国特色社会主义的重要物质基础和政治基础，国铁集团30余家所属企业及三级公司的公司制改革基本完成，110项改革措施全部落实到位。这，就是构建现代化铁路治理体系的有力回答。

提出问题，给出答案。在党的坚强领导下，铁路人始终践行

“人民铁路为人民”的宗旨，坚持人民至上、站稳人民立场。把满足旅客、货主日益增长的美好生活需要作为工作重心，以“人畅其行、物畅其流”作为工作目标。从开往山村的“慢火车”到尽情奔驰在祖国广袤大地上的复兴号，从嘉兴南湖的一叶红船到开满格桑花海的青藏“天路”，在中国式现代化新征程的道路上，我们始终步履铿锵。

# 挑战极限创一流　人民铁路为人民

在咱们国家呀，有一条世界上海拔最高的铁路，被称为神奇的天路，大家知道是哪条铁路吗？没错，就是青藏铁路。2006 年 7 月 1 日，青藏铁路全线开通运营，这条神奇的“天路”彻底结束了西藏不通火车的历史，在建设的过程中形成了挑战极限、勇创一流的青藏铁路精神。这是一条藏族同胞与全国各族人民的连心路，是雪域高原迈向现代化的腾飞路，也是人民铁路为人民的最好诠释。

今天，让我们走进这条神奇的“天路”，共同感受“挑战极限　勇创一流”的青藏铁路精神。

## 一、不畏艰险的英雄气概——“挑战极限”。

青藏高原，被称为地球第三极，这里有苍茫雪域，巍峨昆仑，极尽雄浑壮美。但是这里高寒缺氧，群山阻隔，冰雪覆盖，是地球上最难以到达的地区之一。

早在 1919 年，孙中山先生在《实业计划》中就规划了高原铁路的宏伟蓝图，那时战乱动荡，国力凋敝，修建高原铁路这一计划注定无法实现。但中国人从未向命运屈服，经过几代人的不懈努力，这个伟大的梦想逐渐变得清晰起来。几代铁路建设者为了国家发展、民族复兴和人民幸福的需要，义无反顾地集结到被世人称之“畏途”的青藏铁路建设第一线，向生命极限发起冲击。整个青藏铁路加上勘测共修建了 51 年，总长度达 1956 公里。筑路大军不辱使命，实现了青藏铁路设计时提出的“冻土区行车速度达到 100 公里 / 时，非冻土区行车速度达到 120 公里 / 时”的高标准。

## 二、攻克多项世界性的难题——“勇创一流”。

习近平总书记指出：“同困难作斗争，是物质的角力，也是精神的对垒。”在高原上工作，最稀缺的是氧气，最宝贵的是精神。铁路人始终牢记党和人民的重托，把国家需要和人民利益镌刻心中，不惧艰险，迎难而上。

战高寒缺氧。青藏铁路沿线海拔 4000 米以上的地区有 960 公里，许多地方常年温度不超过零下 10 摄氏度，在海拔 4000 米以上的地方缺氧容易造成呼吸困难、头痛头晕，甚至会诱发危及生命的高原病。为了保证每个人的生命安全，铁路沿线共配置了 17 座制氧站和 25 个高压氧舱，为工程建设者们圆满完成了建设使命提供了坚强后盾。

斗多年冻土。青藏高原是我国最大的一片冻土区，夏季冻土发生融化，体积缩小，钢轨也随之降下去，冻土的反复冻结、融化交替，整个钢轨会出现高低不平，为了解决冻土的技术问题，工程建设者们对多年积累的大数据进行比对，根据不同地段和季节的特点一举攻克了这类难题。

护脆弱生态。今天的青藏铁路是“绿色天路”。为了守护好高原的生灵草木、万水千山，把生态安全的理念贯穿入铁路建设与运营每个阶段。为保护好远珍稀野生动物，铁路选线尽量避开野生动物栖息地；为减少对生态环境的影响，铁路建设者全面实施“宜乔则乔、宜灌则灌、宜草则草”的沙害治理和绿色天路工程；改善了当地人民的生活环境。

让我们再来加深一下印象：“挑战极限”，是广大铁路建设者在“生命禁区”，以不畏艰险的英雄气概和求真务实的科学态度，挑战生理心理极限的伟大壮举，“勇创一流”是广大铁路建设者攻克“多年冻土、高寒缺氧、生态脆弱”三大世界性工程难题的卓绝表现，建设世界一流的高原铁路。

## 三、精神引领，以传承诠释担当。

党的二十届三中全会强调进一步全面深化改革，以促进社会公平正义、增进人民福祉为出发点和落脚点，把“坚持以人民为中心”作为必须贯彻的重大原则之一。这充分体现了中国共产党为人民谋幸福，为中华民族谋复兴的初心和使命，凸显了进一步全面深化改革的价值取向。

近年来，全路上下深入学习贯彻习近平总书记关于发扬“两路”精神和青藏铁路精神的重要指示批示精神，为使精神落地，让一个个“难题”变为“奇迹”，让人民“所想”变成“现实”，为勇当服务和支撑中国式现代化的“火车头”提供强大的精神动力。

就以我们南昌局集团公司为例：南昌局集团公司地跨闽赣两省，“八山一水一分田”的福建素有“闽道更比蜀道难”之称，南铁人传承“坚定执着追理想、实事求是闯新路、艰苦奋斗攻难关、依靠群众求胜利”的井冈山精神，迎难而上，把“天堑”变“坦途”。我们环山绕海织密铁路网，平潭海峡风高浪急，地形复杂，每年 6 级以上大风超过 300 天，号称东方百慕大的建桥禁区就在这里，福平铁路建设者们劈波斩浪，一桥飞架，再次书写“逢山开路，遇水架桥”的奋斗奇迹。

我们智绘山海新蓝图，开启中国沿海智能高铁建设新篇章，建成中国首条跨海高铁福厦高铁，先后跨越湄洲湾、泉州湾、安海湾穿越乌龙江、九龙江等大江大河，集结了多座世界级跨海桥梁在海上穿行，也正是在这里创下了 CR450 高速动车组交会试验 891 公里的世界纪录。从此坐着高铁看大海走进了现实，让沿线地区百姓奔向更加美好的幸福生活。

路虽远，行则将至；事虽难，做则必成。当建功立业的接力棒交到新一代铁路人手中时，200 万铁路人早已做好准备，用青藏铁路精神托举梦想，他们始终坚持“人民铁路为人民”的初心，在实现两个一百年奋斗目标的前进道路上奋勇前行，在实现中国梦的伟大征程上铸就新的辉煌。

在今天这样一个特殊的时刻，我非常想用一首歌曲来表达咱们人民铁路为人民的初心，给大家一点提示，在拉萨站伴随着每趟列车发车时的汽笛声，广播里就会播放一首熟悉的旋律，就是《天路》。现场会唱的小伙伴可以跟我一起唱！

“那是一条神奇的天路，把人间的温暖送到边疆，从此山不再高路不再漫长，各族儿女欢聚一堂。幸福的歌声传遍四方。”

# 万里铁道线　人民铁路铸辉煌

翻开中国地图，从墨山苍翠到彩云之南，从中原腹地到黄河之滨，中国铁路紧密相连。一百年来，中国铁路从无到有，由弱到强，铁路人“始终听党话，永远跟党走”，在伟大斗争中沉淀坚韧不拔的意志，在历史洪流中铸就忠诚担当的品质。

回望百年前的中国铁路，运营里程少、等级低、设备落后，甚至鲜有中国人自己修建的铁路，而京张铁路却是中国历史上第一条自行设计，自主修建、运营的铁路，它的设计师被称之为中国铁路之父，没错，他就是詹天佑。

时间追溯到69年前，在江西省贵溪市耳口乡圳上村，有一户人家的大门与鹰厦铁路相隔不过10米，这户人家门前的路基上，立着一块矮矮的水泥公里标：K33。顺着公里标望向远方，一侧是高耸的大山，另一侧是奔腾不息的河流，无论什么人行到此处都必须止步，前方除了山还是山，无路可走。

在当时技术、设备极其有限的情况下，杨树排长率领的战士们，仅凭顽强的毅力和简陋的人力工具在此处开凿隧道。然而，就在隧道即将贯通的那一刻，一场突如其来的大面积塌方，将 40 多名战士，其中最小的年仅 20 岁，全部掩埋在了隧道之中。他们的生命永远定格在那一刻，但他们的精神却如同璀璨的星辰，永远照耀着后人。为了纪念和缅怀这些英勇的烈士，后来，人们将这座隧道命名为“杨树排”隧道。“杨树排”的位置就在鹰厦线 33 公里处。

鹰厦铁路始于江西鹰潭，穿越武夷山、戴云山，跨越海峡，全长达 705 公里。为连接厦门岛，须填海筑堤，在厦门岛与大陆间建一条海堤，在堤上通行火车，此工程浩大且难度极高，为我国交通史上罕见之壮举。

1954 年，由铁道兵第七师负责填海工程。工程中，动用了近百艘渔船、3000 名石匠，从附近小岛开山采石，运到海上填海筑堤。工人们顶着狂风巨浪，踏入齐腰深的海水，肩扛沉重的石料，艰难前行，每一步都深陷淤泥。风雨中，他们满身泥水，却毫不退缩。经过 6 个月的努力，一条 5 公里长的石堤就横跨在厦门岛与大陆之间。

1960 年秋，朱德委员长为了表彰筑路军民在我国铁路建设史上创造的丰功伟绩，题下了“移山填海”四个大字。

百年铁路，历经风霜。进入新时代，中国铁路呈现一派欣欣向荣的气象。历史一再证明，鲜红的党旗指向哪里，铁路人奋斗的脚步就迈向哪里。

2008 年 8 月 1 日，我国首条设计时速 350 公里的高速铁路——京津城际开通运营，随着高铁线路连线成网，中国人民也开始在创新制造、便利生活的“高速轨道”上奔驰前行。中国高铁快速发展，大家还记得京沪高速铁路建成通车的具体时间吗？2011 年 6 月 30 日，京沪高速铁路建成通车，是世界上一次性建设里程最长、技术标准最高的高速铁路。2017 年，我国自主设计的标准动车组——复兴号正式上线，如今覆盖了 31 个省区市，从此高原、高寒、风沙地带也飘起了“中国红”；2019 年，采用自主研发北斗卫星导航系统的京张高速铁路开通运营……线路延伸、车体更迭，广大的铁路工作者深深扎根于铁路事业的每一寸土地，守正创新，开辟新领域，探索新路径，把思想铺就祖国大地，把科技成果应用于万里铁道线，构建起全世界最发达的铁路交通网。

从一条线到一张网，从“四纵四横”到“八纵八横”，全国路网规模和质量大幅提升。现如今，神州大地铁路密布、高铁飞驰，从此山不再高、路不再长，各族儿女欢聚一堂。

党的十八大以来，每每在重要节点、关键时刻，习近平总书记都会对铁路工作作出重要指示批示，为铁路高质量发展提供了根本遵循，推动铁路取得一系列突破性重大成就。正是拥有坚强的领导核心、拥有科学理论指引，中国铁路才有屹立不倒的精神支柱，才能战胜一切艰难险阻。站在新的历史起点上，我们要深入学习贯彻党的二十届三中全会精神，始终秉持越是艰险越要向前的英雄气概，保持敢教日月换新天的昂扬斗志，在新时代新征程上，让我们以热血赴使命、以行动践担当，以改革创新的精神和勇气加快构建“六个现代化体系”，为奋力推动铁路高质量发展、率先实现铁路现代化贡献自己的力量。

# 努力当好旅客的贴心人

2016 年春节前夕，在江西井冈山，贫困户张成德的老伴拉着习近平总书记的手激动地说：“感谢您来看我们，您可是国家的当家人啊。”大家知道总书记是怎么回答的吗？习近平总书记接过话茬：“是人民当家作主，我们是人民的勤务员，帮你们跑事的。”

习近平总书记在党的二十大报告中指出：“要不断实现人民对美好生活的向往！”党的二十届三中全会强调，“进一步全面深化改革要总结和运用改革开放以来特别是新时代全面深化改革的宝贵经验”。“坚持以人民为中心”是其中一条重要原则。

我作为一名铁路客运人员，在聆听学习习近平总书记的重要讲话后，倍感振奋。工作 16 年来，我扎根在南昌站“红土情”服务台，与同事们服务重点旅客 36.6 万多人次，收到表扬信 1800 多封、锦旗 400 多面，我们的贴心服务不仅给旅客提供了更美好的出行体验，也得到了广泛的点赞好评。

车站客运服务工作看似简单，想要干好却不是一件容易的事情，必须练就十八般武艺。刚参加工作时，我连东西南北都分不清，好几次被旅客问得无所适从。有一次，一位没有赶上车的旅客急匆匆地跑到服务台，让我给他提供一个最快的改签方案。因为业务不熟练，我手忙脚乱，师父看到后迅速支援，三下五除二就帮旅客办好了改签的手续。这件事情也让我觉得很惭愧。后来，我开始在学技练功上发力，除了学规章、默画铁路运行图、背列车时刻表，还拜南丁格尔奖获得者邹德凤为师，学习一些常见病症的急救知识和技能，考取了红十字会救护员证；加入志愿服务队，到社区养老院和儿童村献爱心、送温暖，同时提升跟老人孩子打交道的技巧；我学会了常用英语、手语，以及修行李箱、修拉链等技能。此外我还熟悉车站附近的公交乘车点和旅游公交线路，把路边的餐馆、医院、旅馆手绘在城市地图上熟记。如今，我能熟练地为外地游客介绍江西各地旅游景区和美食“打卡”攻略。说到这儿，我来考考大家，“落霞与孤鹜齐飞，秋水共长天一色”写的是哪里的景色？是滕王阁。江西除了美景还有美食都很不错！像南昌的瓦罐汤、拌粉、炒粉啊，都非常有名。欢迎大家来南昌旅游，打卡，我在南昌站的“红土情”服务台等大家。说到我们“红土情”服务台，还有不少故事呢。

记得有一次，我正在服务台值班，老远就看到一位男旅客背着一位老人，浑身大汗淋漓，满脸涨得通红，边上的大姐背着被褥、手上拎着大包小包、拿着 X 光片。由于男旅客体力不支，背上的老人正在往下溜。我看见后赶紧推了个轮椅跑过去扶老人坐好。这时男旅客告诉我，身患重病的老父亲治疗无望，准备返回老家。听到这些，我心里有些难过，就想帮他们一把。去站台的路上要经过一段大斜坡路，为了防止老人摔下轮椅，我就顶着轮椅一点点倒退着走，不一会儿就满头大汗，200 多米的距离走了近 10 分钟。快上车的时候，老人突然紧紧拉住我的手不松开，喉咙一个劲儿地滚动着，眼泪止不住地往下流。他的女儿就问："爸爸，你是不是想要谢谢这位工作人员？"理解了老人的想法后，他的女儿一边流着眼泪一边哽咽着向我道谢。不过是举手之劳，却让这位时日无多的老人感受到了莫大的安慰，我深深地认识到：用心用情为旅客排忧解难，让他们的出行体验更美好，就是客运服务最大的价值，也是干好客运服务的真谛。这些年，我们服务台与时俱进，摸索提炼出了"七心"服务工作法，把亲情服务网织得越来越密。以我名字命名的劳模创新工作室，帮助一批批年轻客运员迅速成长，成为客运一线的骨干力量。

近年来，南昌站的旅客越来越多，对于客运服务的考验也越来越大。2021 年暑运的一天，持续的暴雨造成多趟列车晚点、停运，我和同事们按照车站应急预案妥善应对。而随着时间的推移，有部分旅客的情绪越来越急躁，把服务台围得是里三层外三层。面对一连串高声问询、斥责，甚至有少数旅客情绪失控后的不理智行为，我和同事放下心中的委屈，各自坚守岗位，一遍遍耐心地解释、安抚，跟沿途车站和晚点列车长确认情况，给旅客办理换乘、改签、退票等手续。喉咙疼得讲不出话来，就用纸和笔交流。直到把最后一批滞留旅客送上列车，大家才长舒一口气。10 多个小时的紧张忙碌，让我的嗓子完全说不出话来，两条腿像灌了铅一样沉。干客运服务总会遇到各种各样的突发状况，但是只要穿上制服、走上岗位，我就会面带微笑，把温暖留给旅客。

16年来，我和同事们当过视力障碍旅客的眼睛、残疾人的拐杖、聋哑人的知音，还客串过旅客的家人。干客运服务这么多年，也让我明白了一个道理：你把旅客当亲人，旅客也会拿你当亲人。无论是第一次还是来过很多次的旅客，只要到了车站，只要有需求，我们就会用心用情服务，让他们感受到家的温暖！

一枝一叶总关情，点点滴滴见初心。人民立场是中国共产党的根本政治立场。新征程上，我们将深刻感悟习近平总书记“我将无我，不负人民”的深厚情怀和初心使命，勇当服务和支撑中国式现代化的“火车头”！

# 广州局集团公司
# 宣讲报告

扫码观看宣讲视频

宣讲、撰稿人员：

何志文　张晓敏　茹德玖

王　蕾　匡建濠　肖一鸣

罗　劲　胡胜清　郭　成

# 春风怒放

1934 年，沈从文从北京回湖南湘西探望病重的母亲，临行前与夫人张兆和约定，每天给她写一封信，报告沿途所见所闻，最终著成《湘行散记》。

在 20 多天的行程中，他细致描绘了乘坐火车、汽车、轮船，辗转多地所看到的沿途风景和个人感受。其中有一封信这样写道：“我有点点不快乐，便是路上恐怕太久了点。听船上人说至少得四天方可到辰州，也许还得九天方到家，这分日子未免使我发愁。我恐怕因此住在家中就少了些日子。但我又无法把日子弄快一点……”

合上书本，时光流转 79 载，来到 2013 年。

这一年 11 月 3 日，习近平总书记来到湘西十八洞村，首次提出“精准扶贫”。自此，全国上下齐心协力投入到这场伟大的攻坚战中。道路通，则百业兴。中国铁路勇担使命，加大对贫困地区铁路建设的投入力度。2021 年 12 月 6 日，G9693 次列车从吉首东站驶出，被誉为“最美扶贫高铁”的张吉怀高铁开通。这条高铁将张家界、凤凰古城、芙蓉镇等地“串珠成链”。

千年梦想一朝圆。神秘湘西从此阔步迈向新时代。

我常常想，如果那时沈从文先生有这样一张高铁票，他从北京到凤凰最快只需 8 小时，或许他就不会苦于一路的舟车劳顿，或许陪伴病重母亲的日子就能更久一点。

从 20 天到 8 小时，这是中国铁路高速发展的见证。

从 20 天到 8 小时，让更多在外的游子回得了家乡，到得了远方，更让中国人挺直了腰杆，昂首站在时代的潮头。

一枚硬币在时速 300 公里的车厢内坚持 8 分钟不倒的新闻，大家都不陌生。在 2008 年我国的首条高铁京津高铁开通时，这神奇的一幕发生了，让国内外网友惊呼不已。

15 年后，2023 年 10 月，被称为中印尼共建“一带一路”倡议金字招牌的雅万高铁开通，更是引来很多外国友人争相体验高铁立硬币。雅万高铁让印尼人民进入高铁时代，也向世界宣告中国高铁的强大技术。

百余年前，“中国铁路第一人”詹天佑带领第一批铁路人跋山涉水圆了中国铁路梦。一百多年来，中国铁路从时速 35 公里到 350 公里，从原来蒸汽机车到如今的智能高铁，中国铁路完成了从跟跑并跑到领先领跑的华丽蜕变。

特别是在党的十八大以来，中国铁路事业更是取得了历史性成就，发生历史性变革，成为新时代中国特色社会主义事业的精彩缩影。习近平总书记指出，“高铁是我国装备制造的一张亮丽的名片”“高铁技术树起国际标杆”。

通则畅，畅则兴。蜿蜒在大山深处的公益“慢火车”，慢出时代温度，变身致富“快车”，把人民群众的期盼向往变为现实，共同绘就乡村振兴新画卷。这一刻，我们践行了“人民铁路为人民”的宗旨。

当今，中国铁路足迹遍及亚洲、欧洲、北美洲、非洲，中欧班列通达欧洲 25 个国家 200 多个城市，成为名副其实的亚欧贸易“黄金通道”。西部陆海新通道与中欧班列有机衔接，构建了“一带一路”沿线国家与中国西部地区物流运输完整环线。丝路通途，美美与共。这一刻，我们牢记“国之大者”，胸怀“两个格局”，让中国铁路“走出去”，当好“开路先锋”，共建人类命运共同体。

春风怒放花千树，当惊世界殊。当我们回首来时路，不难发现，中国铁路取得的伟大成就，与党中央的坚强领导、国家的决策部署和广大铁路人的艰苦奋斗密不可分。

根本在于以习近平同志为核心的党中央坚强领导。中国铁路成就来之不易，这是铁路产业大军深刻领悟“两个确立”的决定性意义，增强“四个意识”、坚定“四个自信”、做到“两个维护”，共同团结奋斗的结果。在党中央的集中统一领导下，在习近平新时代中国特色社会主义思想科学指引下，铁路建设始终坚持以人民为中心的发展思想，与经济社会发展相互促进，造福最广大人民群众。

始终坚持在党和国家工作大局下行动。中国铁路坚持全国“一张网”、全路“一盘棋”，形成与国家重大战略相贯通、与产业布局相衔接，与区域发展需求相结合的发展规律，推动铁路事业沿着高质量发展轨道稳步前行。

离不开数百万铁路人的艰苦奋斗。当然，最重要的离不开数百万铁路人的艰苦奋斗。

2024 年 8 月 19 日，中国铁路又一世界纪录诞生。深江铁路珠江口隧道工程，数以万人历时 969 天一路下坡掘进，最终抵达海平面下 106 米处，相当于使指甲盖大小的面积承受了 10.6 公斤的压力，这是世界高铁盾构隧道的最深纪录。这一破纪录的大事件瞬间引发国内外媒体关注，大家纷纷报道：这就是大国实力。

看到社会各界的纷纷点赞，旅客洋溢的幸福笑脸，媒体报道的好评如潮，我们倍感振奋。而一个个叹为观止的成绩背后是广大铁路人不眠不休，常年坚守，是“始终听党话，永远跟党走”的红色基因赓续传承。在铁路建设、运营和发展过程中，无数铁路人通过辛勤劳动和无私奉献，一代接着一代干，一棒接着一棒传，逐渐形成了宝贵的铁路精神，这是中国铁路屹立不倒的精神支柱。

# 为有源头

在参加工作时，师父就对我说：“修好车的目的，就是为了让司机开得好、让旅客坐得好。”我感到肩上的责任重大。但一台内燃机车重130多吨，有成千上万个零部件，面对这个庞然大物和各种机车故障，我有些手足无措，干检修工作常常在50多摄氏度高温的机械间干活，又苦又累。我在心里打起了退堂鼓。

这时，我作为段里的青年代表来到机车车辆厂参观学习。当我们进入大门时，映入眼帘的是一条星光大道，上面挂满了劳模、技师、高级技师、首席技师的事迹、成果和图片。他们在平凡的岗位上做出了不平凡的业绩，受到崇高的礼遇，这让我十分震撼。

在参观学习交流会上，一位前辈说：“自己之所以取得这样的成绩，和铁路精神的鼓舞密不可分。”

这段话仿佛给我指明了前进的方向。我暗下决心要像他们一样成为一名高技能人才。

习近平总书记指出："向先进典型学习，可学者多矣！最关键的是要学精神、学品质、学方法。"

想要成为榜样，就要向榜样看齐。这些年来，我积极向榜样学习，一点点向榜样靠近。

**学精神，就是要学习榜样埋头苦干、敢闯、敢拼、敢冲的那股韧劲。**

和台下的职工朋友们一样，我们都是修车人，大家知道检修工作容不得半点马虎，必须确保毫厘不差。机车柴油机的核心部件联合调节器检修精度高达 0.01 毫米，起初，我们都是用游标卡尺反复测量 10 组数据取平均值，但这种方法不仅费时，误差还比较大。我就想，能不能设计一个专用测量工具呢？认真分析测量需求，设计工具模型，上班没有时间，就利用周末研究；没有现成的材料，就在废料库里找；没有现成的样品，就一件件地用锉刀手工制作；试遍了铁、铝、塑料等材料，失败了几百次，身边同事都劝我放弃，我说，快了快了，走别人没走过的路，慢一点也没关系。青藏铁路在高寒缺氧、多年冻土、生态脆弱的环境下，十万余人历时 5 年修建完成，创造了人类铁路史上的奇迹，他们挑战极限、勇创一流的青藏精神不断激励着我。经过反复试验，终于在第 3 个月，我用黄铜做出了既耐用又精准的"专用快速测量样规"。专用工具在全段推广使用，测量作业时间从 30 分钟缩短至 5 分钟，大大提高了机车检修效率和质量。

工友对我竖起大拇指，说我是个狠人。但我知道，创新贵在坚持，只要坚持不懈，人人都能创造奇迹。

**学品质，就是学习榜样的实干品质，勤勤恳恳，无私奉献。**

“战山斗水、坚守奉献、创新争先”，这是成昆精神。铁路人无论寒暑，不分昼夜，坚守岗位保畅通保安全，而我作为一名修车人，修好车、干好活就是我的工作理念。

在尝到技术创新的甜头后，我越干越着迷，只要看到问题就想上手改一改。

2016年5月，我查看报修记录时发现，内燃机车喷油泵调节齿圈报废率很高，几年下来光这个配件换新就是一笔不小的支出。后来，我仔细比对了近200多个报废的调节齿圈，发现每个齿圈一半是新的，另一半磨损比较严重。所以，我就琢磨能不能把另一半新的调节齿用起来。有了改造方向，我便带着大伙开始攻关，可不久就遇到了难题。调节齿圈有一个3毫米 ×19.8毫米的安装槽，用来啮合供油齿杆，想要把另一半用起来，就必须在对面开一个一模一样的槽。一开始，我们加工出来的安装槽要么精度不够、要么位置不对，那段时间，我走路、吃饭都在想办法，但就是没头绪。有一天半夜，我刚躺到床上突然有了灵感，为什么不换个思路，先做一个定位工装再加工配件呢？想到这，我立马精神抖擞，穿好衣服就往单位跑，连夜设计出了专用定位工装，又经过一个多月的加工改良，终于做出了“双安装槽调节齿圈”，将调节齿圈的使用寿命延长了一倍，直接创效150万元。

**学方法，就是践行榜样的创新方法，攻坚克难、发挥团结、传承的力量。**

诞生于1946年的“毛泽东号”机车先后跨越蒸汽、内燃、电力3个机型，被誉为“机车领袖”火车头中的火车头，也形成了“报效祖国、忠于职守、艰苦奋斗、永当先锋”的“毛泽东号”精神，13 任司机长和 184 名乘务员接续奋斗。这让我明白，一个人的力量是有限的，创新攻关的事业是无限的，只有培育更多的创新人才，发挥团队的力量，企业高质量发展才会有更强的动力。

于是，我向车间提出建议，组建攻关团队，带着青年职工投入到修旧利废、改创新中。先后攻克了内燃机车油马达故障等 20 余项疑难故障。

2019 年，段里以我的名字创建劳模创新工作室，我与团队学技术、攻难关，累计获得各类技术创新成果和国家专利，持续为企业节支创效，引领和带动了更多职工成长成才。

我也有幸被评为“最美铁路人”，从工作一线走上了中央电视台，并且在各铁路局、站段及大专院校交流分享自己成长的故事。记得一名学生听了分享，给我写了一段话：“我们要向玖哥学习，勤劳肯干的精神，让自己能吃学习的苦，更能吃实践、劳动的苦。”我才发现，原来我已经成为大家学习的榜样，我身上的责任更大了。

回头看看自己走过的路，我和机车车辆厂那位前辈一样，深切地感到，是“人民铁路为人民”为核心的铁路精神不断鼓舞着我、激励着我，让我敢于接受、敢于拼搏。

铁路精神凝聚了无数铁路人的智慧和汗水，是铁路事业不断前进的重要动力，是我们干好工作的不竭源头。在推动铁路高质量发展，率先实现铁路现代化的使命召唤中，每一位铁路人坚持拼搏不松劲，努力奋斗不停歇，我们相信梦想终将照进现实。

# 使命召唤

东方站是海南西环高铁最具人气的车站。这里快捷便利、时尚舒适的高铁列车进进出出，旅客熙熙攘攘，处处洋溢着海南自由贸易港的活力和生机。

2018 年 11 月 22 日，海南环岛高铁在全路率先推行电子客票，我现在还记得当时的情景，很多旅客是第一次体验用身份证“一证通行”，比较生疏，都来询问我们工作人员。尽管如此，每个检票口的检票速度还是出奇地快。

当时，有位旅客跑过来兴冲冲地跟我说：“你们铁路现在真是太方便了，手机上就能买到票，刷身份证‘滴’一下就能进站出站。”他还跟我回忆起当年买票的经历，“30 多年前，那时候买票真的好难，去三亚一天也就一趟车，一大早从家出发，还不一定能买上唯一一趟去三亚的火车票。”

听了这位旅客的话，自豪感从我的心中油然而生。

如果大家看到一张“海口东—海口东”的车票，可能会好奇这是不是印错了，其实并非如此。作为世界上第一条环岛高铁，你可以看到很多车票的起点和终点是同一个地方，国内外的游客常常与这些独特的车票合影留念，形成了海南独有的风景。

从2024年7月起，海口市域列车正式推出支付宝扫码乘车服务功能，旅客无须提前购票，也无须现场“刷脸”验身份证，全过程耗时仅需3秒，进一步加快列车公交化运营步伐。

什么是铁路现代化？2015年入路以来，我亲眼见证了海南铁路光辉发展历程。建成运营了世界第一条海南环岛高铁；在全路率先完成“一省一公司”改革；在全路率先实施综合维修一体化管理；在全路率先推行了海南环岛高铁电子客票；在全国开通了首例“高铁公交化”海口至美兰市域列车。这“五个第一”，是以发达完善的设施为基础，是以科技创新作为动力引擎，是以完备的安全保障体系和治理体系为支撑，我觉得这样就是铁路现代化。

从以前的“想走不能走”到如今的“想走就能走”，从以前的“走得了”到现在的“走得好”，我想这就是老百姓对铁路发展、对铁路现代化最直观的评价。

旗帜决定方向，道路决定命运。党的二十大为我们擘画了以中国式现代化全面推进中华民族伟大复兴的宏伟蓝图。铁路作为国家战略性、先导性、关键性重大基础设施，是支撑中国式现代化的国民经济大动脉、重大民生工程和综合交通运输体系骨干，使命光荣、责无旁贷。

国铁集团党组贯彻落实党的二十大决策部署，聚焦新时代新征程国家铁路使命任务，明确提出了推动铁路高质量发展、率先实现铁路现代化的目标任务，重点就是构建“六个现代化体系”。

可以说，“六个现代化体系”是实现铁路现代化的方法和载体。我们该如何理解它们各自的定位呢？以我看来，基础设施体系如同人的肌肉和筋骨，是物质基础和能力保障；科技创新体系吹响了提质增效的冲锋号，是动力引擎和技术支撑；安全保障体系锻就了坚不可摧的战甲，是行稳致远的根本保障；治理体系定下了一套科学高效的规矩，督促所有人立标准岗、干标准活；运输服务体系和经营管理体系则是用来检验工作质量、展示发展成果的手段，是铁路现代化水平的具体体现。

“六个现代化体系”支撑起了我们勇当服务和支撑中国式现代化“火车头”的梦想，它不仅仅是一场技术和基础设施升级的革命，更是一次充满光荣和梦想的远征，没有捷径、只有实干。

从总部机关到基层职工，从客运一线到货运站场，从施工现场到科研院所，万里铁道线上，处处充盈着强烈的攻坚意志、饱满的工作热情、昂扬的精神风貌，凝聚起勇当服务和支撑中国式现代化“火车头”的磅礴力量。

你听，在动车所检修库内，一名动车组机械师说：“怎么降低动车组边门故障发生率，线上出了应急故障如何高效处置，这些问题得好好琢磨。”实现铁路现代化对他而言，就是在理论中研究，在实践中创新，以技术攻关成果为运用检修工作降本增效。

在高铁联调联试现场，一位施工负责人说：“确保工程质量和施工安全，就是我对铁路现代化的诠释。”对于他而言，铁路施工不仅是建设工作，更是实现铁路现代化的重要一环。

你看，复兴号风驰电掣，一位列车长说：“提供温馨周到的服务，确保旅客的舒适与安全，就是我的现代化。”对于她而言，对旅客的每一个微笑、每一句问候、每一次贴心的帮助，让旅客的旅途充满温暖与美好，都是践行铁路现代化使命的生动体现。

增城西站，满载着 55 个标箱的 X8186 次班列缓缓开出，远赴万里之外的欧洲，一名货运员说：“精简货运服务流程，精准高效开展装卸车作业，让中欧班列源源不断地驶出国门。”对于他而言，实现铁路现代化就是服务好这条国际贸易新通道，让钢铁巨龙在世界的舞台上绽放更加璀璨的光芒。

使命召唤，责任在肩。200 万中国铁路人正以风为速，以轨为尺，全力推进铁路现代化，不断丈量大国前行的步伐，书写更高的中国速度、更多的中国精彩。

当然，中国铁路在服务党和国家工作大局、服务人民群众出行的同时，也在尽最大努力满足广大职工对美好生活的新期待，共同绘出共建共享的最大同心圆。

# 同舟共济

最近在车站经常听同事们讨论，“神兽终于归笼了，总算能喘口气”。不知道台下的职工朋友们有没有同感。

当暑运遇见暑假，工作任务量骤增，带娃压力值飙升，焦虑？烦躁？分身乏术？别担心，你的烦心事单位帮你搞定！

这句广告词来自 2024 年暑假广州局集团公司开设职工子女暑期托管班，这个托管班在广州南、广州东、肇庆等重点站区推行“爱心托管”服务，从 6 月底开始到 9 月初结束，覆盖孩子整个暑假。不仅为双职工家庭解决孩子假期“无处去、无人看”的燃眉之急，而且丰富了孩子们的暑期生活。

“萌娃”们欢欢喜喜入校园，职工可以心无旁骛投入工作。这件一举两得的好事情，大受干部职工欢迎，这也是铁路为职工切实解决后顾之忧，在推进高质量发展进程中共享发展成果的一个剪影。

习近平总书记深刻指出，“共享是共建共享”“共建才能共享，共建的过程也是共享的过程”。

我们每一个人对美好生活的向往都没有止境，期盼有着更和谐的社会环境、更满意的工资收入、更舒适的工作环境、更丰富的文化生活，这也是铁路高质量发展应有之义。

多年来，铁路各级组织始终坚持以人民为中心的发展思想，全面落实党的依靠方针，从职工关心的事情做起，从急难愁盼问题入手，持续改善职工生产生活条件，努力满足大家对美好生活的新期待，精心构建企业与职工命运共同体。

常态化帮扶救助、安居工程、铁路“三线”建设、智慧食堂、星级厕所、健康小屋、补充医保……一桩桩，凝聚关爱，切实回应职工呼声；一件件，饱含温暖，直达我们心灵深处。

我们每一名铁路职工都共享着铁路发展带来的巨大红利，获得感、幸福感、安全感与日俱增。

回想平时大家发布的一些朋友圈。从人性化设置的智慧食堂到多功能活动室，从频频“出圈”的相亲活动到感人至深的金秋助学，每一条朋友圈后面都是职工对企业发展成果的肯定。

这些朋友圈展示的不仅仅是外在环境的变化和肉眼可见的幸福，更是职工心态的转变，以及由此达成的共识：企业发展我有责，美好生活我有份。

职工满满的幸福感凝聚起企业强大战斗力。就拿广州局集团公司来说，在 14 万干部职工的共同努力下，2024 年春运、元旦、清明、端午假期总客发量、单日客发量均创历史同期新纪录。货运单日装车量、发送量均破历史纪录。特别是 2024 年暑运期间，广州局集团公司刷新历年暑运最快破亿纪录，8 月 3 日、10 日，单日旅客发送量先后创下历史同期新高。

俗话说，大河有水小河满，大河无水小河干。铁路经营的“大袋子”如此饱满，我们每个人的“小荷包”也水涨船高。职工们的收入更高了、工作环境更好了，心才能更齐、气才能更顺。

由此可见，实现铁路高质量发展，广大干部职工既是推动者又是受益者，铁路和职工是相互依存的命运共同体。一方面，职工的成长离不开铁路。铁路共享发展成果，关心关爱职工，成就职工发展，帮助职工实现对美好生活的向往。另一方面，铁路的发展也需要职工。职工爱岗敬业，实干担当，团结奋斗，推进铁路发展，才能创造更多的发展成果。

说到这里，我想和大家分享一个身边的感人故事。

故事的主人公是海口机辆轮渡段设备车间职工李豪。他的爸爸是一名机车乘务员，在他上高二时，无情的病魔突然夺走了爸爸的生命。家里的顶梁柱骤然倒塌，那一刻，他感觉天都塌了，成绩也大幅下滑。

就在他不知所措时，他爸爸的单位派出了心理关爱大使，陪他聊天，给他做心理辅导。单位领导还把电话号码留给了他，叮嘱他有困难，可以 24 小时随时打电话。在期中、期末考试的关键时期，在逢年过节的温馨时刻，他爸爸单位的慰问总会如期而至。无微不至的关心让李豪渐渐走出了阴影，重新振作起来，继续学业。

2018 年，他顺利考入华东交通大学，各级组织再次向他伸出援手，助他完成学业。

2022 年，他成功应聘进入铁路，分配到父亲曾经工作过的海口机辆轮渡段，接过了父亲的接力棒。

在广州局集团公司“金秋助学”启动仪式时，他深情地说道：“每当我一个人思念父亲的时候，我总会想起铁路这个大家庭。他们让我感到我不是一个人，我身边还有很多人。他们的鼓励、他们的帮助、他们的温暖也成为我学习工作上前进的动力。”

如今，李豪扎实工作，成了段里上上下下公认的优秀青工。

李豪的故事再次告诉我们，共建共享是我们画出的最大同心圆。共建共享铁路发展成果，既是企业关心职工的胜利，又是职工回报企业的胜利，我们可以实现双赢。

职工朋友们，企业是我们最大的依靠，我们是企业最大的底气。我们为率先实现铁路现代化共同奋斗的过程，也必定是共享铁路现代化发展成果的过程。

让我们立足岗位，实干担当，同舟共济，自觉与铁路同呼吸、共命运、心连心，在推动铁路高质量发展实践中共担责任、共解难题、共享成果。

# 潮涌扬帆

在开始宣讲之前，我想问大家一个问题。提起改革开放，大家脑海中最先联想到的标志性城市是哪一座？我相信很多人会跟我有一样的答案——深圳。

就在改革之城、创新之城深圳，“新时代·铁路榜样”、深圳北站“迎春花”服务队队长兼党支部书记李元，每天忙忙碌碌，笑靥如花、纤手指路、耐心解惑……

15 年来，李元和同事们在做好本职工作基础上，收集大量热点问题和典型案例，积极推动服务创新：打造站内站外无缝对接的“爱心服务圈”，为不同地区、不同语言的旅客提供“四通”服务，推出关爱视障团体的“说一声、搭一把、停一下”服务法……这些创新举措更有特色、更具温度，让李元和“迎春花”服务队成为深圳展示对外服务的靓丽窗口，也不断彰显着深圳这座城市“敢闯、敢冒、敢试、敢为天下先”的改革精神。

改革，是深圳的鲜明标志，也是历届党的三中全会代名词。改革开放以来，党的历届三中全会都为中国发展注入强大思想动力、指明未来发展方向，在亿万中华儿女心中具有沉甸甸的分量。

从 1978 年党的十一届三中全会到 2024 年党的二十届三中全会，这 10 届三中全会在党史、新中国史、改革开放史、社会主义发展史、中华民族发展史上都具有十分重要的意义。其中，党的十一届三中全会开启改革开放和社会主义现代化建设新时期；党的十八届三中全会开启新时代全面深化改革、系统整体设计推进改革的新征程；党的二十届三中全会把进一步全面深化改革的战略部署转化为推进实现中国式现代化的强大力量。

“御政之首，革故鼎新”。改革开放是决定当代中国命运的关键一招。

据统计，5000 余字的党的二十届三中全会公报中，“改革”一词出现的频率最高，达到 53 次。《中共中央关于进一步全面深化改革、推进中国式现代化的决定》以“六个坚持”指明进一步全面深化改革必须贯彻的原则，用“七个聚焦”勾勒进一步全面深化改革蓝图，对进一步全面深化改革作出“14 个方面”部署，涉及各领域各方面 300 多项改革举措，特别是明确提出推进铁路等行业自然垄断环节独立运营和竞争性环节市场化改革，深化综合交通运输体系改革、推进铁路体制改革，等等。这充分体现了党中央对铁路工作的高度重视，为进一步全面深化国铁企业改革明确了目标方向。

习近平总书记提到过长征中的一个故事，发人深省。他说：“红军过草地的时候，伙夫同志一起床，不问今天有没有米煮饭，却先问向南走还是向北走。这说明在红军队伍里，即便是一名炊事员，也懂得方向问题比吃什么更重要。”

小到一个家、一个企业，大到一个党、一个国家，都要经常抬头看路，不断校正方向。

国铁集团党组书记、董事长刘振芳在年中领导干部会议上指出，党组要全面梳理对铁路直接部署的、与铁路相关的、需要铁路服务和支撑改革全局的具体任务，系统谋划进一步全面深化国铁企业改革的总体思路。

学习好贯彻好党的二十届三中全会精神，是当前和今后一个时期全路上下一项重大政治任务。一分部署，九分落实。再美好的蓝图如果不付诸实践，也会成为天方夜谭、空中楼阁。

在进一步深化国铁企业改革的新征程中，广大党员干部应常用“炊事员之问”把准方向。时刻对标对表党中央的路线方针政策和习近平总书记重要讲话精神，及时发现和校正思想认识偏差，自觉在思想上政治上行动上全方位向党中央看齐，同党中央保持高度一致。始终做到胸怀大局，跳出自身岗位对问题进行全方位思考，这样才会具有“咬定青山不放松”的干劲、“千磨万击还坚劲”的韧劲，遇到再大困难都能“任凭风浪起，稳坐钓鱼船”。

应常用“炊事员之问”检视初心，时刻牢记使命，坚守责任担当。紧扣“六个现代化体系”建设主线，充分兼顾改革的现实需要和职工的接受度、耐受度，科学制定改革任务书；要始终带着问题意识去寻“多解”、做“深解”、求“优解”，与群众干在一起、打成一片。蹄疾步稳把该改的、能改的改好改到位，当好“领头雁”、细耕“责任田”。

抓改革、促发展，归根到底就是为了让大家过上更好的日子，只有坚持人民至上，才能确保各项改革任务顺利推进。职工朋友们，大家是企业的主人翁。推进改革需要大家支持，解决改革遇到的梗阻、深层次问题需要大家支持，确保改革举措落地见效更需要大家支持。

怎么支持？让我们也争做新时代听党指挥的“炊事员”，花一番苦功夫、练一番硬功夫。具体来说，落实标准化作业保安全，为改革提供稳定的外部环境；大力开展技术攻关增效益，为改革提供强劲的内生动力；积极参与民主管理聚合力，为改革提供宝贵的意见建议。

改革的路上，有你有我有他，每一个人都不能掉队。

李元给我们树立了一个榜样。让我们像她一样，在尽心尽力做好本职工作的基础上，以钉钉子精神抓好改革落实，在各自岗位上将《决定》的“大写意”一步步转化为“工笔画”，夺下一个又一个“泸定桥”“娄山关”“腊子口”，为全面推进强国建设、民族复兴伟业贡献铁路力量！

风正扬帆，征途如虹。

相信将来，一条条改革措施，将在我们的手上实现；一张张美好蓝图，将在我们的笔下绘就。

东风浩荡气象新，铁龙飞驰展宏图。

百年奔腾，从追赶到领跑，驰骋神州的中国速度惊艳世界。

战天斗地，坚定不移听党话、矢志不渝跟党走，铁路精神薪火相传。

新征程新使命，现代化号角已吹响，我们风正扬帆，砥砺前行。

上下同欲者胜，同舟共济者赢。

我们积合力以致胜，交出满意答卷。

大潮奔涌，气阔山河；中流击水，更扬云帆。

新的历史关头，让我们乘胜追击，善作善成，一路前行、一路凯歌。

# 南宁局集团公司

## 宣讲报告

扫码观看宣讲视频

宣讲、撰稿人员：

吴曦霞　周子薇　蒲基业

刘泳伶　周义杰　冯　皓

李钰丹　龙晓华　卢观龙

黄海飞

# 勇担进一步全面深化改革的时代使命

1978年，一场关于真理标准问题的大讨论，一篇《解放思想，实事求是，团结一致向前看》的讲话，冲破了人们思想观念的禁锢，拉开了改革开放的序幕。2024年7月18日，如潮掌声中，党的二十届三中全会审议通过《中共中央关于进一步全面深化改革、推进中国式现代化的决定》，再次释放“坚定不移高举改革开放的旗帜”这一信号。

## 领会改革蓝图，感悟时代使命。

从“改革”到“进一步全面深化改革”，中国的改革开放已经走过了46年风雨历程，取得了历史性的成就。这一伟大实践证明，改革是强国建设、民族复兴的根本动力。这也充分、深刻地体现在铁路行业：得益于改革，我们建成了世界最大的高速铁路网，中国高铁成为令国人骄傲的“国之重器”，令世人瞩目的“中国名片”；得益于改革，我们显著改善了人民群众出行和货运条件，铁路成为广大人民群众获得感最强、最直接的行业之一；得益于改革，中国铁路科技创新总体迈入世界先进行列，高速、高原、高寒、重载铁路技术在世界处于领先地位，复兴号技术平台成为世界智能铁路发展的重要引领者；也是得益于改革，中欧班列服务网络基本覆盖亚欧大陆，构建起潜力无限的国际铁路联运“黄金通道”，为高水平对外开放增添铁路动能。

回望来路，我们深切地感受到，铁路发展之所以有现在的大好局面，关键靠改革；放眼未来，铁路要担当好服务和支撑中国式现代化的“火车头”，关键也在改革。学习贯彻党的二十届三中全会精神，必须紧紧抓住“进一步全面深化改革、推进中国式现代化”这个主题。

全会审议通过的《决定》共 15 个部分 60 条，分为三大版块，按照怎么看、怎么改、怎么抓的逻辑，阐述了进一步全面深化改革的重大意义，围绕继续完善和发展中国特色社会主义制度，推进国家治理体系和治理能力现代化总目标，全面部署了十四个层面 300 多项重要改革举措，强调了以加强党的全面领导为核心的工作要求，具有很强的针对性。《决定》聚焦七个关键重点领域，直面解决制约高质量发展的堵点问题、影响社会公正正义的热点问题、民生方面的难点问题、党的建设的突出问题、各领域的风险问题，向最难处出发，奔着问题去、盯着问题改，展现的是改革的决心、智慧和勇气。

全会明确了两个重要的时间节点：2035 年，基本实现社会主义现代化；2029 年，新中国成立 80 周年时，完成本决定提出的改革任务。短短五年，要完成 300 多项的改革任务，这无疑是一种自我加压、一种严肃要求、一种态度宣告。

## 鼓足改革干劲，砥砺担当品格。

改革是万众一心的伟大事业，需要大家心往一处想、劲往一处使，自觉把思想和行动统一到党中央决策部署上，落实好国铁集团党组工作要求，勇担改革时代使命。

首先，要坚定改革决心。大家注意到，《决定》里有两处直接对铁路改革提出要求，其目标旨在破解制约铁路高质量发展的深层体制机制障碍和结构性矛盾，补强实现铁路现代化的短板和弱项，为实现新征程国家铁路使命任务注入强劲动力。所以，我们一方面要坚定信心。铁路改革目标清晰，就是要推动铁路高质量发展，率先实现铁路现代化，勇当服务和支撑中国式现代化的“火车头”，重点是构建“六个现代化体系”。铁路改革方案是渐进稳妥的，只会越改越好。另一方面要下定决心。只有坚持进一步全面深化改革，才能加快推进中国式现代化，开辟铁路发展的广阔前景。我们要坚定地支持改革、积极地参与改革、以一往无前的奋斗姿态热情拥抱改革。

其次，要永葆敢闯勇气。2024 年，全国 39 个铁路物流中心挂牌成立，助力有效降低全社会物流成本，铁路迈入现代物流体系建设新征程。从“货运”迈向“物流”、从“坐商”转为“行商”、从“管理”变为“服务”，这绝非仅是运输方式的战略提升，关键在于观念上要积极主动地适应。我们必须主动顺应改革大潮，永葆敢闯勇气，积极展作为、立新功。6 月 17 日，《焦点访谈》栏目介绍了铁路部门转观念、转作风，向着做市场、做物流、做经营发力，实现运输“公转铁”，促进企业物流环节降本增效、转出新局面的故事。实行“公转铁”后，不仅广西百色这家氧化铝企业一年节省3300 万元，而且整个百色的铝产业、乡村振兴事业都为之受益。建设全国统一大市场、降低全社会物流成本，是构建高水平社会主义市场经济体制的重要内容。我们要以积极的态度迎接每一个挑战、以创新的精神把握每一次机遇，充分发挥好铁路在降低全社会物流成本中的主力军作用。

再次，要发扬实干作风。2024 年上半年，全国铁路累计发送旅客 20.96 亿人次，旅客周转量完成 7779.52 亿人公里；国家铁路累计发送货物 19.2 亿吨，完成货运周转量 15776.85 亿吨公里。我国铁路客、货运指标均稳居世界首位。这些可喜的成绩，有在座各位的参与，有大家的努力奉献。

习近平总书记强调：“没有人民支持和参与，任何改革都不可能取得成功。”进一步全面深化改革，需要各级组织激发“滴水穿石”的韧劲，“踏石留印”的干劲，积极有为、善作善为；需要广大干部职工真抓实干、攻坚克难，踊跃投身进一步全面深化改革的伟大实践。《决定》的最后一条是“以钉钉子的精神抓好改革落实”，分量很重。“钉钉子”讲求重在执行、见行见效；“钉钉子”务必聚焦中心、分清主次；“钉钉子”需要锲而不舍、久久为功。

让我们同心协力，在“全面”上下功夫，在“深化”上用实劲，在“改革”上见实效，为进一步全面深化改革、实现铁路现代化做出新的、更大的贡献！

# 长路当歌铸辉煌

先透露一个小秘密，这是我第5次坐着贵南高铁到贵州，之所以常来啊，就是忘不了糯米饭、烤豆腐、洋芋粑这些地道小吃，那折耳根一撒，我就好这口！有机会，也请大家尝一尝我们的螺蛳粉、老友粉、酸嘢，广西的美食也别有一番风味呢！说到贵南高铁，我有幸在入路的第一年就成为这条新线建设大军中的一员，每次踏上这段旅途，心里除了有一股子自豪感，还有就是对咱们铁路发展的感慨。

假如用一个词形容中国铁路的发展，大家认为是什么？

作为一线信号工，当我学习着先进的高铁技术时，我想这个词可以是“科技”。当我像旅客一样“刷脸”进站乘车，坐着高铁出发时，我又觉得这个词是“便捷”。当然，答案并不唯一。

带着这样的思考，我想从中国铁路百年发展史中找答案。就从我们熟悉的黔桂铁路说起吧。

## 弯道担当——黔桂大通道 85 年实现华丽蜕变。

筹建自 1939 年的黔桂铁路，是西南地区的第一条准轨铁路，历经抗战时期战火洗礼，在岁月跋涉中踯躅前行。

社会主义建设时期百废待兴，经过对战时瘫痪损毁的黔桂铁路进行修复，这条铁路在 1959 年 1 月全线通车。随后耗时 10 年，对线路进行第一次技术改造，使全线实现内燃机车牵引。著名的黔桂线“回龙道”拉易展线就在这崇山峻岭之间，说的是火车进入一个口袋形的洼地中，转了个大弯，车头调向后又从同一个地方驶出洼地，高度提升 76 米！被称为中国铁路一绝。这个“绝”字可了不得，“七拐八弯九旋十爬”，在这样极其困难的线路条件下，攻克了 181 米曲线半径、30‰坡度的技术难题。

改革开放和社会主义现代化建设新时期因为发展需求，黔桂线又进行了多次线路改造。在扩能改造工程竣工后，黔桂铁路成为黔桂间最快捷的运输大通道。但回龙道展线自此成为绝唱，成为这条铁路升级发展的岁月佐证。

时间来到新时代的 2023 年，这一年 8 月 31 日开通的贵南高铁，是广西首条时速 350 公里的高速铁路，填补了西南地区 350 公里时速铁路的空白，“多彩贵州”和“壮美广西”紧紧“牵手”，共同翻开高质量发展的新篇。在贵南线上，还有另一个“绕弯”的故事，跟“回龙道”拉易展线的弯不同，贵南高铁建设时为了覆盖更多的地区和不破坏当地生态环境，不惜“舍近求远”在河池环江一带拐了一个弯，“这一弯”让我国唯一的毛南族自治县——环江毛南族自治县融入了全国高铁网，让世居九万大山的毛南族打开了山门。曾经需要十数小时乃至数天的颠簸路程，如今被缩短至几个小时。从此，毛南族儿女可以更便捷地走出大山，看看外面的世界，同时外面的世界也得以更加深入地了解这个美丽而神秘的民族。“这一弯”，绕出了铁路人的担当，也绕出了国家对每一个民族、每一寸土地的深情厚谊。高铁不仅仅是速度的象征，更是责任与关爱的化身。

在这条铁路上，从古老的蒸汽机车到现代化的高铁列车，见证了科技的飞跃与时代的进步；从艰苦卓绝的修建历程到日新月异的运营维护，诉说着人们不畏艰难、勇于开拓的壮丽史诗，无一不是千千万万铁路人奋斗出来的。

**铸就辉煌——新时代国家铁路发展取得新成就。**

一部黔桂铁路的变迁史，可以说是中国铁路从疮痍凋敝到迈出重大步伐的发展缩影，见证了咱们铁路地位更高了、服务更好了、速度更快了！

地位更高。步入新时代，我们迎来了历史上铁路建设规模最大、新线投产最多、能力提升最快的时期。“四纵四横”高铁网提前建成，“八纵八横”高铁网加密成型；革命老区响起了汽笛声，民族地区开通了扶贫的幸福路，边疆地区结束了不通高铁的空白；等等。接二连三的好消息背后，是铁路作为国民经济大动脉、重大民生工程和综合交通运输体系骨干的作用更加凸显。

服务更好。货运方面，积极推动95306上线，推进“公转铁”“散改集”运输，促进货运增量创效。客运方面，针对性开行务工、学生、旅游等专列，优化12306售票功能，为旅客出行提供“绿色通道”、网上订餐等人性化服务，实现了旅客从“走得了”向“走得好”转变。

速度更快。拥有完全自主知识产权的复兴号高速列车创造了复杂运行环境下商业运营速度最高、安全性最好、舒适度最优、持续运行里程最长的世界纪录。“CR450 科技创新工程”取得重大突破，高速列车实现单列时速 453 公里、交会时速 891 公里运行，进一步巩固了我国高铁领跑世界的优势。

我和大家一样，看到了政通人和的万千气象，看到了经济发展的勃勃生机，看到了领跑世界的中国气派。

## 再启新程——当好新时代的奋斗者。

过往皆序，未来可期。

习近平总书记指出：“新时代是奋斗者的时代。”党的二十届三中全会精神吹响了进一步全面深化改革的号角，坚定不移推进高质量发展，率先实现铁路现代化、率先建成现代化铁路强国的使命正在召唤，前进的道路不会一帆风顺，还有许多险滩要过、还有许多风浪要闯，必须准备付出更为艰苦的努力。

当好新时代的奋斗者，必然少不了拼搏奋进。实践已然证明，担当新的历史使命，更要保持攻坚克难的昂扬斗志、充满敢打敢拼的硬核力量。哪里有需要就战斗在哪里，岗位在哪里就坚守在哪里！越是关键时刻，越需要团结奋进的拼搏精神、攻坚克难的顽强意志，越需要“一锤接着一锤敲”的定力！

让我们立足长远、干在当下，踏踏实实把正在做的事情做好，一步一个脚印地坚定前行，当好无愧于新时代的奋斗者！

# 凝“新”聚力 加速奔“现”

近段时间，铁路捷报频传，复兴号高速列车项目荣获国家科学技术进步奖特等奖，高铁技术树起国际标杆，也成为我国铁路现代化进程中的重要里程碑。

可能此时大家对“铁路现代化”这个关键词还有些疑惑。别急，跟大家分享一个生动的例子，您一听准明白。

时间回溯到2004年。面对社会高涨的铁路“提速”需求，我国开始追踪世界高铁技术，相继从日本、法国、加拿大和德国引进高速动车组技术。但是当时就碰到“卡脖子”难题。我们领悟到，在世界任何领域，最尖端的科学是买不到、要不来、求不成的。那么，应该如何做呢？毛泽东同志告诫我们——自力更生，奋发图强。2004年我们还靠引进，2008年我们建成中国第一条高铁，就是现今连接北京和天津的京津城际铁路，让北京和天津实现30分钟通行。更令人骄傲的是，在2012年党的十八大召开时，中国高铁里程仅为 1 万公里。而到了党的二十大闭幕之际，中国高铁总里程已达到 4.2 万公里。这意味着全世界近 70%的高铁在中国。如今，我们不仅能够自主设计和制造高铁列车，还能提供完整的高铁建设和运营解决方案，实现了从设计、制造到管理的整体出口。各位将来有机会去印度尼西亚坐坐雅万高铁，雅加达到万隆的高铁就是最新的例证，它彰显了中国铁路技术迈向全球的步伐。这，就是铁路现代化的魅力所在！

轮轨之上，动力澎湃，创新的脚步永不停歇。国铁集团党组对标党的二十大决策部署，明确提出了推动铁路高质量发展、率先实现铁路现代化、勇当服务和支撑中国式现代化“火车头”的目标任务，形成了构建现代化铁路基础设施体系、运输服务体系、科技创新体系、安全保障体系、经营管理体系和铁路治理体系建设方案。

推动铁路高质量发展是要靠科技创新培育新动能，率先实现铁路现代化也是要靠科技现代化作支撑。

习近平总书记深刻指出：“科技创新能够催生新产业、新模式、新动能，是发展新质生产力的核心要素。”讲到这里，我们就绕不过第二个关键词——新质生产力。

何为新质生产力？习近平总书记指出，“发展新质生产力是推动高质量发展的内在要求和重要着力点”“特点是创新，关键在质优，本质是先进生产力”。

让我们再来谈谈本质。要理解生产力，可以先从一列火车讲起。

想要开行一列火车，就得先有铁路轨道。想要铺设钢轨，就得有石砟和枕木。而想要确保列车安全、平稳、快速运行，就一定离不开线路的养护和维修工作。

以前，铁路线路养护基本上靠的是人力，效率低下。后来，我们发明了清筛机、捣固镐等小型养路设备，不仅提高了作业效率，而且减轻了养路工人的劳动强度。如今，我国铁路养护走向大型机械化，更是极大地提高了养护的效率和质量。

从中我们能感受到，伴随着生产力的提高，对劳动者的知识技能水平要求更高，劳动资料更先进，劳动对象也会悄然发生转变。从最开始的抡起镐头，有膀子力气就行，到如今得通过系统的理论学习，不断磨炼技巧，来操纵“大机”完成各项任务，这正是生产力提高引领系统性变革的缩影，也是我们从体力劳动向技能劳动转型的真实写照。

总结起来，与传统生产力相比“人”和“资源”曾是主角；而今，“智力”已然跃升为生产力的首要推动力。更直观的衡量：在传统的工业生产力中，材料、资本和知识是简单的相加关系；但在新质生产力中，知识已成为一个乘数，也就是说，科技创新的每一次突破都能带来生产力的成倍增长。通过发展新质生产力持续推动科技创新，不断提升铁路现代化水平，这是铁路现代化的必由之路。

了解这一点后，让我们再来想想怎么干？大家是否了解中国高铁的科研团队的平均年龄是多少岁？复兴号高铁设计研发团队平均年龄 38 岁，是不是比大家想象的还要年轻？以奋斗者的姿态拥抱改革，其实我们每个人都有自己的一方天地。

南宁机务段大师工作室的李朝勇正在“捣鼓”一个新项目，这个项目事关机车电机。通常来讲，电机是机车的“心脏”，只有电机性能保持得好，“火车才能跑得快”。防止电机“带病”工作有个重要指标，需要通过一个设备来测试机车电机从待机状态到投入动能状态的时间差值，如果测试差值接近或超过了规定的数值 0.1 秒，就需要对相关配件进行维修。当前我们采用的设备是国外生产的，但即便是国外的设备，也只能判断出时间差值是否超过了 0.1 秒，回答的是一道判断题。而李朝勇正在研发的设备，能精确地显示出时间差值，回答的是一道填空题。也就是说，在机车上线前，若通过这套设备检测出时间差值已接近临界值，就可以立马安排返厂维修，从而消除机车在运行途中因电机自保封锁动能而引发的问题。更值得期待的是，如果这套设备顺利申请到自主知识产权，就能打破境外公司在这个领域中的全球垄断地位，为集团公司乃至全路节约一笔巨额的设备采购资金。

和李朝勇一样，奋斗在科技创新这条道路上的铁路人还有很多，他们每一次的小发明、小创造、小革新、小设计、小建议，都是对新质生产力的有力推动，也是对铁路现代化建设的具体贡献。

作为 200 万铁路大军的一员，我们的前行目标明确：到 2025 年，完成铁路“十四五”发展规划目标，基本建成“六个现代化体系”；到 2035 年，率先建成现代化铁路强国。从时间表和路线图可以清晰看到，率先实现铁路现代化并非遥不可及，只要坚定不移走下去，就一定能到达终点。

蓝图鼓舞人心，号角催人奋进。让我们以只争朝夕、事不避难的精神，加快发展新质生产力，赋能铁路现代化，向着铁路强国梦，出发！

# 让铁路精神在万里铁道线赓续延绵

2023年，一条高铁列车超越普速列车的短视频被人民日报微博号发布后，迅速登上微博热搜。回想那个画面，大家想到的是什么呢？有人说：“像是父亲看着长大的孩子超越自己奔向远方，父亲在心里说，臭小子，真棒！”还有人说：“高铁列车是中国速度，普速列车是中国温度。”

这一次相遇，让我们看到列车跨越时空的变化，中国铁路发展百年，但“人民铁路为人民”的初心宗旨不曾改变。在中国共产党百年发展历程中，铁路人始终紧跟党的步伐，在实践中坚守初心、锤炼品格，形成了以“人民铁路为人民”为核心的铁路精神谱系。这些深植于心的精神力量，为铁路人战胜前进道路上的各种风险挑战提供了深厚的力量支持和智慧源泉。

下面，让我们追逐前辈们的脚步，寻找履行“人民铁路为人民”庄严承诺的背后，是一种怎样的精神传承。

**“人民铁路为人民”，是一种“愿得此身长报国”的情怀。**

一代代铁路人坚定不移跟党走，不怕牺牲、百折不挠，留下了“二七”精神、“毛泽东号”精神、“铁牛号”精神等宝贵精神财富，也成为铁路人始终与祖国和人民心连心、同呼吸、共命运的精神标识。

我依然记得那个画面里，同行列车长双眼通红地反复呼叫“D2809 次司机有吗？ D2809 次司机有吗？”一场没有应答的对话，静默得让人泪目。一名乘务员用哽咽的声音问“他能救了那么多人，但是为什么就救不了他一个？”那是 2022 年 6 月 4 日，他值乘贵阳北至广州南 D2809 次列车期间，面对突发泥石流，短短 5 秒内，果断采取紧急制动措施，一把将制动手柄推到底，为保护车上 151 名旅客和工作人员生命安全，牺牲在自己热爱的岗位上；那一年，他本可以选择继续开绿皮火车；那一年，他本可以花更多的时间陪伴读高中的儿子；那一年，他 46 岁，他就是贵阳机务段动车组司机杨勇。谁说站在光里的才是英雄，当危险骤然袭来，他拼尽全力照亮生命的希望，诠释了“人民铁路为人民”的宗旨，践行了“随时准备为党和人民牺牲一切”的铮铮誓言。

在推动全面深化改革新的征程上，我们要传承好铁路人始终听党话、永远跟党走的红色基因，胸怀爱国之情、报国之志，为铁路现代化贡献自己的力量。

**“人民铁路为人民”，是一种“吹尽狂沙始到金”的执着。**

不管在哪个时期，无论是小东精神，还是“158”精神、福生庄精神，无不体现出铁路人为民服务的履职尽责。其中，“158”精神，就是铁路人“乐行小善成大美”的充分体现。

在广西柳州的革新路街上，这种精神得到了最美的诠释，1965 年，柳州机辆公司为响应毛泽东等老一辈革命家提出“向雷锋同志学习”的号召，“雷锋街市”应运而生，这项工作一坚持就是 59 年，从创立之初十几名职工搭起的几个服务“摊口”到现在近百家单位、3 万多名志愿者参与的“街市”，服务模式也从“摆摊式”向“预约式”“点单式”拓展，越来越多的铁路职工响应“人民铁路为人民”的号召，成为新时代的“雷锋传人”。

作为新时代铁路人，我们要以“一棒接着一棒跑、一代接着一代干”的执着追求，做好身边的每一件小事、实事，才能汇聚成建设铁路事业的强大力量。

**“人民铁路为人民”，是一种“初心砥柱天地间”的担当。**

中国共产党成立以来，铁路人矢志不渝跟党走，在岗位上拼搏坚守、接续奋斗，形成的巴山精神、成昆精神，激励着我们一代又一代铁路人勇往直前。

在我们南昆线上，有一个口口相传的“神奇”存在。最难的活，组织上第一个想到的就是他，啃最硬的骨头、管后进的班组，像一位救火队长，经他手的 6 个落后工区都变成了先进班组，他就是全国劳动模范、百色工务段的“神奇工长”汪伯华。扎根工务工作二十余年，独创了“一米一量”工作法，每公里弯腰起身上千次，用半生光阴，守护着我国西南大动脉的安全畅通，用自己的行动诠释了“守护南昆、初心不改”的责任与担当。

站在前辈的肩膀上，我们要保持“千磨万击还坚劲”的信念，不怕山河艰险、无畏岁月考验，让铁路精神在一代代铁路人的拼搏和坚守中闪耀。

**“人民铁路为人民”，是一种“勇立潮头敢为先”的超越。**

在党的领导下，铁路人披荆斩棘、上下求索，走出了前人没有走出的路，创造出一个又一个令人刮目相看的人间奇迹，孕育形成了青藏铁路精神、大秦重载精神，辉映着铁路人自主创新、勇于超越的铿锵步伐。

在我身边，就有这样一位“科技大咖”。他就是南宁车辆段的陈岗。30 年来，投身于车辆电子设备技术的创新研究。在铁路设备不断更新换代中，潜心技术研发，从节约成本 100 万到 2000 多万元，主导研发的车辆电子装备创新成果，迄今为止已获得 6 项国家专利，成为我们宁铁人自主创新的实践典范。

站在新的起点上，我们要始终保持敢闯敢试、敢为人先的拼搏精神，以奋斗者的姿态，助力铁路更好迈入高质量发展快车道。

回望来路，铁路精神星空璀璨；展望未来，铁路精神薪火相传。让我们从前辈手上接过时代的接力棒，大力弘扬以“人民铁路为人民”为核心的铁路精神，让铁路精神不仅在岁月的长河中流动，更在祖国的万里铁道线上赓续延绵、熠熠生辉。

# 我们在一起

我是一名记者，记录是我的天职。不久前，一天上班路上我拍到一张照片，照片上孩子笑着向父亲挥手道别，走进了暑运职工子女托管班。孩子纯真的笑脸，让我忍不住脑补这位同事的内心独白，他会不会在想“家人们都在一起，工作起来更有劲儿了”。

职工与子女“在一起”的背后，其实是企业与职工想到一起、干在一起了，成为更紧密、更高效、更和谐的共同体。这佐证了铁路长期以来坚持发展依靠职工、发展为了职工、发展成果由职工共享的优良传统，这也是铁路发展的制胜之道。简单来说，职工既是企业发展的推动者，又是成果的受益者：

企业好，职工的生活可以像花儿一样灿烂。

职工好，队伍也会活力十足，企业自然兴旺发达。

国铁集团党组贯彻落实党的二十届三中全会精神，提出进一步全面深化国铁企业改革，为以中国式现代化全面推进强国建设、民族复兴伟业贡献铁路力量。面对新课题，我们该如何继续当好推动者和受益者呢?

## 责任一起担。

让人民生活幸福就是“国之大者”，铁路作为大众化交通工具和重大民生工程，企业在努力实现自身全面发展的同时，也义不容辞地担负起国家和社会赋予的职责。

担当这些责任，需要我们在一起。

回首我们一起走过的路，在世纪疫情、冰冻雨雪、抗震救灾等重大考验面前，干部职工心往一处想、劲往一处使，把美丽中国的交通网络勾画得更美了。京张高铁百年跨越助力北京冬奥会和冬残奥会的胜利召开、高质量共建“一带一路”倡议下中越班列作用日益凸显……实践证明，团结起来就没有克服不了的困难，就没有战胜不了的挑战。同时也证明了，200万铁路职工是最听党的话、坚定跟党走的产业大军。

职工与企业、企业与职工，共建共为、相互依存。

从时速35公里到350公里，从绿皮火车到复兴号动车组列车，从“四纵四横”到“八纵八横”，中国铁路领跑世界的背后，有着无数个在平凡岗位上的铁路人用心用情用力托举着、奉献着，未来还需要我们以钉钉子精神做好身边事，继续在铁路高质量发展实践中立足岗位、履职尽责。

## 难题一起解。

党的二十届三中全会为进一步全面深化国铁企业改革明确了目

标方向。实现这一目标，需要我们着力破解制约铁路高质量发展的深层次体制机制障碍和结构性障碍，着力补强实现铁路现代化的短板和弱项。

破解这些难题，需要我们在一起。

拿铁路现代物流体系建设来举例。我在分别采访货主和职工的时候，听到一些说法：

有客户说："现在铁路推出全程物流总包服务，提供专业化运输方案，我们省心省力省钱。"

有职工说："我们主动出击，运量上来了，单位实现大目标，我也可以实现自己的小目标啦。"

铁路成为客户的坚定选择。企业盈利了，职工的职业荣誉感明显增强。

职工与企业、企业与职工，同气连枝、共生共赢。

我们还惊喜地看见，在企业提供越来越多平台的同时，职工们也发挥聪明才智反哺着企业，南宁局集团公司"青创先锋"创新创效大赛已经连续举办了六届，一批"青创"团队积极投身创新创效实践，孵化出丰硕的成果。

铁路高质量发展没有旁观者和局外人。解决发展道路上的难题难关，需要人人参与、人人尽力，200 万铁路人仍将一如既往地"齐步走""接力走"下去。

## 成果一起品。

现在我们记者每个月都会制作一次一线职工食堂的 PK 题材，得到众多职工的好评。当初我在荔波站采访完，问附近哪儿有吃的，站务员兄弟和我说："不用找了，我们公寓的都是小锅菜好吃还实惠。整个就是铁路版'舌尖上的中国'。"透着铁路人满满的骄傲和自豪。

品尝这些甜美的果实，需要我们在一起。

拿大家熟悉的铁路"三线"建设来说，就是实实在在的暖心工程，铁路职工的生产生活条件特别是沿线职工的生产生活条件一天比一天好。

职工与企业、企业与职工，相辅相成、共享共荣。

物质食粮满足了，精神食粮也不能空。近年来，"书香铁路·我喜爱的好书"读书活动以其丰富多彩的形式广受好评。我们南宁局集团公司建设"书香铁路"，在各个单位建立阅读空间 534 个，与地方图书馆联学联建、打造"宁铁职工共享文化空间"，为广大干部职工争取到了阅读、购书、开展活动等优惠，同时还打造"高铁读书驿站"，旅客和职工可以在旅途中读上一本好书丰富旅途文化生活。

职工是国铁企业的主人，也是推动铁路高质量发展的主体力量，国铁企业与职工始终同呼吸、共命运、心连心，共享共建是我们画出的最大的同心圆，也是我们前进路上最亮丽的风景，更是我们以奋斗者姿态拥抱改革砥砺奋进的强大动能。

奋进新时代新征程，我们要更好地共建共享铁路高质量发展成果，共同奔赴铁路现代化的星辰大海，创造属于我们这一代铁路人的精彩篇章。

最后，我想引用一位学者的一段话来结束本次宣讲："无论中国怎样，请记得：你所站立的地方，就是你的中国；你怎么样，中国便怎么样；你是什么，中国便是什么；你有光明，中国便不会黑暗。”铁路人将继续以一往无前的奋斗姿态把改革推向前进，未来中国、未来铁路，一起出发！

# 成都局集团公司

## 宣讲报告

扫码观看宣讲视频

宣讲、撰稿人员：

詹　颖　杨峻杰　严　皓

谢　卿　杨佳利　罗　伟

廖　华　刘衍正　陈诗尧

蔡文奎　牟志斌　田小川

# 以党的二十届三中全会精神为引领<br>奋力推动铁路高质量发展<br>率先实现铁路现代化

1978年，党的十一届三中全会召开，开启了改革开放和建设社会主义现代化的伟大征程。那一年，我正好出生，有幸与改革开放同岁，见证了改革开放取得的伟大成就，也享受到了改革开放带来的实惠。时隔46年，站在继往开来的历史关口，又一次具有里程碑意义的重要会议——党的二十届三中全会，于2024年7月15日至18日在北京胜利召开。

这次全会是党中央在以中国式现代化全面推进强国建设、民族复兴伟业的关键时刻召开的一次十分重要的会议，是在新的历史起点上，进一步全面深化改革、推进中国式现代化的总动员、总部署，是对新时代新征程举什么旗、走什么路的再宣示，对实现第二个百年奋斗目标和中华民族伟大复兴的中国梦，具有重大意义。准确理解和认真贯彻全会精神，是我们每一名铁路人当前和今后一个时期的重要政治任务。

学习领会全会精神，重点是要准确理解把握全会主题和进一步全面深化改革的总目标、重大原则、重要举措、根本保证等 5 个方面的重点内容。

## 深刻理解把握党的二十届三中全会的主题。

大家都知道，这次全会的主题是：进一步全面深化改革、推进中国式现代化。那为什么要定这个主题呢？事实上，党中央确定以此为全会主题，是经过深思熟虑的。习近平总书记从党的二十大闭幕起，就一直深入思考着，党的二十届三中全会研究什么议题、作出什么决定、采取什么举措、释放什么信号。

一方面，推进中国式现代化面临许多复杂矛盾和问题，必须克服种种困难和阻力，需要通过进一步全面深化改革，推动生产关系和生产力、上层建筑和经济基础、国家治理和社会发展更好相适应，为中国式现代化提供强大动力和制度保障。另一方面，中国式现代化作为新时代新征程党的中心任务，包括进一步全面深化改革在内的党和国家一切重大战略部署，都必须紧紧围绕推进中国式现代化来谋划和展开。

## 深刻理解把握进一步全面深化改革的总目标。

那就是：继续完善和发展中国特色社会主义制度，推进国家治理体系和治理能力现代化。到 2035 年，全面建成高水平社会主义市场经济体制，中国特色社会主义制度更加完善，基本实现国家治理体系和治理能力现代化，基本实现社会主义现代化，为到本世纪中叶全面建成社会主义现代化强国奠定坚实基础。

这一总目标既同党的十八届三中全会提出的全面深化改革总目标一脉相承，又同党的二十大作出的战略部署相衔接，为进一步全面深化改革明确了目标导向。

## 深刻理解把握进一步全面深化改革的重大原则。

全会审议通过的《中共中央关于进一步全面深化改革、推进中国式现代化的决定》，深入系统总结改革开放以来，特别是新时代全面深化改革的宝贵经验，提炼形成指导进一步全面深化改革的"六个坚持"重大原则，这是我们党不断深化对改革的规律性认识的重大成果。一是坚持党的全面领导，这是我们的最大政治优势，是我国改革开放成功推进的根本保证。二是坚持以人民为中心，这是改革的根本立场。三是坚持守正创新，这是改革的本质要求。四是坚持以制度建设为主线，这是新时代全面深化改革的鲜明特点。五是坚持全面依法治国，这是改革的重要保障。六是坚持系统观念，这是改革的重要思想方法和工作方法。

"六个坚持"不是从天上掉下来的，也不是从书本上抄来的，而是在我国改革开放的长期探索实践中形成的，集中体现了习近平总书记关于全面深化改革重要论述的核心要义，是面向未来进一步全面深化改革的重要遵循。

## 深刻理解把握进一步全面深化改革的重要举措。

《决定》紧扣进一步全面深化改革、推进中国式现代化这个主题展开，从经济、政治、文化、社会、生态文明、国家安全、国防和军队，以及加强党对改革的领导、深化党的建设制度改革、党风廉政建设和反腐败斗争等方面提出 300 多项改革举措。

习近平总书记用“五个注重”阐述了这些重大举措的特点：一是注重发挥经济体制改革牵引作用。二是注重构建支持全面创新体制机制。三是注重全面改革。四是注重统筹发展和安全。五是注重加强党对改革的领导。《决定》还专门对铁路改革进行了部署，明确提出推进铁路等行业自然垄断环节独立运营和竞争性环节市场化改革，深化综合交通运输体系改革、推进铁路体制改革。这充分体现了党中央对铁路工作的高度重视，也为进一步全面深化国铁企业改革明确了目标方向。

**深刻理解把握进一步全面深化改革的根本保证。**

这个根本保证就是坚持党的全面领导，是改革开放能否取得成功的关键。推进中国式现代化的伟大事业，在攻坚克难中奋力突破，在披荆斩棘中坚定前行，在重大历史关头、重大考验面前，党中央的领导力、判断力、决策力、行动力有着决定性作用。新征程上，我们要传承铁路“始终听党话、永远跟党走”的红色基因，完善党领导国铁企业制度机制，进一步加强党对国铁企业的全面领导，为进一步全面深化国铁企业改革提供坚强保证。

同事们，改革潮起，击鼓催征。学习是为了更好更准确地抓落实，推动工作，我们要以党的二十届三中全会精神为引领，进一步全面深化国铁企业改革，奋力推动铁路高质量发展、率先实现铁路现代化。

# 学习铁路史　勇担新使命<br>增强率先实现铁路现代化的责任感使命感

2020 年 7 月，我踏入重庆车辆段的大门，这片土地正是 1945 年“重庆谈判”毛主席下飞机的地方。1950 年，为配合成渝铁路动工修建，在机场原址成立“机车车辆装修大队”，负责组装和修理经长江运来的机车，由此诞生了新中国第一个车辆段——重庆车辆段。在重庆车辆段那片红色沃土的滋养下，引发了我学习铁路史的浓厚兴趣。下面就让我带领大家穿越百年岁月，回望中国铁路发展历程。

## 回望铁路百年发展历程，中国铁路在波澜壮阔中勇毅前行、勇担重任。

在中国共产党的领导下，中国铁路始终听党话、永远跟党走，有着光荣而深厚的历史。

1876 年，清政府时期，英国资本集团在中国修建了吴淞铁路，开启了中国铁路的“艰难岁月”。1909 年，“中国铁路之父”詹天佑主持修建了京张铁路。民国时期。孙中山先生说:“今日之世界，非铁道无以强国”。他提出了宏伟的铁路建设计划，但军阀混战、列强控制，资金匮乏，中国铁路依然没有改变艰难前行的局面。

新中国成立后，在社会主义革命和建设时期，迎来了中国铁路的“破茧成蝶”。我们用两年时间修建了新中国第一条铁路——成渝铁路；宝成铁路结束了“蜀道难、难于上青天”的历史；成昆铁路突破“筑路禁区”，被联合国誉为“二十世纪人类征服自然的三大奇迹”之一……这一时期，中国铁路发挥了开路先锋的巨大作用，成为国民经济发展的大动脉。

中国铁路的“春风年代”是改革开放和社会主义现代化建设新时期，铁路主动服务党和国家工作大局，开展了如火如荼的铁路建设大会战。2008年8月，我国第一条设计时速350公里的高速铁路——京津城际铁路投入运营；2011年6月，一次性建成世界上里程最长、技术标准最高的京沪高铁开通运营。2012年底，我国高铁营业里程达9356公里，跃居世界首位。期间，被誉为“世界屋脊上的钢铁大道”的青藏铁路及“中国重载第一路”的大秦铁路相继建成通车。这一时期，中国铁路发展取得重大进步，迈出坚实步伐。

中国铁路的“复兴跨越”。党的十八大以来，以习近平同志为核心的党中央对铁路工作高度重视，作出一系列重大决策部署，推动中国铁路发展进入快车道，发生历史性变化，取得历史性成就。路网规模快速增长。截至2023年底，全国铁路营业里程达15.9万公里，其中高铁4.5万公里，“四纵四横”高铁主骨架全面建成，“八纵八横”高铁网加密成型，复兴号动车组列车覆盖31个省区市，是世界上规模最大、现代化水平最高的高速铁路网。复兴号动车组列车领跑世界，在京沪、京张、成渝等高铁线路上实现350公里/时商业运营，树立起世界高铁建设运营新标杆。中欧班列联通中国境内108个城市，通达欧洲25个国家208个城市，雅万高铁成为共建“一带一路”合作的“金字招牌”，国际黄金大通道中老铁路的作用日益彰显，共同开创了国际合作新局面。

我们从1876年走到今天，了解了中国铁路140多年的发展历程，学习了中国铁路史的波澜壮阔。请允许我向大家提出一个问题，中国铁路为什么能够取得举世瞩目的成就呢？大家可以思考一下，我对此做出了总结。

主要源于4个“得益于”：得益于有党的坚强领导，特别是党十八大以来，习近平新时代中国特色社会主义思想为我们做好各项工作提供了根本遵循，指明了前进方向；得益于有党和国家领导人的亲切关怀，为铁路事业发展注入了强大信心和力量；得益于有一支特别能战斗、特别能吃苦的职工队伍，也就是各位，辛勤奉献的一线职工，为铁路事业提供了坚强依靠；得益于有以“人民铁路为人民”为核心的铁路精神的激励引领，为铁路事业发展提供了强大的精神动力。

**踏上新征程，我们要认清形势，坚定信心，切实增强率先实现铁路现代化的责任感使命感。**

党的二十届三中全会发出了新时代新征程进一步全面深化改革、推动中国式现代化的动员令。作为国家铁路，服务和支撑中国式现代化的历史重任又落到我们的肩上。

为此，我们要认清形势，坚定信心，切实增强率先实现铁路现代化的责任感、使命感。那么，如何服务好中国式现代化的中心任务，我们可以从 5 个方面入手。

服务“人口规模巨大的现代化”。要求我们必须建好管好现代化铁路网，让群众出行有保障，出行更便捷。

服务“全体人民共同富裕的现代化”。要求我们围绕大众化交通工具和重大民生工程的两个方面，谋划和推进铁路现代化建设，让铁路现代化成果更多惠及全体人民。

服务“物质文明和精神文明相协调的现代化”。要求我们发挥铁路国民经济大动脉和精神文明窗口作用，为促进物的全面丰富和人的全面发展作出铁路贡献。

服务“人与自然和谐共生的现代化”。要求我们必须充分发挥绿色低碳环保的优势，全面提升铁路绿色发展水平，在推进生态文明建设中展现更大作用。

服务“走和平发展道路的现代化”。要求我们必须持续为推动共建“一带一路”贡献铁路力量。

同志们！服务好中国式现代化这个中心任务，要有大目标，要有小步迈，今后一个时期，铁路的中心任务是：推动铁路高质量发展，率先实现铁路现代化。作为一名一线职工，坚守岗位、恪尽奋发，听从指挥，便是对动员令的最好实践！

# 推动率先实现铁路现代化 努力为服务和支撑中国式现代化贡献铁路力量

三年前，我所在的成都动车段成立了动车技术创新中心，我和团队成员乘着铁路现代化建设的“春风”，完成数字化动车段建设、轮对智能运维决策、动车闯坡能力研究等41个项目和专项课题，其中26项在全路得到了推广，为铁路现代化建设增添了微薄之力。

2024年，党的二十届三中全会为进一步全面深化改革、推进中国式现代化明确了奋进目标、方向和举措，铁路现代化建设也驶向新的征程、迈入新的阶段。

新征程上，我们如何认识和推动率先实现铁路现代化，下面，由我向大家作汇报交流。

## 清晰认识“铁路现代化”的内容及目标任务。

铁路现代化建设的内容根本上就是构建“六个现代化体系”。构建“六个现代化体系”是国铁集团党组深入贯彻落实党的二十大精神，紧扣推进中国式现代化主题，明确提出的推动铁路高质量发展，率先实现铁路现代化，勇当服务和支撑中国式现代化“火车头”目标任务。

下面，我们一起来看。“六个现代化体系”包含基础设施体系、运输服务体系、科技创新体系、安全保障体系、经营管理体系、治理体系6个方面。其中，基础设施体系是重要基石，事关长远大局；运输服务体系是业务核心，关乎企业宗旨；科技创新体系是发展的不竭动力；安全保障体系是职业的根本底线；经营管理体系是企业核心竞争优势；治理体系是实施保障的有力举措。这“六个现代化体系”相互贯通、相互促进，各有侧重、缺一不可，是率先实现铁路现代化的任务书、路线图、时间表。

那么，构建“六个现代化体系”的目标任务是什么，我们分两个阶段概括：

一是2025年，完成铁路“十四五”发展规划目标，基本建成“六个现代化体系”。“八纵八横”高铁主通道加快形成，普速铁路能力瓶颈路段基本消除，城际和市域（郊）铁路稳步发展，多层次客运网络现代高效，物流网络更加便捷顺畅，铁路服务和支撑中国式现代化的战略保障作用显著增强。

二是到2035年，实现铁路基础设施规模质量、技术装备和科技创新能力、服务品质和产品供给能力“三个世界领先”、运输安全水平、经营管理水平、现代治理水平“三个世界前列”，国际竞争力和影响力全面增强，率先建成服务安全优质、保障坚强有力、实力国际领先的现代化铁路强国。

截至目前，构建“六个现代化体系”的工作取得了哪些成效呢？党的二十大以来，国铁企业坚持以习近平新时代中国特色社会主义思想为指导，聚焦服务和支撑中国式现代化，全面深化改革创新，不断取得铁路高质量发展新成效。高铁列车开行覆盖方面，2023 年仅我们段配属的动车就开到了香港、开进了阿坝，2024 年又连通了黄龙九寨。高速铁路如纽带般紧密联通各个地区、促进资源流动与均衡发展。科技创新方面，中国首条预留 400 公里 / 时的成渝中线高铁基础设施技术取得重要进展，复兴号高速列车项目荣获 2023 年度国家科学技术进步特等奖，世界最快高铁 CR450 动车组样车也将于 2024 年下线交付，铁路现代化正在加速实现……

**如何更好地担当新的历史使命，推动铁路高质量发展、率先实现铁路现代化。**

我们要始终坚决贯彻落实国铁集团各项工作部署。国铁集团牢牢把握新征程使命任务，坚持稳中求进工作总基调，完整、准确、全面贯彻新发展理念，就推进现代化建设作出战略性的部署。对我们每一位铁路职工而言，就是要统一思想和行动，树牢主人翁意识，提升个人专业水平和创新能力，立足本职岗位主动思考和作为，踊跃参加揭榜挂帅、技改技革、QC 小组等各项活动，力争在防洪暑运、货运物流改革、客运提质增效等各项重点工作中当好参与者、执行者，甚至是改革者，切实为铁路现代化贡献智慧与力量。

我们要始终坚守铁路安全政治红线和职业底线。安全是铁路行业的“生命线”，是一切工作的前提和基础。我们要坚持从政治上、大局上来认识铁路安全，始终把维护铁路安全摆在最突出的位置，以“时时放心不下”的责任感、积极担当作为的精气神，为维护铁路安全履好职、尽好责。在强化安全管理责任体系完善、应急处置技能淬炼的同时，深化主动安全防控系统技术的研究和应用，构建风险预测预警和防控体系，切实为铁路现代化提供高可靠的安全保障。

我们要始终坚持深入推进铁路科技创新自立自强。习近平总书记指出：“创新是一个民族进步的灵魂，是一个国家兴旺发达的不竭动力，也是中华民族最深沉的民族禀赋。”对我们而言，就需要培养复合型高素质人才、构建协同高效的创新组织、建立健全创新机制、加大科研经费投入、强化产业推广应用，聚焦前沿领域、关键技术开展理论创新、应用创新，着力解决高铁行业“弓网关系、流固关系、轮轨关系”一类的长期技术难题，切实为铁路现代化提供科技创新动力。

同事们，铁路“六个现代化体系”建设的目标、任务、举措已经明确。接下来，我们要牢记“人民铁路为人民”的宗旨，以更高的站位、更宽的视野、更大的力度、更加昂扬的精神状态和真抓实干的实际行动，在勇当服务和支撑中国式现代化的“火车头”中彰显新担当、展现新作为。

# 筑牢命运共同体意识<br>共建共享铁路高质量发展成果

我于2017年入路参加工作，从见习生、车辆电工成长为助理工程师，并荣幸地成为一名青马讲师。这些年，我切身地感受到铁路福利越来越好，工作生活环境越发舒心暖心，我和我的企业成为你中有我、我中有你的命运共同体，而这个命运共同体也正承载着我们彼此的期待。

## 回首过往，在命运与共中共担风雨、成就辉煌。

党的二十届三中全会审议通过的《中共中央关于进一步全面深化改革、推进中国式现代化的决定》强调，“改革为了人民、改革依靠人民、改革成果由人民共享”。国铁企业在服务党和国家工作大局、服务人民群众出行的同时，也积极满足我们广大职工对美好生活的期待，企业与职工同心同向、同频共振，推动铁路高质量发展取得显著成效，构建起牢固的企业与职工命运共同体。

这种命运共同体是彼此成就的共同体。回望铁路发展历史，就是一部国铁企业与铁路职工同呼吸、共命运、心连心的共同奋斗史。建党初期，我们铁路工人率先接受马克思主义思想，掀开中国工人阶级登上政治舞台的历史新篇章；革命战争年代，我们铁路工人响应党的号召，投身中国革命和民族解放战争；社会主义革命和建设时期，我们铁路工人自力更生，奋发图强，勇当开路先锋；改革开放以来，我们铁路工人坚持解放思想、改革创新，推动铁路建设发展取得重大进步；进入新时代，我们铁路工人牢记习近平总书记的殷殷嘱托，立足党和国家工作大局，坚持“人民铁路为人民”宗旨，勇担历史使命。

这种命运共同体是责任共担的共同体。职工是企业发展的基石，好职工成就好企业。新时代铁路人心往一处想、劲往一处使，推动我国铁路事业发生了历史性变化、取得了历史性成就。翻开一张张新时代铁路高质量发展的答卷，我们铁路职工无不是在用行动、实绩，甚至生命在作答！疫情期间，数以万计的铁路人投身于保通保畅、稳链稳供、复工复产中，用实际行动诠释了新时代铁路人的忠诚和担当。危难时刻，乘务员赵阳那句“穿了这身衣裳，就要对得起大家”的话语掷地有声，纵有千般磨难与无尽崩溃，仍毅然决然。防洪前线，铁路职工用血肉之躯抵御洪峰过境，重车压梁的故事现在听来依旧惊心动魄。正是因为有了这样一支对党忠诚、敢打硬仗、能打胜仗的“铁军”，党的铁路事业才能无往而不胜，“钢铁巨龙”才能乘风破浪、行稳致远。

这种命运共同体是成果共享的共同体。党的十八大以来，铁路各级组织始终坚持以人民为中心的发展思想，全面落实党的依靠方针，从职工关心的事情入手，从解决急难愁盼问题做起，通过改善生产生活条件、改进生产技术装备、落实帮扶救助政策、推进铁路“三线”建设等举措，把民生实事办得更实办得更好，满足了大家对美好生活的新期待。特别是在当前大环境下，铁路稳定的工作、收入羡煞旁人，智慧食堂、健康小屋、补充医疗、室内场馆……这些词汇都在铁路人的朋友圈高频出现，字里行间透露出铁路人满满的骄傲和自豪，铁路职工获得感、幸福感、安全感显著增强。

**展望未来，在同心同向中拼搏奋斗、实现共赢。**

我想，在座诸位和此时此刻正奋战在一线的铁路人，都有着对美好生活的向往。期盼有更满意的工资收入、更高的生活品质、更舒适的工作环境。但是天上不会掉馅饼，好日子也绝不是张张嘴喊来的，那得是撸起袖子加油干出来的。

怎样推动铁路高质量发展？我们不是旁观者，更不是局外人。党的二十届三中全会发出了高举改革开放旗帜，凝心聚力、奋发进取，全面建成社会主义现代化强国、实现第二个百年奋斗目标的伟大号召。当前和今后的一个时期，是以中国式现代化全面推进强国建设、民族复兴伟业的关键时期。作为新时代铁路人，我们要保持战略定力，坚定必胜信心，找准奋斗坐标，与企业使命共担、责任共尽，当好“主角”，作出贡献。

怎样维护好这个命运共同体？企业责无旁贷，职工当仁不让。当前，铁路改革已进入深水区，持续把铁路改革引向深入，推动铁路高质量发展再上新台阶，还有不少“硬骨头”要啃。作为新时代铁路人，我们要心往一处想、劲往一处使，全面贯彻落实国铁集团党组决策部署，以高可靠安全、高质量经营、高水平改革保障高质量发展，以高质量共建共享把职工对美好生活的向往照进现实，激发着全路职工拼搏奋斗的向心力和战斗力，构建更加牢固的企业与职工命运共同体。

怎样开创共建共享新格局？我们既是答卷人，也是阅卷人。俗话说得好，大河有水小河满，大河无水小河干。铁路经营的“大袋子”跟每个人的“小荷包”密切相关，职工是形成企业价值链的基础，企业的可持续发展的关键在于职工。我们只有把个人发展融入企业发展，增强对铁路事业的职业认同、价值认同、愿景认同，与企业同呼吸、共命运，才能在推动铁路改革发展中实现自我价值。作为新时代铁路人，我们应该主动把个人理想与企业愿景紧紧融合在一起，增强干事创业、建功立业的思想自觉，同方向、同目标、加油干，以主人翁的奋进姿态、实干家的担当作为，在铁路全面深化改革、加快构建“六个现代化体系”中展作为、立新功。

同事们，新时代，铁路发展实现历史性变革，取得历史性成就，我们享受到了铁路改革发展带来的实惠和红利。新征程上，需要我们再接再厉，大力传承弘扬铁路精神，为推动铁路高质量发展贡献更大力量。

# 大力传承弘扬铁路精神
# 凝聚铁路现代化建设的强大合力

2024年8月14号，人民铁道微信公众号推出“先行有我——铁路榜样的奋斗路”访谈节目《离旅客最近的岗位》，3位“新时代·铁路榜样”分享了自己的奋斗历程和工作感悟：李军，南昌站客运值班员，扎根“红土情”服务台十六载，服务旅客6万余人次，为400余名走失儿童找到亲人。吕盼，京张高铁列车长，创建“雪之梦”服务品牌，用优质服务擦亮中国高铁亮丽名片。阿西阿呷，成都客运段慢火车列车长，以“一趟车一辈子”的真情，28年服务于大凉山“慢火车”。他们有一个共同的特点，都是在平凡岗位上践行“人民铁路为人民”伟大铁路精神的先行者。

中国铁路发展至今，已有100多年的历史，铁路人“始终听党话，永远跟党走”，孕育形成了以“人民铁路为人民”为核心的伟大铁路精神，传承至今。那么，它是一种怎样的精神？今天，我以一名平凡铁路人的视角，带领大家一起感悟“人民铁路为人民”的精神密码，从中汲取奋进的力量。

**“人民铁路为人民”是一种胸怀天下、敢于斗争的爱国精神。**

心有所信，方能行远。1923 年 2 月，京汉铁路的工人们在党的领导下，面对着帝国主义和封建军阀的双重压迫，他们以坚定的信念和不屈的意志，发起了震撼全国的罢工运动。他们用实际行动向世界宣告：“中国工人阶级已经觉醒，我们将不再忍受剥削和压迫，我们要为自己的权利而战！”这是一场凝重而悲壮的斗争，它凝聚了全国劳苦大众的心声，荡涤着腐朽没落的帝国主义和封建军阀，留下宝贵的“二七”精神亘古常青。抗日战争时期，铁路工人把铁道线变成抗击日寇的最前线；解放战争期间，铁路工人开展护路斗争，积极投身于人民解放战争中，唱响“解放军打到哪里，铁路修到哪里，火车开到哪里”……无不深刻地诠释了“人民铁路为人民”的爱国情怀。

**“人民铁路为人民”是一种艰苦创业、竭诚为民的奉献精神。**

天地之大，黎元为本。在山险涧深、沟壑纵横，常年多雨的秦巴山区，以巴山线路维修工队王庭虎为代表的一代代巴山工务人扎根大山深处，以实际行动践行“艰苦奋斗、无私奉献、务实创新”的铮铮誓言，硬是把地质条件复杂、基础薄弱、病害严重的“担心线”养护成了“放心线”。36 年，王庭虎将自己的青春和热血奉献给了巍峨高耸的大巴山，把汗水和热爱洒满了朝夕相伴的铁道线。

像王庭虎这样无私奉献的铁路人还有很多，在成昆线上原西昌工务段职工章显容，18 岁参加工作，30 年望一山守一石，把自己最美好的青春年华，奉献给了大山深处的防洪看守点。青藏铁路格拉段开通运营初期，24 岁的于本蕃带领工友在“风吹石头跑，氧气吃不饱，四季穿棉袄”的“生命禁区”，每天一干就是十几个小时，一待就是 15 年。“最后一道关，荣辱一把闸。”这是贵阳机务段动车组司机杨勇在生命最后时刻为几百名旅客筑起的生命屏障。他们始终牢记“人民铁路为人民”的初心，恪尽职守，在中国铁路事业的丰碑上刻下了不可磨灭的印记。

**“人民铁路为人民”是一种劈波斩浪、勇立潮头的创新精神。**

惟改革者进，惟创新者强，惟改革创新者胜。创新精神，是铁路人面对困难和挑战时的勇气和智慧，是推动铁路事业不断前进的强大动力。1992 年，大秦铁路全线贯通，这是中国第一条重载列车线路，同时也是第一条实现微机化调度集中系统线路和采用全线光纤通信系统的线路。30 余年来，大秦铁路人融创新、创业、创造为一体，在没有成熟经验可循的情况下，着力创新驱动，形成具有世界先进水平和中国特色的重载技术、运输组织、装备运用、设备维修和组织保障“五大体系”，填补了中国重载铁路的多项空白。从 2008 年京津城际开通运营，到 2011 年铁路 12306 系统上线；从 2017 年我国自主设计的标准复兴号动车组列车下线，到 2019 年复兴号动车组列车在京张高铁奔驰……线路延伸、动车更迭、服务提质，铁路人不断开辟新领域，探索新路径，用劈波斩浪、勇立潮头的创新精神，建成了全世界最发达的铁路交通网。在不久前，复兴号高速列车项目荣获国家科学技术进步奖特等奖，中国高铁技术树起了国际标杆！

同事们，党的二十届三中全会明确，进一步全面深化改革，必须坚持以人民为中心，解决好人民最关心、最直接、最现实的利益问题，不断满足人民对美好生活的向往。对此，作为铁路人的我们责任在肩。

我们要从铁路精神谱系中汲取磅礴伟力，坚定信念、齐心协力，以更加开放的心态，拥护国铁企业进一步全面深化改革，打造更加安全、高效、便捷的铁路大众化交通工具，满足人民群众对美好出行的需要。我们要筑牢服务理念，坚守“人民铁路为人民”的初心，从旅客、货主的实际需求出发，不断优化服务流程，提高服务标准，以更加人性化的服务举措，让每一位旅客、货主都能感受到铁路改革发展的成果。我们要认真学习铁路规章、工作标准、作业流程，不断提升专业技能，拓展服务视野，创新服务模式，为推动率先实现铁路现代化做出更大贡献。

同志们，让我们坚持以党的二十届三中全会精神为指引，深入贯彻落实国铁集团党组决策部署，自信自立、锐意进取、开拓创新，为勇当服务和支撑中国式现代化“火车头”贡献智慧和力量，奋力谱写中国式现代化的铁路新篇章！

# 昆明局集团公司

## 宣讲报告

扫码观看宣讲视频

宣讲、撰稿人员：

许小丽　山　凡　钱　畅

郭为华　马　竞　曾志林

毕子均　周　军　张睿祺

魏学枝

# 以改革创新推动铁路高质量发展

党的二十届三中全会是在以中国式现代化全面推进强国建设、民族复兴伟业的关键时期，召开的一次具有里程碑意义的重要会议。它的重要性，不言而喻。

那么，全会决定了哪些大事？有什么重点内容？与我们每个人又有什么关系呢？让我们带着这些问题一起来学习和理解。

党的二十届三中全会通过的《中共中央关于进一步全面深化改革、推进中国式现代化的决定》，共60条、2万余字，擘画了一幅宏伟的改革蓝图。其中，交通、铁路等关键词多次出现，对健全现代化基础设施建设体制机制、深化综合交通运输体系改革、推进铁路体制改革等作出战略部署。作为铁路人，这些改革举措与铁路发展大局息息相关，与我们每个人都密切相连，也是需要我们重点掌握的内容。

在我们身边，有很多关于改革变迁的故事，生动讲述着改革与高质量发展的关系。

在云南省大理州南涧县小湾东镇，湛蓝的天空，奔腾的江水，茫茫的云海，把这个边疆民族小镇装点得分外美丽，如诗如画的风景之外，宽阔的江面上横跨着一座铁路桥，旁边有一个别具特色的火车站，它就是全国首个助力乡村振兴的特设火车站——大临铁路小湾东车站，其所在的南涧县小湾东镇也是昆明局集团公司挂钩帮扶的联系点。

在路地各方齐心协力下，2019 年 5 月，南涧县退出脱贫序列，成为全国 832 个脱贫摘帽的国家级贫困县之一。小湾东的蜕变，是中国脱贫攻坚的一个生动缩影。脱贫攻坚，千年圆梦。正是靠着改革的动力，人民群众的日子越过越红火，神州大地正发生着翻天覆地的变化。

在充分认识和把握伟大成就的基础上，如何学习领会把握党的二十届三中全会精神的主要内容和实践要义，我想围绕全面深化改革这一贯穿全会的主线，从三个方面来分享一下我的学习体会。

## 我们为什么要全面深化改革?

习近平总书记深刻指出:“改革开放是决定当代中国命运的关键一招，也是决定中国式现代化成败的关键一招。”回顾改革开放以来两次划时代的三中全会，无论是党的十一届三中全会，还是党的十八届三中全会，都聚焦经济社会发展、人民群众生产生活水平改善等重点任务，推出了一系列改革举措，而这些举措深刻改变了中国的面貌和中国人民的面貌。

讲到面貌之变，作为铁路人，中国铁路的发展变迁我们体会得或许更深刻。1978 年 10 月，邓小平同志访问日本，并乘坐了新干线列车。工作人员问:“乘坐新干线，您会有什么样的想法？”邓小平同志回答道:“就感觉到快，有催人跑的意思。我们现在正合适坐这样的车。”

从过去的绿皮车、慢火车，到如今复兴号奔驰在祖国广袤的大地上，时速也从几十公里提升至 350 公里甚至更高，这一变化不仅是中国发展的缩影，更是国家综合实力提升的重要标志。如今，全国铁路营业里程达到 15.9 万公里，其中高铁营业里程 4.5 万公里。勇当一往无前的“火车头”，中国铁路以不懈的努力持续跑出“加速度”，正将“催人跑”的愿景一步步变为现实。

中国的发展，不仅体现在速度之变上，更深刻地展现在经济实力与综合国力的全面跃升上。GDP 跃居世界第二，我国经济对全球经济增长的贡献稳定在 30%左右，中国成为全球经济增长的重要引擎。

总之，改革开放 40 多年的生动实践充分证明：没有改革就没有中国人民富起来，没有全面深化改革就没有中国人民强起来，就没有中华民族伟大复兴。因此，新时代新征程，我们必须继续用好改革开放关键一招，进一步全面深化改革，这样才能把中国式现代化蓝图变为现实。

### 我们要怎样推进全面深化改革？

这就需要我们再次回到《决定》中来看，全会《决定》共提出了 300 多项重要改革举措，这一项项举措含金量高、分量很重，为我们怎样推进全面深化改革指明了方向。对这些重大举措，我们既要整体把握、全面系统，也要抓住关键、突出重点。

怎么做到整体把握、全面系统？我们要坚持以“一个总目标”“七个聚焦”为牵引，全面学习把握《决定》围绕经济、政治、文化、民生、生态文明等领域部署的改革举措，避免“只见树木不见森林”。那又怎么做到抓住关键、突出重点呢？我们要深入学习把握《决定》中关于国资国企改革特别是直接涉及铁路的改革举措，比如，《决定》强调要推进铁路等行业自然垄断环节独立运营和竞争性环节市场化改革；要深化综合交通运输体系改革，推进铁路体制改革；等等。通过认真学习，对国铁企业在经济社会发展大局和全面深化改革中的定位作用了然于胸，不断增强责任感和使命感。

## 我们要如何投身改革大潮？

我们常说：一分部署，九分落实。抓好学习贯彻全会精神这项重大政治任务，国铁集团党组作出了全面学习、全面把握、全面落实的安排部署。作为铁路职工，就是要激发投身改革大潮的热情，把部署要求转化为具体行动，落实到本职岗位上来，用实干一笔一画绘好铁路发展的壮阔明天。

实干，是通往未来的最可靠路径。200 万铁路人正是靠着一道拼、一道干、一道奋斗，才不断取得发展的新成就。“干”起来，要求我们大力弘扬改革创新精神，紧扣年度目标任务和安全管理、运输经营、铁路建设、科技创新等重点任务，持续学技练功强本领、立足岗位保安全、提质增效作贡献，不断推动铁路实现高质量发展。

学看家本领，当行动派实干家。在新征程上勇当“火车头”，要求我们要将党的二十届三中全会精神落实到岗位中来，在物流体系改革、调乘一体化改革等行动中当好先行，以每个领域的坚实行动，深化综合交通运输体系改革，推进铁路体制改革，最终推动铁路高质量发展并率先实现铁路现代化。

主动投身全面深化改革，勇当服务和支撑中国式现代化的“火车头”，需要汇聚起每一个铁路人的智慧和力量，让我们心往一处想，劲往一处使，努力把全会描绘的“愿景图”变为“实景图”！

# 从伟大发展成就中汲取奋进力量

新时代全面深化改革取得了伟大成就，那么同党和国家事业发展同步，在全面深化改革引领和带动下，新时代国家铁路发展同样取得了历史性成就、发生了历史性变革，谈到这些发展成就和变革，我们都深有体会，因为变迁就在我们身边，都是大家能够切身感受到的，凝聚着我们的心血和付出。作为一名土生土长的云南人，我想同大家分享发生在自己身边的几个小故事，来讲述这些成就变革。

**我的香格里拉之旅的故事。**

记得我第一次去香格里拉是在 2012 年的夏天，刚结束学校的期末考试，我就迫不及待坐上了开往香格里拉的汽车，去奔赴我的云岭天路梦。印象中我们清晨就坐上了车，可是到夜晚时分才到站，只觉得这条路怎么那么长，感觉十分疲惫。时过境迁，上个月我和家人再次去香格里拉旅游，这一次，我们有了更好的选择——乘坐动车，从昆明到香格里拉仅仅用了4个多小时。沿途的蓝天、草甸、雪山、森林等景色壮美秀丽、令人沉醉，让我们真正体验了一次快旅慢游的美好旅途。

当然，这次便捷旅行的背后是2023年11月丽江至香格里拉铁路的正式开通运营，相信不少人都和我有同样的体验，那就是新线相继开通运营带来出行方式的新选择。进入新时代以来，中国铁路迎来了历史上建设规模最大、新线投产最多、能力提升最快、科技创新最强的时期。如今，在960多万平方公里的神州大地上，铁路密布、高铁飞驰，流动的中国充满了繁荣发展的活力。作为新时代的铁路人，我们都可以自豪地说，我国已经建成了世界上最具现代化的铁路网和最发达的高铁网。

## 一个集装箱便捷之旅的故事。

大家知道吗？其实集装箱发货和我们乘车出远门的过程十分相似，想要到达目的地，要先坐汽车到车站货场，然后换乘货物列车出发，到站以后又要继续换乘汽车，直至终点。这其中最令客户头疼的就是，寻找两端接送的物流汽车以及费用的结算。以前，铁路和公路的费用都需要分开结算，手续十分烦琐，耗费大量精力。而现在，我和同事们积极拓展物流总包项目，现在发送集装箱能够享受到从起点到终点一站式全程物流服务，汽车由我们负责给找好，费用我们一并结算，真正把方便留给客户，做到畅通物流“最后一公里”。

集装箱享受便捷之旅的背后，是我们铁路物流人打破传统模式，深度融合铁路、公路物流资源，更好地满足企业安全便捷、高效、低成本运输需求的直接体现，是铁路现代物流建设的显著成果。进入新时代以来，中国铁路持续深化运输供给侧结构性改革，不断完善客运产品供给体系，加快推进铁路货运市场化改革，建设现代物流体系，在服务人民群众、有效降低全社会物流成本上取得明显成效，人享其行、物畅其流的现代化铁路运输服务体系正在加快构建，铁路运输供给能力和质量达到世界先进水平，将更好地满足国民经济和社会发展需要。

## 一个榴莲奇妙之旅的故事。

谈到榴莲，我想大家肯定都不陌生，这款“闻着臭吃着香”的水果总会让人垂涎欲滴。可是由于价格居高不下，曾经的我对这个动辄价格几百元的“热带水果之王”只能偶尔光顾，一时解馋。可让人惊喜和意外的是，曾经价格高企的榴莲现在大幅降价了，一整个榴莲的价格比起以前的下降了一半还多，这也彻底让我这个“吃货”实现了榴莲自由。

当然，榴莲从“贵族水果”到“平民小吃”得益的是中老铁路这条跨国铁路。从泰国进口的榴莲，经过老挝万象南准米轨换装站，乘“澜湄快线”国际货物列车先后抵达磨憨铁路口岸、昆明分装卸货点，再发送至国内各大城市商超和水果店，完成了从果园到餐桌的“奇妙之旅”，运输时间相比其他交通方式大大缩短。根据统计，2024年上半年中老铁路进口水果冷链运输4916箱、9.6万吨，增幅高达140%，运输效率提升推动综合成本下降，榴莲价格变得便宜也就顺理成章了。作为中老两国互利合作项目，中老铁路是高质量共建“一带一路”的标志性工程。进入新时代以来，中国铁路主动服务国家高水平对外开放战略，积极推动铁路走出去，中欧班列开行规模和品质不断提升，中老铁路黄金大通道作用日益显现，雅万高铁成为中印尼共建“一带一路”合作的“金字招牌”，中吉乌铁路前期工作加快推进，服务高质量共建“一带一路”取得显著成效。

通过以上三个小故事的分享，相信大家也感受到了铁路发展的辉煌成就。当然，新时代铁路发展成就还有很多，体现在铁路的安全管理、运输服务、企业管理、科技创新、党的建设等方方面面，对于这些发展成就，相信大家都会有各自的经历和故事去感受、去体会。

王安石有句诗说得好：“看似寻常最奇崛，成如容易却艰辛。”正如这句诗表述的那样，新时代以来国家铁路发展取得历史性成就、发生历史性变革，绝不是轻而易举、敲锣打鼓就能实现的。伟大成就的取得，最主要就是有以习近平同志为核心的党中央的坚强领导，有习近平新时代中国特色社会主义思想的科学指引，有习近平总书记对铁路工作的高度重视和深切关怀，有我们200万铁路人的拼搏进取和全力以赴。

职工朋友们，伟大成就鼓舞人心，宏伟蓝图催人奋进！牢记殷殷嘱托，奋进铁路现代化，需要我们锚定聚焦国家铁路的中心任务，接续奋斗、锐意进取，为以中国式现代化全面推进强国建设、民族复兴伟业贡献更多智慧和力量！

# 勇当服务和支撑中国式现代化的“火车头”

首先我想交流一个此刻与大家相关的话题：在听宣讲的过程中，大家坐得久了，会不会感觉到身体有些疲劳？

如果大家在疲劳的时候，试想一下，把座椅换成柔软的沙发，再有人来给大家沏点茶，或者最好还能按照最科学的睡姿变成零重力躺椅，以另外一种场景给各位选手按照评分标准评一下分，大家会不会觉得很有意思？其实这样的场景，在我们复兴号的智能动车组上已经实现了。

下面，我们一起想着这个场景，从另一个角度来理解铁路现代化是什么，怎么实现，要从哪几个方面实现？

## 铁路现代化是什么？

当我们选择乘坐复兴号出行，追求的是有更舒服的乘坐体验。而从国家发展层面来说，追求的则是坐在时代发展列车上的每个中国人，不仅能有位置坐得下、坐得安全舒服，还要坐得有质量有温度，能在发展的列车上一直坐下去，实现人、社会、国家的可持续性快速发展。

于是，党的二十大描绘出全面建设社会主义现代化国家、以中国式现代化全面推进中华民族伟大复兴的宏伟蓝图。

铁路作为国家战略性、先导性、关键性重大基础设施，是中国式现代化的重要支撑，但现在我们面临着铁路运输能力不足与需求增长的矛盾，效率与服务质量有待提升的挑战，安全保障与应急能力升级的现实需求，以及科技创新与产业发展的迫切要求，应对日益激烈的市场竞争和外部环境变化等问题，于是就像改进铁路座椅来缓解旅途出行的疲劳一样，我们要构建铁路“六个现代化体系”来推动铁路现代化建设，构建“人享其行、物畅其流”的现代化铁路网，勇当服务和支撑中国式现代化的“火车头”。

### 铁路现代化怎么来实现?

走好铁路现代化的建设之路，核心就在于全面构建“六个现代化体系”。

对于构建现代化铁路体系来说，现代化铁路基础设施体系就如同我们所坐的座位，中国式现代化是人口规模巨大的现代化、是全体人民共同富裕的现代化，这就需要提供与之相匹配的基础设施作为支撑，不断增强战略骨干通道，基本贯通高铁主通道，持续增强货运能力，提升城际和市域（郊）铁路网络化水平，让网络布局更合理，综合交通枢纽更顺畅、功能结构更完善，衔接配套更高效，努力建成便捷顺畅、经济高效、智能绿色、安全可靠的现代基础设施体系，这是实现铁路现代化的基础保障。

大家坐在舒适的座位上，便会开始想起那杯充满人文关怀的热茶，这杯热茶便是我们要构建的现代化铁路运输服务体系。我们要时刻带着“人民铁路为人民”的初心，以人文关怀出发，不断紧扣新时代运输需求个性化、多样化的新特征，提升铁路的运输服务质量。

我们看到，精心打造的“熊猫专列”“天山号”“象往号”等多样化旅游列车，为大家到达“诗与远方”加持高铁速度；贴心准备的“静音车厢”“互联网订餐”“便捷换乘”等个性化服务，让大家不再人在囧途，而是乐在坦途。我们搭乘中老铁路国际旅客列车，携带着普洱茶的醇厚与老挝咖啡的香浓，感受“一路咖香”，体验“金花”的贴心服务，让“坐着火车跨境游”成为引领潮流的新风尚，连接起两国人民友谊与文化交流的新桥梁。现代化铁路运输服务体系的构建，就是那杯充满人文关怀的“热茶”，是实现“人享其行”的关键要素。

近年来，复兴号高速列车项目荣获国家科学技术进步奖特等奖，中老铁路项目管理现代化创新成果荣获全国企业管理现代化创新成果一等奖……万里铁道线正铺展开一幅铁路高水平科技自立自强的生动画卷。构建现代化铁路科技创新体系，就是要像高铁上可以调整角度的座椅一样，用新技术、新方法来“调出”人民群众美好出行的满意度。借助大数据、云计算、人工智能等新质生产力面向未来，从全面推动川藏铁路科技攻关，到持续深化智能铁路技术创新，用前瞻性眼光面向世界铁路科技前沿，实现“卡脖子”技术攻关，用科技创新点燃铁路高质量发展的新引擎。

想要坐得稳，想要高质量发展，其前提和基础都是保障安全。如今，我们乘坐高铁出行，早已实现了“硬币不倒”。构建现代化铁路安全保障体系，就是要坚持继承发展，着力创新突破，在深入分析安全生产的短板弱项，以及提升安全治理能力的基础上，将成熟有效的安全保障措施进行系统梳理，严格风险防范、紧盯隐患治理，提升应急处置和救援能力，牢牢守住安全生命线。

构建现代化铁路体系最后两个体系便是现代化铁路经营管理体系和现代化铁路治理体系，这两个体系很多职工容易混淆。

在现代化铁路经营管理体系的构建过程中，需要我们以先进科学的经营理念指引经营管理现代化发展方向，以健全完善的经营机制筑牢经营管理现代化发展基础，以有力有效的经营策略实现主业为本、多元协同、同向发力，进而以精准积极的经营措施推动提质增效和节支降耗，打造出良好稳定的外部环境，拓宽可持续发展的空间，让铁路事业得以良好发展。

要理解如何构建现代化铁路治理体系，大家可以看看手上那张评分表。其实，大家已经听了很多选手的宣讲，但依然会在下一个选手出现时打起精神，原因就是大家需要用评分标准给每位选手打分，因为有标准为基础、有工作人员及时统计分数为督促，让每位大众评委自主完成评分工作，这就是治理体系的建成。

所以，要构建现代化铁路治理体系就是要从各个领域的制度建设入手，把握市场化法治化国际化发展方向，以党的制度建设为引领，以国家法律法规为依据，以企业管理制度建设为重点，以技术规章标准为基础，强化责任监督考核机制，全面提升铁路治理能力。

这“六个现代化体系”，环环相扣，紧密相连，每个体系都是关键一笔，唯有共同发力、相辅相成，我们才能绘制出“钢铁大动脉交错延展，智能复兴号动车组纵横飞驰，铁路科技水平领跑世界……”的生动图景，让我们携起手来，紧盯目标，奋力攻坚，凝聚起铁路现代化建设的强大合力，为中国式现代化贡献我们每个铁路人的力量。

# 把铁路精神深植于平凡岗位上

“人民铁路为人民”，这简单七个字，字字千钧。它承载着铁路人对国家和人民的深情厚谊，是铁路事业发展的根本宗旨和灵魂所在。

接下来，我将从两个问题切入，和大家一起交流和学习。

## 什么是铁路精神?

穿越历史的长河，或许我们更能读懂“人民铁路为人民”的深厚内涵和价值追求。从烽火连天的革命岁月，到热火朝天的建设年代，再到改革开放的崭新篇章；从京张铁路的步履维艰，到青藏铁路的天路奇迹，再到中老铁路的跨境运营……中国铁路的每一次跨越，始终与国家和人民的命运紧密相连。

肩负历史使命，矢志与时代同行，一代代铁路人主动承担起不同时期党赋予的使命任务，响应号召、听从指挥，形成了以“人民铁路为人民”为核心的铁路精神谱系。

“人民铁路为人民”是一种“愿得此生长报国”的情怀。在“二七”纪念塔前，“我不怕人，不怕事，不怕死，堂堂做人，反对强暴……”的呼号声仿佛响彻耳畔，铁路人用鲜血和生命埋下了革命的种子，留下的浩然正气激励着一代又一代铁路人始终听党话、永远跟党走，在祖国和人民最需要的时候挺身而出、迎难而上。

“人民铁路为人民”是一种“吹尽狂沙始到金”的执着。在成昆铁路旁的烈士陵园中，铁道兵们的奉献感人肺腑，他们用血肉之躯经过长达 12 年的生刨硬凿，以平均每公里长眠一名铁道兵的巨大牺牲，在国外专家眼中的“筑路禁区”建成了一条彪炳史册的传奇之路。

“人民铁路为人民”是一种“初心砥柱天地间”的担当。在我们段领航基地的“学习毛泽东号”机车牌前，我仿佛看到了“毛泽东号”穿梭在枪林弹雨中，运载物资驰援汶川、奔赴抗击新冠疫情前线的身影，急难险重面前忠于职守、勇当先锋，竖起了一面引领着一代代铁路人奋勇前进的旗帜。

初心如一为人民。从蕴含“为国分忧、艰苦奋斗”的“铁牛号”精神，到“一点不差，差一点也不行”的小东精神；从“战山斗水、坚守奉献、创新争先”的成昆精神，再到“挑战极限、勇创一流”的青藏铁路精神……这些最具时代性、先进性和代表性的伟大精神，熔铸了铁路人始终听党话、永远跟党走的红色基因，并深深融入时代的脉动之中。

今天，我们很自信地说：时间在变，精神永恒。“人民铁路为人民”的精神一脉相承，历久弥新。

## 如何弘扬和践行好铁路精神?

精神的生命力在于弘扬和传承。我曾无数次地感动，感动于面对灾难，义无反顾摁下最后一把闸，用生命守护旅客安全的动车组司机杨勇；我曾无数次地感动，感动于阿西阿呷三十年的坚守，将心比心，真情服务，把旅客当亲人，让穿梭在大凉山里的“小慢车”成为彝族同胞的致富车、便民车、希望车、连心车、幸福车。大家是否也清晰感受到铁路人在长期奋斗中形成的职业态度、思想境界、价值追求相互连结，铁路精神在这一刻显得更加具象化了。

守牢铁路精神的根脉，就需要我们每一个铁路人用实际行动把“人民铁路为人民”的铁路精神践行在岗位上，落实在行动中。具体到我来说，我目前在昆明机务段从事机车检修工作，通俗地说，我就是修火车头的。刚入职时，我的工长曾对我说：“你看这机车拉风吧，没有它提供动力，火车将会是一个空架子。但只要有一台机车发生故障停在线路上，整条铁路线可能就会瘫痪，旅客将无法按时抵达目的地。”是啊，修车人就应该想着乘车人，始终把旅客放在心里，保障好机车检修质量，让每一列列车安全正点、平稳高效。

要想保障好机车质量，就得把每一个配件钻精研细。面对缺乏检测配件质量的工装设备这一行业难题，我曾带领团队经过6个多月夜以继日的奋战，最终完成了SS3B型机车网络通信综合试验台研制，填补了全路的技术空白。这个试验台可以检测试验上百种机车电子插件，装车的合格率达100%，确保了昆明机务段机车百万公里故障率全路最低。

我们欣喜地看到，在万里铁道线上，千千万万铁路人扎根平凡，艰苦奋斗，把“人民铁路为人民”的铁路精神弘扬在各自岗位上，涌现出了以“新时代·铁路榜样”“最美铁路人”等为代表的一系列先进典型。向平凡致敬，向最美看齐，时代召唤我们扎根平凡岗位，再创不凡成绩。

当前，铁路改革发展进入了一个极为关键的时期。实现交通强国，建设铁路现代化，全面深化改革，我们面临的困难会更多、任务会更重，而铁路精神是我们战胜一切艰难险阻的思想之源和精神之钙，是我们的底气、志气、骨气所在。

精神激励奋斗，使命召唤作为。让我们携手并进，在平凡中铸就非凡，在岗位上践行使命，团结奋斗构建企业与职工命运共同体，共同书写“人民铁路为人民”的壮丽篇章！

# 在共建共享中画好铁路发展同心圆

什么是企业与职工命运共同体？可能每个人的答案都不同，但作为一名奋战在国外的基层铁路职工，我理解的命运共同体就是企业与职工同呼吸共命运，企业发展好了职工才能好，职工团结奋斗企业才会好，就是企业与职工的双向奔赴、彼此成就。

我们大家都知道中老铁路是中国铁路技术走向世界的重要里程碑，是“一带一路”的标志性工程，身处其中的铁路人更明白它的建成和开通运营凝结着无数人的智慧和汗水。

比如，中老铁路的景寨隧道，全长 9.5 公里，火车通过只需要短短的三四分钟，却足足打了 5 年，景寨隧道的难，我们将它称为“冰与火之歌”，修建期间，隧道单日涌水量达 7.5 万立方米，可以灌满 30 个标准游泳池。作业面温度接近 50 摄氏度，就像密闭的高温桑拿房，为了降温，冰块每天要消耗 3 卡车，就在这样的环境中，工人们打着赤膊、含着冰块，一米一米地向前掘进。

中老铁路开通筹备期，我和700余名同事一起，肩负着责任来到老挝，克服语言不通、40摄氏度以上的高温天气、饮食不习惯、远离家人等重重困难，坚守岗位、力求管好用好这条铁路。为了能够更好地完成境外工作，我学会用老挝语、泰语、英语服务不同国家的旅客和货主。正是有了境内外铁路人的坚守和付出，换来了如今中老铁路客货两旺的亮眼成绩。中老铁路已累计发送旅客超过3800万人次，发送货物突破4000万吨，吸引了来自全球100个国家和地区的旅客体验跨境旅行，为推动经济繁荣、人文交流注入了新的活力。

从一条线到一张网，从“四纵四横”到“八纵八横”，从复兴号动车组领跑世界到中老铁路走出国门……铁路飞速发展的每一个阶段、每一项成果，都离不开每一位铁路职工的艰苦奋斗，也离不开一代代铁路人的执着追求。实践充分证明，职工是推动企业发展的根本动力、不竭源泉。

当然，我深刻感受到铁路在依靠职工发展壮大的同时，也在努力让全体职工共享发展“红利”。新时代以来，昆明局集团公司坚持为职工办实事办好事，从生产生活条件到工资收入再到个人成长成才，我们与企业实现价值共融、利益共享。

就拿我服务的中老铁路境外段来说，在国铁集团和昆明局集团公司的关怀下，我们建成了国外首个“职工之家”，羽毛球场、职工书屋、健身器材、生活设施、医疗保健服务一应俱全。一名老挝籍员工看到我们的“职工之家”，感慨说：“作为一名铁路职工太幸福啦。”

这只是铁路职工福利的冰山一角，“民有所呼、必有所应”，国铁集团坚持以人民为中心的发展思想，聚焦职工的“衣食住行娱”，全面改善职工生产生活条件，丰富职工业余文化生活。放眼全路，智慧食堂、星级厕所、健康管理室等刷爆朋友圈，“三线建设”的暖心工程让铁路人的获得感、幸福感、安全感成色更足。大家可以从大屏上这些洋溢着笑脸的照片中，深深感受到职工的满意度、幸福感。数据显示，国铁集团去年投入26.4亿元用于职工“三线”建设，把发展成果广泛运用于帮扶救助、助困、助学、助医，并关注好职工的身体健康，这桩桩件件承载着企业对职工沉甸甸的爱。

再如大家最关心的收入问题，新时代以来，确保职工收入持续稳步增长，始终是国铁企业各级组织不懈努力的大事要事。无论外部环境如何变幻，国铁企业都想方设法确保职工收入与企业效益同步增长，企业成为职工抵抗生活中风风雨雨的坚实后盾，让千千万万铁路职工由衷感叹：“我是铁路人，我自豪。”

一滴水只有融入大海才不会干涸。新时代以来，国铁企业不断探索实施更加有效的人才政策，让所有有梦想、想干事的优秀人才都有施展才华的舞台，越来越多的铁路职工乘着铁路大发展的东风，实现个人价值的升华和职业晋升，比如我的同事哈尼族动车司机李光登，被选为中老铁路首发列车司机，成就人生高光时刻；我身边很多境外工作的同事经过历练走上领导干部岗位。

上下同欲者胜、风雨同舟者兴。坚持发展依靠职工、发展为了职工，发展成果由职工共享，是铁路的优良传统和制胜密码。踏上新征程，实现铁路高质量发展、率先实现铁路现代化的目标，更离不开200万铁路人的共同奋斗，我们身处其中，奋斗其中、也必将收获其中，让我们继续团结奋斗、实干担当，在共建共享中画好铁路发展的“同心圆”。

# 兰州局集团公司

## 宣讲报告

扫码观看宣讲视频

宣讲、撰稿人员：

武少于　王静怡　杨　凡

李蓉上　陈永红　吴　磊

朱　亮　王旭亮　胡锦荣

任　祎　落生祥

# 从新时代铁路发展成就中汲取奋进力量

说起新时代铁路的发展成就，大家应该都有目共睹，我们每个人既是见证者也是参与者。党的十八大以来，路网密布，高铁飞驰，在党的领导下，铁路事业取得了历史性成就、发生了历史性变革，成为新时代中国特色社会主义事业的精彩写照。接下来，我们一一来看。

从铁路安全看，进入新时代以来，铁路贯彻总体国家安全观，强化大安全意识，用好铁路安全工作新理念新策略新方法，以“时时放心不下”的责任感，在行动上时刻坚守着政治红线和职业底线，在铁路营业里程一直增长的情况下，全国铁路没有发生重特大铁路交通事故，也没有造成旅客死亡的责任行车事故，铁路安全进入较为稳定的历史时期。

从路网规模看，进入新时代以来，我们铁路建设规模大，新线投产多，“四纵四横”高铁网提前建成，“八纵八横”高铁网也加密成型。截至 2023 年底，全国铁路营业里程达到 15.9 万公里，其中高铁 4.5 万公里，中国高铁里程比世界其他国家高铁里程加在一起都还要多。随着路网的不断完善，流动的中国越发充满生机和活力。

从客货运输看，进入新时代以来，铁路就想着怎么能提高效能、创造效益，提升客货运产品的供给水平。如今，“人享其行、物畅其流”成为常态。2024 年上半年，全国铁路累计发送旅客 20.96 亿人次，发送货物 19.2 亿吨，主要客运、货运指标都稳居世界第一，给国家经济持续变好加了把劲。

从科技创新看，进入新时代以来，高速、高原、高寒、重载铁路技术这些重点领域都有新突破；高铁路基、长大隧道、长大桥梁、大型客站建设成为世界基建新标杆；复兴号高速列车项目荣获 2023 年度国家科学技术进步奖特等奖，走出了具有中国特色的铁路自主创新之路，铁路总体技术水平迈入世界先进行列。

从服务国家战略看，进入新时代以来，铁路积极服务共建“一带一路”，中欧班列累计开行突破 9 万列、西部陆海新通道铁海联运班列累计运输货物超 310 万标箱；中老铁路国际黄金大通道作用越来越明显，中吉乌铁路前期工程也在加快推进，境外重点项目都有新进展；乡村振兴列车往来奔忙，帮扶产业项目不断发展，铁路服务国家重大战略的成效越来越明显。

铁路为什么能发展得这么好，取得这么多的成就呢？我想应该有这三个方面的原因。首先，因为有以习近平同志为核心的党中央的坚强领导和关心关怀。特别是党的十八大以来，每每在重要节点、关键时刻，习近平总书记都会对铁路工作作出重要指示批示，为铁路高质量发展指明了方向，推动铁路取得一系列突破性重大成就。

正因为有坚强的领导核心、科学的理论指引，我们铁路才有屹立不倒的精神支柱，才能战胜一切艰难险阻，才能不断创造新的辉煌。

其次，铁路的蓬勃发展，离不开国铁集团党组的坚强领导。国铁集团党组一直以习近平总书记对铁路工作的重要指示批示精神为指引，坚守国家铁路、人民铁路的战略定位，扎实推进安全生产、运输经营、铁路建设、改革创新、党的建设等这些重点任务，为以中国式现代化全面推进强国建设、民族复兴伟业贡献铁路力量。

最后，铁路发展得这么好，还要靠200万铁路职工的团结奋斗、拼搏奉献。全路干部职工自觉服从党和国家工作大局，心往一处想、劲往一处使，热情满满地投入铁路现代化建设，不管是地震、洪涝这些大灾大难，还是春运、暑运这些大战大考，哪里有需要，我们就战斗在哪里；岗位在哪里，我们就坚守在哪里。可以说，我们每个人的点滴努力，汇聚成了推动铁路高质量发展的磅礴力量。

回首过去，我们铁路的高质量发展成果满满；展望未来，率先实现铁路现代化的前景无限光明。总结铁路的发展成就，分析取得这些成就的原因，作为新时代铁路人，我们能否推动铁路现代化建设？

我相信大家的回答都是一样的，那就是能！并且都是信心百倍的。当然，有了坚定的信心，还得有实干精神。

方向清、目标明，脚步才能实。加快推动铁路现代化建设，我们首先要学习好贯彻好习近平总书记重要讲话，特别是对铁路工作的重要指示批示精神，进一步提高政治站位、统一思想认识，深刻领悟“两个确立”的决定性意义，增强“四个意识”、坚定“四个自信”、做到“两个维护”，这样才能保证我们国铁企业各项事业一直朝着正确的方向不断前进。

新时代是奋斗者的时代。加快推动铁路现代化建设，我们也得有奋斗者的样子，干一行爱一行，钻一行精一行，以勤学长知识、以苦练精技术、以创新求突破，努力当安全标兵、创效能手、服务明星、改革先锋、创新模范，在铁路安全、运输、经营、服务、建设这些岗位上干得出彩，为推动铁路高质量发展贡献力量。

俗话说，众人划桨开大船，众人拾柴火焰高。只要我们团结起来，心往一处想、劲往一处使，不怕困难，接续奋斗，就一定能应对前进道路上的各种风险挑战，用推动铁路高质量发展、率先实现铁路现代化，勇当服务和支撑中国式现代化“火车头”的实际行动，为以中国式现代化全面推进中华民族伟大复兴作出新的更大贡献！

# 在新征程书写服务和支撑中国式现代化的铁路新篇

历史的江河奔腾向前，伟大的事业续写新篇。2024 年 7 月 15 日至 18 日，我们党召开了一次十分重要的会议，就是党的二十届三中全会。通过学习，相信大家对全会精神都有了一定的了解。这次全会听取和讨论了习近平总书记受中央政治局委托所作的工作报告，审议通过了《中共中央关于进一步全面深化改革、推进中国式现代化的决定》，习近平总书记对《决定（讨论稿）》作了说明并发表重要讲话。

《决定》全篇紧紧围绕中国式现代化这个主题来谋划部署改革。改革开放这个词，我们应该都不陌生。习近平总书记指出，改革开放是党和人民事业大踏步赶上时代的重要法宝。党的十一届三中全会以来，我们党领导人民成功开创中国特色社会主义，大踏步赶上时代，靠的是改革开放。党的十八大以来，以习近平同志为核心的党中央领导人民推动中国特色社会主义进入新时代，如期实现第一个百年奋斗目标，成功开启向第二个百年奋斗目标进军的新征程，靠的也是改革开放。中国式现代化与改革开放相伴而生，没有改革开放就没有中国式现代化。同样，改革开放是中国式现代化的内在要求，不持续深入推进改革开放就实现不了中国式现代化。

秉承数千年变革和开放的精神气韵，从开启新时期到跨入新世纪，从站上新起点到迈进新时代，中国共产党接续推进改革开放这场伟大革命。特别是党的十八大以来，以习近平同志为核心的党中央团结带领全党全军全国各族人民，全面深化改革开放，书写了“两大奇迹”新篇章。今天的中国，国产大飞机实现商飞、高速动车组出口欧洲、绿色低碳托举“美丽中国”……我们以改革增动力，让新质生产力强劲推动高质量发展；今天的中国，经济体制改革全面发力、民主法治改革迈出重大步伐、文化体制改革深入推进，民生保障制度基础不断巩固……我们以改革扬优势，让“中国之制”推进“中国之治”；今天的中国，“墨子”传信、“北斗”组网、“蛟龙”入海、“嫦娥”探月……我们以改革添活力，中国进入创新型国家行列。船载千钧，掌舵一人。这些成绩的取得，根本在于有习近平总书记作为党中央的核心、全党的核心领航掌舵，在于习近平新时代中国特色社会主义思想的科学指引。

目标清则方向明，方向明则步履坚。全会提出，进一步全面深化改革的总目标是，继续完善和发展中国特色社会主义制度，推进国家治理体系和治理能力现代化。同党的十八届三中全会相比，本次全会在总目标前加了“继续”二字，既做到了一脉相承，又有新的丰富发展，体现了改革实践发展的连续性和阶段性，也体现了我们党对改革认识的深化和系统化。同时，本次全会还明确了到 2035

年的阶段性目标和“七个聚焦”的分领域目标。改革开放是一场伟大革命，必须坚持正确方向才能取得成功。只有深刻理解这一总目标并以此为根本尺度，才能对改什么、怎么改做到心中有数，才能把该改的、能改的真正改好改到位。

改革有破有立，得其法则事半功倍。《决定》深入系统总结改革开放以来，特别是新时代全面深化改革的宝贵经验，提炼形成指导进一步全面深化改革的“六个坚持”重大原则。坚持党的全面领导指明了改革的根本保证，坚持以人民为中心揭示了改革的价值取向，坚持守正创新体现了改革的重要思想方法，坚持以制度建设为主线突出了制度的关键作用，坚持全面依法治国明确了改革的重要保障，坚持系统观念彰显了改革的科学思维和方法。“六个坚持”相辅相成、相得益彰，构成一个逻辑严密、辩证统一的有机整体，进一步深化了对改革规律的认识，不仅是“过去我们为什么能够成功”的深刻总结，更是“未来我们怎样才能继续成功”的行动指南。

改革“一子落”，发展“满盘活”。全会以经济体制改革为牵引，从经济、政治、文化、社会、生态文明、国家安全、国防和军队等 13 个方面部署了 300 多项改革举措，特别是在构建高水平社会主义市场经济体制中，提出推进铁路等行业自然垄断环节独立运营和竞争性环节市场化改革；在健全推动经济高质量发展体制机制中，提出深化综合交通运输体系改革、推进铁路体制改革，这充分体现了党中央对铁路工作的高度重视，为进一步全面深化国铁企业改革明确了目标方向。铁路是进一步全面深化改革的重点行业。200 万铁路职工是党执政兴国最可依靠、最可信赖的产业力量。我们必须站在服务党和国家工作大局的高度，深入学习领会全会精神，从新时代全面深化改革取得的重大成就中更加深刻领悟“两个确立”的决定性意义，进一步深化对改革方向、立场和原则的认识，牢牢把握国家铁路、人民铁路战略定位，始终传承铁路红色基因，当好进一步全面深化国铁企业改革的促进派、实干派，积极投身构建铁路“六个现代化体系”的生动实践，以强烈的攻坚意志、饱满的工作热情、昂扬的精神风貌，扎实推动全会精神落实落地，勇当服务和支撑中国式现代化的“火车头”，在强国建设、民族复兴的壮阔征程上，书写下浓墨重彩的铁路新篇。

# 深刻领会铁路“六个现代化体系”的丰富内涵和实践要求

党的二十大发出了向实现第二个百年奋斗目标迈进的进军号令，擘画了全面建设社会主义现代化国家、以中国式现代化全面推进中华民族伟大复兴的宏伟蓝图。

中央有号召，铁路有行动。作为国家铁路、人民铁路，我们如何更好地服务和支撑中国式现代化呢？我们一起看看国铁集团党组给出的回答，就是构建铁路“六个现代化体系”。

路网是重要支撑。第一个体系就是现代化铁路基础设施体系。铁路是国家战略性、先导性、关键性重大基础设施。党的十八大以来，国铁集团立足服务党和国家工作大局，高质量推进铁路建设发展，建成了世界最大的高速铁路网。目前，我国铁路基础设施整体水平已居世界前列，具备了向更高水平现代化迈进的基础和条件。构建现代化铁路基础设施体系，就是要加强战略骨干通道建设，加快贯通高铁主通道，持续增强货运能力，着力提升城际和市域（郊）

铁路网络化水平，建成便捷顺畅、经济高效、智能绿色、安全可靠的现代基础设施体系。到“十四五”末，全国铁路营业里程将达到 16.5 万公里，其中高铁 5 万公里，我们会把这张覆盖全国的现代化超级网络铺得更远更密。

客货运输是铁路的主业主责，我们还要构建现代化铁路运输服务体系。铁路运输服务现代化是铁路现代化的重要标志，也是其他五个现代化体系建设的集中体现。从“走得了”“运得出”到“走得好”“运得畅”，实现人民群众对铁路运输和服务品质的新期待，我们铁路人永远在路上。构建现代化铁路运输服务体系，就是要加快建设完善智慧化、高效率的全程服务体系和多样化、高品质的产品供给体系，推动实现“人享其行、物畅其流”的美好愿景。到“十四五”末，全国 1、2、3 小时高铁出行圈和全国 1、2、3 天快货物流圈将基本形成。铁路网将覆盖 99.5％的 20 万人口以上城市，高铁网将覆盖 98％的 50 万人口以上城市。铁路会跨越重重天堑，将数以亿计的旅客和货物运往天南海北各个角落。

我们都知道，中国式现代化关键在科技现代化，而实现铁路科技自立自强必须加快构建现代化铁路科技创新体系。现代化铁路科技创新体系不仅是“六个现代化体系”的重要组成部分，也为其他每个现代化体系提供科技支撑。构建现代化铁路科技创新体系，就是要坚持面向服务国家重大战略、面向铁路建设运输主战场、面向世界铁路技术前沿，全力抓好川藏铁路技术攻关、CR450 科技创新工程等技术创新攻坚战，持续深化关键领域应用技术创新，加强前瞻基础技术攻关，全面提升铁路科技自立自强水平，我们会驱动着这条钢铁巨龙为中国式现代化提供源源不断的创新动力。

安全是我们铁路行业的“生命线”，是一切工作的前提和基础。加快构建现代化铁路安全保障体系同样至关重要。我们必须牢固树立总体国家安全观，强化大安全意识，建立人防、物防、技防“三位一体”高可靠安全保障体系，不断增强铁路安全风险管控和应急处置能力，全面提升铁路安全水平。安全生产犹如滚石上山，是一场持久战、攻坚战，须臾不能放松，丝毫不敢大意，只有把安全时刻放在心上、抓在手上、落实到行动中，才能实现铁路安全行稳致远。

作为国铁企业，效益效率是我们的发展之源，有源而水活。国铁集团党组将构建现代化铁路经营管理体系作为“六个现代化体系”之一，也是出于这样的考量。构建现代化铁路经营管理体系，就是要加快建立完善铁路市场化、法治化、国际化经营机制，全面增强铁路市场竞争力和经营管理能力，着力做强做优做大国铁企业。大家都知道，经营质量和管理水平，事关铁路的健康发展，也事关我们每个人的工资收入。推动国铁企业由运输生产型向市场经营型转型发展，我们每个人都身在其中，也将功在其中。

“六个现代化体系”的最后一个就是现代化铁路治理体系。大家千万不能认为它排在最后就不重要，现代化铁路治理体系与其他五大体系关联密切，为其提供制度支撑，发挥着引领、规范和保障的重要作用。国铁企业是中国特色社会主义的重要物质基础和政治基础，对“两个一以贯之”的重大政治原则和改革方向始终牢牢把握、坚决贯彻。构建现代化铁路治理体系，就是要坚持把党的全面领导落实到公司治理各环节，持续提升依法治企水平，健全完善制度体系，推动国铁企业治理体系和治理能力现代化建设不断取得新成效。改革只有进行时，没有完成时。只有在更大范围、更深层次，下更大力气破除一切顽瘴痼疾，才能在新征程书写铁路改革新篇章。

新时代大潮澎湃，新征程气象万千。构建铁路“六个现代化体系”，率先实现铁路现代化，这是我们铁路人服务和支撑中国式现代化的自信宣言和庄严承诺。经过百年特别是新时代以来艰苦卓绝的奋斗，无论是路网规模还是运行速度，无论是技术装备还是服务品质，我们已处于世界领先地位，率先实现铁路现代化，我们绝对有这个底气和实力。只要我们每个人立足岗位，发扬钉钉子精神，一代接着一代干，一锤接着一锤敲，拼搏不松劲，奋斗不停歇，就一定能把宏伟目标变为美好现实，当好服务和支撑中国式现代化的“火车头”。

# 以共建更好共享铁路高质量发展成果

“共享”是个老话题，也是个新话题。从古时候“天下大同”到现如今的“全民共享、全面共享、共建共享、渐进共享”，“共享”始终是中国人心中的一种美好愿望。

国之称富者，在乎丰民。党的十八大以来，以习近平同志为核心的党中央高度重视在发展中保障和改善民生。习近平总书记就贯彻共享发展理念作出一系列重要论述，指出：“人民对美好生活的向往就是我们的奋斗目标，抓改革、促发展，归根到底就是为了让人民过上更好的日子。”近年来，我们铁路在实现自身全面进步发展的同时，也在努力让全体职工享受发展带来的“红利”。说到“红利”，我们都有切身的感受。现如今，智慧食堂、星级厕所、健康小屋、补充医保等。这些在我们铁路人的朋友圈、微信群频频刷屏，大家的获得感、幸福感、安全感与日俱增。下面，我们一起来看一看到底有哪些“红利”呢？

让职工群众拥有更优美的工作环境、更舒适的居住条件、更丰富的精神文化生活，看似“小事”，实则“大事”。铁路各级组织始终坚持以人民为中心的发展思想，从职工关心的事情做起，从急难愁盼问题入手，持续改善职工生产生活条件，努力满足大家对美好生活的新期待。比如，持续深化生产组织改革、改进技术装备，5G、人工智能、大数据、云计算、物联网等智能科技与安全生产、运输经营的深入融合，CTC 调度集中控制系统、电子客票和电子货票、动车组车底检修机器人等现代技术装备的引用投入，在改善职工劳动条件的同时，提升了工作效率、减轻了劳动强度。再有就是大家熟悉的“三线”建设，是实实在在的暖心工程。铁路各级组织坚持精准施策、精准服务，聚焦职工生产生活中的衣食住行，进一步推进“幸福餐桌”建设，积极打造职工之家、职工书屋、青年之家、健康管理室和职工文体活动中心等场所及设施，让大家吃上热乎饭、喝上干净水、洗上热水澡、睡上舒适床的同时，丰富业余文化生活，铁路职工的生产生活条件一天比一天好。

职工工资收入可以说是大家最关心、最直接、最现实的利益问题，如何实现工资收入持续稳步增长，始终是国铁企业各级组织不懈努力的大事要事。近年来，全路干部职工齐心协力保安全，千方百计增效益，想方设法降成本，努力做大铁路经营的“蛋糕”，实现了工资稳步增长。所以，我们的工资从根本上说是从全路上下齐心协力确保安全生产、完成运输任务、实现盈亏目标中来的。俗话说，大河有水小河满，大河无水小河干。铁路经营的“大袋子”和我们每个人的“钱袋子”密切相关，只有铁路的效益好了，我们的收入才能有保障。相反，企业发展不景气，我们的收入自然也会减少。

同时，铁路是个大联动机，设备联网、生产联动、作业联劳，大家的收入不仅取决于本单位经营状况，还取决于全路经营的“大盘子”。因此，要想增收创效，必须全路上下一条心、一股劲，在挖潜增效上动脑筋，在节支降耗上下功夫，时时刻刻想效益，举手投足算成本，从小处着手、从细处筹划、从点滴做起，坚持“西瓜芝麻”一起捡，同心协力谋出“好日子”，就能实现企业效益和个人收入的“芝麻开花节节高”。

培养造就大批德才兼备的高素质人才，既是国铁企业兴旺发达之源，也是国家和民族长远发展大计。人能尽其才则百事兴。国铁企业始终在不断探索实施更加积极、更加有效的人才政策，让所有想干事、能干事、干成事的优秀人才都有施展才华的机会和舞台。比如，依托重大科研项目、科技创新工程培养核心骨干人才；立足运输主战场培养卓越工程师；深化实施“百千万人才”工程和工匠引领工程，着力培养更多专业领军人物、专业带头人以及骨干技能人才等。一滴水只有融入大海才永远不会干涸。实现人生价值，离不开个人的奋斗努力，也离不开企业提供的广阔舞台。当我们把自身的小我融入企业的大我，不断强化价值共识，推动价值共融，中国铁路事业就能不断向前发展，个人价值必将得到体现和升华。

上下同欲者胜，同舟共济者赢。坚持发展依靠职工、发展为了职工、发展成果由职工共享，是铁路的优良传统和制胜之道。企业和职工是荣辱兴衰相依的命运共同体，企业发展了，职工才能共享发展成果；职工共同努力，才能推进企业发展。推动铁路现代化建设没有旁观者和局外人，人人参与、人人尽力，发展成果才能人人受益、人人享有。我们要牢固树立主人翁意识，心往一处想、劲往一处使，以时不我待、只争朝夕的精神立足岗位、真抓实干，自觉遵章守纪、按标作业，主动闯市场、搞营销，多提合理化建议，多搞发明创造，以钉钉子精神做好身边每一件小事，努力做到既为一域增光、又为全局添彩，自觉与企业同呼吸、共命运、心连心，在推动铁路现代化建设的生动实践中共担责任、共解难题、共享成果。

# 在世界高铁最高点守护供电安全

兰新高铁是新亚欧大陆桥铁路通道的重要组成部分，在推动沿线城市经济发展和丝绸之路经济带建设中发挥着重要作用。工区管辖的大梁隧道海拔 3608 米，被称为“世界高铁第一高隧”。在祁连山上，我们坚持军人铁律、战马忠魂，每天昼伏夜出、迎风斗雪，全力保障管内 184 条公里的供电设备安全，连续 11 年实现安全生产“零事故”，也在实践中总结形成了“高原高寒高海拔，锻造高铁硬汉；高标高效高质量，确保高铁安全”的“军马铁魂”精神。

2013 年 9 月，兰新高铁开始前期介入，已经 45 岁的我报名参加了施工监管、静态验收、联调联试。面对兰新高铁新设备、新工艺、新标准，我从头开始学业务，每天默画供电示意图，记下了 3 本、2 万多字的学习笔记。祁连山常年积雪、水层丰厚，每年一入冬，我们就要举着 6 米长的打冰杆开始除冰作业，特别是在春融时节，打冰的频次高、任务重。由于每个隧道的温度不一样，结冰速度也不一样，刚开始，我们每天在 7 个隧道之间来回奔波，路没少跑，但工作效率一直提不起来。于是，我利用每次天窗作业和巡检设备，记录隧道结冰点位置，测量冰柱长度，总结打冰规律，不仅实现了精准打冰，还将“天窗”利用率提高了 18%。说实话，去军马场前也有人劝我：“老陈，都这岁数了，别往高原跑了，家门口待着不好吗？”我想，我干过普速单线、复线，唯独没干过高铁，赶上这个机会就不能放过，为高铁发展作一点贡献，再苦再累我也愿意。

高铁接触网应急处置至关重要，既要保住安全，还要千方百计减少对运输的影响。2016 年 8 月 4 日下午，一场突如其来的龙卷风，将一块铁皮刮到了元山隧道出口接触网上，导致 3 组定位装置脱落。接到调度命令，我们顶着大风，立即赶到抢修现场，验电接挂地线，爬上接触网腕臂，更换定位装置，调整拉出值和定位坡度，只用了 19 分钟就完成故障处理，恢复了安全供电。这在平常天气、平原地区、技术比武现场都很难完成，但是，在海拔 3000 多米的高原上，我们做到了。

急难险重任务，最考验人，也最锻炼人。2022 年 1 月 8 日凌晨 1 点 45 分，青海门源县发生 6.9 级地震。当时，我们正在临近门源的大梁隧道检修设备，突然作业车开始剧烈摇晃，紧接着隧道里满是白色粉尘，我们的耳朵也快被震聋了，大家都很紧张也很害怕。我顾不上想别的，赶紧提醒大家回到相对安全的作业车里。等震情稍微稳定，我让大家待在车上，自己先下车查看设备。可是我前脚刚下车，大伙也跟着一起下来了。我们冒着余震不断的风险，连续奋战了 24 小时，掌握了详细的设备受损情况，为震后抢修提供了宝贵的资料。说实话，遇到地震谁都害怕，可当时没有一个人退缩。我想，正是靠着责任和信念，平时养成了履职尽责的好作风，所以在关键时候我们才能冲锋在前。

军马场沿线条件艰苦、环境恶劣，我们管辖的祁连山隧道群平均海拔3100米，空气含氧量只有海平面的77%，最低温度零下39摄氏度，冰雪期更是长达9个月。记得刚到工区，周围没有一条像样的路，喝水要从很远的地方拉，吃得最多的是土豆、白菜，遇上雨雪天出不去进不来。我们经常说这里只有两季，一个是冬季，一个是大约在冬季。入秋后，军马场就大雪纷飞，虽然裹着厚厚的棉袄，但刺骨的寒风就像锥子一样往身体里钻。在这样的环境中，我一待就是11年。11年来，有一直坚守的老同志，也有陆续进来的新同志，大家相互信任、相互支持，我知道，我不是一个人在战斗。

多年在高原工作，让我和工友们的身体也出现不适。老婆心疼我岁数大了，经常劝我赶紧从高原下来吧。我也知道自己的身体大不如前，但我在军马场待了这么久，已经有感情了，这里的每一个隧道、每一处设备我都了如指掌，它们就像我的朋友。其实，不是它们离不开我，而是我舍不得它们。

当工长这么多年，我明白了一个道理，只有维护好职工的小家，才能更好地服务铁路这个大家。我们工区成立了互助小分队，不管谁家里有婚丧嫁娶、生病住院的，大家都要帮把手、出把力，让集体的温暖传递给每一个人。我还利用工余时间开展"职工家属进工区"活动，把日常工作的照片做成视频，看着我们在没过膝盖的积雪中巡视设备，在6米多高的接触网上检修作业……家属们看在眼里、疼在心里。我想说，铁路的发展离不开每个职工的坚守和奉献，也离不开一直默默支持我们工作的家人。

习近平总书记指出:“选择吃苦也就选择了收获，选择奉献也就选择了高尚。”高原上的工作生活确实艰辛，11年的坚守有苦有乐，但我无怨无悔。2024年，兰张高铁兰武段开通运营。未来，还会有更多的高铁线路建设开通，我将继续践行和发扬“军马铁魂”精神，忠诚履职、尽心尽责，坚守世界高铁最高点，为供电安全保驾护航。

# 乌鲁木齐局集团公司
# 宣讲报告

扫码观看宣讲视频

宣讲、撰稿人员：

侯瑞宁　谢　恒　弓珊珊

贾景杰　李　慧　石　磊

冷永霞　王浩斌

# 铁路情长：博物馆中的时空印记

你的心中有梦吗？我有。那是中国铁路一脉相承的中国梦。走入铁道博物馆，每一件展品，每一样老物件，都静静地诉说着中国铁路从一无所有到世界领先的辉煌历程。它们用往昔的故事，让我切身体会了不同的历史岁月中先辈们的艰辛与辉煌。

乘着时光的列车，我回到了梦想的起点。那时候外国人说，中国人是建不成铁路的。可我知道，这个有着五千年文明的民族，不会就这样放弃。

这一刻，我身处1905年，站在詹天佑身边，我看着他手拿图纸，略带沧桑的脸，他掷地有声地说："我国地大物博，而于一路之工，必须借助外人，引以为耻！望诸位各出所学，各尽所知，使国家富强不受外侮，足以自立于地球之上！"我跟在他身边，看他用"竖井施工法"突破八达岭隧道的施工难题；看他设计"人"字形线路，巧妙爬上青龙桥的高坡。当轰鸣的汽笛声响起，属于中国自己的第一条铁路——京张铁路开通了。它的开通，不但打破了外国人对“中国人建不成铁路”的断言，更是在向世界宣告：中国铁路已如潜龙出渊，势不可挡！

这一刻，我身处1949年，站在天安门广场前，毛泽东主席的声音响彻云霄，他坚定而自豪地向世界宣告：“中华人民共和国中央人民政府今天成立了！”他的目光透过厚重的烟云，我顺着他的目光向远方望去，那是长达2.18万公里的铁路网，那更是新中国奔赴黎明的康庄大道！

这一刻，我身处1952年，站在巴蜀大地上，蜿蜒的丘陵与壮阔的江河，是横亘在梦想与现实之间难以逾越的天堑。“蜀道难，难于上青天”，可这并难不倒新中国建设者们对中国铁路梦想的执着追求。我看到战士们一边筑路，一边剿匪。成渝铁路，是新中国成立后，完全由我国自行设计施工的第一条铁路。川渝线的颤动，犹如巴蜀大地那有力跳动的脉搏，它与祖国的心脏同频共振，传出的是新中国独立自主、自力更生的雄浑之声！

再后来，铁轨犹如灵动的丝带，将我带往祖国的广袤大地，四方角落。我看到成昆线缔造13项世界铁路之最时，众人脸上绽放出的灿烂笑容；我听到突破万吨大关的大秦线上，那轰隆隆的车响；我感受着六次大提速带来的速度与激情，尽情观赏着大自然的壮丽，尽情歌颂着铁路工程的伟大创举。

这一刻，我身处2006年，伫立在青藏高原上，我看到10万铁路人翻越5000米高的皑皑雪山，跨过长达12公里的幽深河谷，无畏零下30摄氏度的刺骨严寒，以人力开垦坚硬冻土，他们背着氧气瓶斗志昂扬，硬是将这条路托举至“天上”。青藏铁路，恰似一条闪着银光的圣洁哈达，成为一座不朽的丰碑，见证着人类的坚韧与伟大。

时间的车轮滚滚向前，我来到了2012年的复兴之路。习近平总书记强调:“实现中华民族伟大复兴是近代以来中华民族最伟大的梦想。”随着中国梦的扬帆起航，中国铁路也风驰电掣地驶入了发展的快车道：路网从“四纵四横”到“八纵八横”，车票从“一票难求”到电子客票畅游神州，高铁从追赶世界到领跑世界……中国铁路近十年，取得了历史性成就、发生了历史性变革，成为新时代中国特色社会主义事业的精彩缩影。

这十年，我看见世界最先进的现代化铁路网和发达的高铁网，在中国的大地上徐徐展开。支撑起铁路飞速发展的是200万铁路人，他们顶烈日、熬冷天、迎疾风、抗暴雨，哪里有需要就战斗在哪里；他们爬陡坡、攀高山、跨深沟、淌急流，岗位在哪里就坚守在哪里。正是有了他们，到2023年底，全国铁路营业里程达到15.9万公里，其中高铁4.5万公里。铁路发展速度之快、质量之高，令世界惊叹。

这十年，我看见中国铁路“走出去”的步伐不断加快。中欧班列驶过国门，遍及欧洲和亚洲，成为共建“一带一路”的重要支柱。中老铁路、雅万高铁建成后，中国铁路已然成为东南亚的铁道标杆。乘着火车走向世界，“向往的生活”就在不远方，走出去的中国铁路也带着他们的梦想一步步实现。

这十年，我听见“我是党员我先上”“洪水不退我不退”的铮铮誓言，一个个红手印、一封封请战书，让人振奋、令人动容；一个个平凡岗位上，誓言铿锵、丹心闪耀，无不践行着“人民铁路为人民”的初心使命。刷脸进站、静音车厢、网上订餐……旅客出行从

“走得了”迈向“走得好”。我看见对关系国计民生的重点物资实行精准保供，货运物流跑出发展“加速度”，铁路也成为人民群众获得感最强的行业之一。

这十年，我看见智能京张高铁、智能京雄城际陆续开通运营，CR450 科技创新工程取得重大突破，呼啸前进的中国高铁正在神州大地上一路欢歌，它使梦想闪烁，它让生活蓬勃。

新时代铁路发展日新月异，无不饱含着以习近平同志为核心的党中央的亲切关怀。党的十八大以来，每每在重要节点、关键时刻，习近平总书记都会对铁路工作作出重要指示批示，为铁路高质量发展提供了根本遵循。正是因为拥有坚强领导核心、拥有科学理论指引，中国铁路才有屹立不倒的精神支柱，才能战胜一切艰难险阻，不断创造新的辉煌。

你的心中有梦吗？我有。我站在铁道博物馆中，内心久久无法平静。作为接过前辈手中接力棒的我们，此刻正处在历史与未来的关键交接点。今日的中国，强国复兴的乐章激昂而雄健；今日的铁路，高质量发展的号角嘹亮而悠远。那注入血脉的红色基因，赋予我们无穷的力量，拼搏不松劲、奋斗不停歇，梦想就一定会照进现实。让我们向着新目标，奋楫再出发！

# 有一种精神叫“人民铁路为人民”

人无精神则不立，国无精神则不强。精神，是一个民族赖以生存的灵魂，唯有精神上达到一定高度，这个民族才能在历史的洪流中屹立不倒、奋勇向前。

党的十八大以来，习近平总书记在不同场合多次谈到精神的力量，提出了“中国共产党人的精神谱系”这一整体性概念。在一百年来的非凡奋斗历程中，一代又一代中国共产党人顽强拼搏、不懈奋斗，涌现出了一大批视死如归的革命烈士、一大批顽强奋斗的英雄人物、一大批忘我奉献的先进模范，形成了井冈山精神、长征精神、延安精神、抗美援朝精神、抗震救灾精神、抗疫精神等伟大精神，构筑起了中国共产党人的精神谱系。

一百年来，面对不同时期党的使命任务，铁路人始终响应号召、听从指挥，在革命、建设、改革发展实践中坚守初心、锤炼品格，形成了“二七”精神、“毛泽东号”精神、巴山精神等，以“人民铁路为人民”为核心的铁路精神谱系。铁路精神作为中国共产党人精神谱系的重要组成部分，一直牢牢印在中国铁路历史深处，融入时代脉动之中，熠熠生辉。

**“人民铁路为人民”，是一种愿得此身长报国的情怀。**

“二七”，对我们铁路人来说不是一个简单的数字，而是精神源头的标识。1923年2月，为了反抗反动军阀和帝国主义的压迫，京汉铁路3万多名铁路工人进行全路总罢工，不到3个小时时间，千里京汉线全线停运。2月7日，反动军阀对手无寸铁的工人进行了血腥屠杀，制造了震惊中外的二七惨案。面对血腥镇压，共产党员林祥谦高喊着“我头可断，血可流，工不可复”，英勇就义，劳工律师施洋大声疾呼“你们杀得了一个施洋，还有千百个施洋”，从容赴死。铁路人用生命和鲜血铸就了“英勇、团结、牺牲、奉献”的“二七”精神，为中国铁路留下了宝贵的精神财富。

“二七”精神给我们带来了怎样的启示？我想，不同时期有不同时期的内涵，有不同时期的理解和认识。作为新时代的铁路人，就是要立足自身岗位，不畏艰难险阻，坚定斗争意志，干好本职工作。作为火车司机出身的我，说到这，不禁想起动车组司机杨勇，在生命的最后时刻，他用“最后一道关，荣辱一把闸”的实际行动践行承诺，正是这“最后一把闸”，筑起了生命屏障，守护了车上151名乘客和工作人员的生命安全，却唯独没有救下自己。这也许就是传承和发扬“二七”精神最直接的体现。

## “人民铁路为人民”，是一种吹尽狂沙始到金的执着。

“毛泽东号”，这台以伟人名字命名的机车，自 1946 年 10 月 30 日命名以来，已经在祖国大地上驰骋了七十八个年头。解放战争中，“毛泽东号”穿梭在枪林弹雨中，践行着“解放军打到哪里，铁路修到哪里，‘毛泽东号’就开到哪里”的豪迈誓言。在唐山大地震、抗击非典、驰援汶川、抗击新冠疫情等一场场大战大考面前，“毛泽东号”迎难而上、冲锋在前，护送医护人员、抢运救灾物资，在急难险重面前，总是趟趟安全送达。从战火纷飞的旧中国一直奔跑到日新月异的新时代，“毛泽东号”在安全行驶 1200 多万公里的追梦路上，践行着“报效祖国、忠于职守、艰苦奋斗、永当先锋”的“毛泽东号”精神。

从“毛泽东号”精神中学什么？在各自平凡的岗位做什么？有这样一件事，给了我们答案。2023 年 7 月 30 日，受暴雨影响，北京丰台至沙城铁路出现严重水害，K396 次列车受阻 20 个小时，列车员赵阳拼尽全力地呼喊：“我也是别人家的孩子，就是因为穿了这身衣服，我得对得起大家。”她被大雨淋湿了衣服，头发成一绺一绺，脸上雨水混着汗水，眼镜上一片水雾。我们听到的，是发自内心的呼喊，是一名铁路人的职业操守，是最真挚的情感表达。我们感受到的，是“人民铁路为人民”的生动诠释，是在祖国和人民最需要的时候挺身而出、义不容辞！

## “人民铁路为人民”，是一种初心砥柱天地间的担当。

位于大巴山深处的铁路站区，用 40 多年的奋斗，深情讲述了如何把“担心线”变成“放心线”的故事。大巴山是襄渝铁路的海拔最高点，“抬头一线天，低头是深涧，天天云雾里，半年雨绵绵”是这里的真实写照。这一区段的铁路重点病害多发，大巴山 2 号隧道曾被几位外国专家判了“死刑”：要么报废，要么重建。巴山的铁路人硬是靠着韧劲、干劲和闯劲，在极其困难的条件下把铁路整治好。如今，列车经过巴山的速度提高到每小时 90 公里，是当初的 6 倍。曾给隧道判“死刑”的几位专家惊叹：这是一种顽强精神创造的奇迹。这种精神，就是“艰苦奋斗、无私奉献、务实创新”的巴山精神。

2023 年“最美铁路人”先进事迹报告会走进乌鲁木齐局，西安局安康工务段巴山线路维修一工队副队长王庭虎的事迹让我印象最为深刻。在半山腰上班的他们，每次上班高低落差 200 多米，相当于 60 多层楼那么高，这一爬，就是 36 年。当有人问他是什么样的初心在这样的艰苦环境中坚守了 30 多年，他说：“巴山的条件确实苦，但它在祖国的版图上，铁路修到这里，总要有人来养护，我们不来，总要有人来，既然来了，就要干出个样子来。”这种精神感染着我、鼓舞着我。走进巴山、认识巴山、了解巴山、学习巴山，带着对巴山精神的敬仰，我看到了秦岭山洪滚滚而下，大家勠力同心、众志成城，提前抢通宝成铁路的磅礴力量；看到了用铿锵步履和坚实行动，继续弘扬着“不怕苦、不服输、不含糊”的宝成精神。

回望百年，铁路精神星空璀璨；展望未来，铁路精神薪火相传。

习近平总书记说：“一个时代有一个时代的主题，一代人有一代人的使命。”中国特色社会主义进入新时代，中国铁路正奋勇担当推进中国式现代化的重要使命，让我们大力弘扬和践行以“人民铁路为人民”为核心的伟大铁路精神，努力在新时代展示新气象、新作为！

# 沿着党的创新理论指引的方向前进

“改革开放是党和人民大踏步赶上时代的重要法宝，是坚持和发展中国特色社会主义的必由之路，是决定当代中国命运的关键一招。”这是2018年12月，习近平总书记在庆祝改革开放40周年大会上的重要讲话，向我们揭示了改革开放的重要意义。

说到改革开放，大家一定会想到“三中全会”。

在中国，“三中全会”就是改革开放的代名词。

1978年党的十一届三中全会以来的46年间，我们党一共召开了10次三中全会，历届三中全会都聚焦改革议题。比如，党的十二届三中全会，让改革从农村走向城市；党的十四届三中全会，确立了社会主义市场经济体制的基本框架；党的十六届三中全会，将全面建设小康社会定为奋斗目标；党的十八届三中全会，吹响了全面深化改革的号角，推进国家治理体系和治理能力现代化。

党的历届三中全会中，有两次是“划时代”的。

党的十一届三中全会是划时代的，开启了改革开放和社会主义现代化建设新时期。1978年10月，邓小平同志访问日本时乘坐新干线列车，他感慨万千地说道：“感觉到快，有催人跑的意思！”同年12月，党的十一届三中全会召开，拉开改革开放大幕。

党的十八届三中全会也是划时代的，开启了新时代全面深化改革、系统整体设计推进改革新征程，开创了我国改革开放全新局面。2013年11月，党的十八届三中全会召开，也正是在这一年，我们启动了复兴号动车组研发项目。如今，自主国产的复兴号奔驰在祖国广袤的大地上，正在研制的CR450动车组展现着中国由“制造”向“智造”的不断升级。

从追赶时代到引领时代，从实行改革开放到全面深化改革，历史见证沧桑巨变。我们能够大踏步赶上时代，靠的是改革开放；党的十八大以来，我们之所以能够取得历史性成就、发生历史性变革，靠的也是改革开放；要全面建成社会主义现代化强国，更离不开改革开放。

新征程上，面对纷繁复杂的国际国内形势，面对新一轮科技革命和产业变革，面对人民群众新期待，必须自觉把改革摆在更加突出的位置。

就在这个关键时期，我们召开了党的二十届三中全会。

此次全会是中国共产党坚定不移高举改革开放旗帜、紧紧围绕推进中国式现代化进一步全面深化改革，召开的一次十分重要的会议。既是党的十八届三中全会以来，全面深化改革的实践续篇，也是新征程推进中国式现代化的时代新篇。

那么，与之前的三中全会相比，党的二十届三中全会新在哪里？重点在哪里？从全会公报中，我们可以读出进一步全面深化改革的三个重点。

**重点之一：紧扣中心任务。**

以中国式现代化全面推进强国建设、民族复兴伟业，是新时代新征程党和国家的中心任务。紧紧围绕党的中心任务谋划和推进改革，是党领导改革不断取得成功的重要经验。

因此，党的二十届三中全会把“进一步全面深化改革、推进中国式现代化”作为主题，把“继续完善和发展中国特色社会主义制度，推进国家治理体系和治理能力现代化”作为总目标，提出“七个聚焦”，进一步全面深化改革。

**重点之二：总结宝贵经验。**

党的二十届三中全会深刻总结改革开放以来特别是新时代全面深化改革的宝贵经验，并将其概括为“六个坚持”。

这“六个坚持”分别是：坚持党的全面领导、坚持以人民为中心、坚持守正创新、坚持以制度建设为主线、坚持全面依法治国、坚持系统观念。

这“六个坚持”，集中体现了习近平总书记关于全面深化改革重要论述的核心要义，我们必须严格遵循，认真落实。

**重点之三：回应社会期待。**

人民对美好生活的向往是我们的奋斗目标。抓改革、促发展，归根到底是为了让人民过上更好的日子。因此，党的二十届三中全会聚焦提高人民生活品质，以经济改革为牵引，以增进人民福祉为出发点和落脚点，进一步全面深化改革。

铁路作为国家战略性、先导性、关键性重大基础设施，在服务和支撑中国式现代化建设中肩负着重要使命。当前和今后一个时期，是以中国式现代化全面推进强国建设、民族复兴伟业的关键时期。特殊的形势任务要求我们进一步全面深化国铁企业改革。

那么，我们铁路干部职工，如何贯彻落实党的二十届三中全会精神？国铁集团党组书记刘振芳明确指出，全面完成年度目标任务，扎实做好铁路各项重点工作，就是贯彻落实好全会精神最直接的体现。

全会强调，国家安全是中国式现代化行稳致远的重要基础。铁路安全是国家安全的重要组成部分，任何时候都必须紧紧抓在手上。我们要坚守政治红线和职业底线，以“时时放心不下”的责任感和“事不过夜”的极端负责精神抓好安全生产工作。

全会提出，进一步全面深化改革，要坚持以人民为中心，不断满足人民对美好生活的向往。这对提升铁路客运供给水平提出了更高要求，所以我们要转变客运服务理念，提高铁路普惠、普遍服务水平，落实好列车餐饮提质专项行动，让人民群众在共享铁路现代化成果中有更多获得感、幸福感、安全感。

全会明确，要完善流通体制，加快发展物联网，降低全社会物流成本。我们要深化铁路货运市场化改革，拓展全程物流服务，打造市场型物流组织体系，推进物流基础设施建设，发挥铁路在有效降低物流成本中的主力军作用。

全会要求，健全现代化基础设施建设体制机制。这为推进铁路重大项目实施创造了有利政策环境。我们要高质量推进铁路规划建设，更好服务国家战略和区域经济社会发展。总之，我们要把学习贯彻全会精神转化为落实重点工作的实际行动，坚决完成全年目标任务，用实实在在的高质量发展成效唱响中国经济光明论。

改革扬帆风正劲，击鼓催征再出发。中国式现代化是在改革开放中不断推进的，也必将在改革开放中开辟广阔前景。新征程上，让我们矢志不渝将改革进行到底，奋力推动铁路高质量发展，为以中国式现代化全面推进强国建设、民族复兴伟业贡献铁路力量！

# 勇当服务和支撑中国式现代化的“火车头”

推进中国式现代化，铁路要怎么做？什么是铁路现代化？高质量发展又应该如何实现呢？

我们铁路人的职场记忆，最刻骨铭心的恐怕莫过于春运了。

40 年前的春运，号称人类历史上规模最大的周期性大迁徙，在 40 天左右的时间里，30 多亿人次的流动，一次春运，相当于让当时的非洲、欧洲、美洲、大洋洲的全体人民搬一次家。

一晃 40 年过去，经历了慢车、普快、直快、特快，然后是城际、动车，一直到现在，几乎无处不通、已经成为我们生活日常的高铁。曾经最拥挤、最漫长、最难过的春运已经变得平安、温馨、有序。

对于广大旅客来说，这就是大家最关注，也是最现实、最直接的铁路现代化，但铁路的现代化远远不止这些。

习近平总书记在党的二十大报告中强调：以中国式现代化推进中华民族伟大复兴。

国铁集团党组书记、董事长刘振芳提出：今后一个时期，国家铁路的目标任务是推动铁路高质量发展，率先实现铁路现代化，勇当服务和支撑中国式现代化的“火车头”，重点是构建“六个现代化体系”。

首当其冲的就是现代化基础设施体系，让最广大人民群众共享发达路网红利。

我们的“八纵八横”高铁主通道，京沪、京哈、京港澳等通道已经实现贯通运营，4.5 万公里高铁网覆盖了 96%的城区人口 50 万以上的城市，全国 19 个主要城市群已经实现高铁连通。

我们正在加速织密的普速铁路网，15.9 万公里铁路覆盖了 99%的城区人口 20 万以上的城市，复兴号列车覆盖了 31 个省区市。

我们日益强大的铁路枢纽，既有大家熟悉的北京丰台、上海虹桥等现代化综合客运枢纽，也有 165 个铁路一、二级物流基地，沿海、沿江大部分重要港区实现铁路进港，13 个铁路口岸实现与境外铁路互联互通。

现在，我国铁路基础设施整体水平已稳居世界前列，建成了世界最大的高速铁路网。到 2025 年，全国铁路营业里程将达到 16.5 万公里，其中高铁 5 万公里；2035 年，铁路网规模将达到 20 万公里，其中高铁 7 万公里。

进入新时代，中国铁路一直在建设现代化运输服务体系的道路上稳步向前。十年来，国家铁路完成旅客发送量 259.1 亿人次，货物发送量 324 亿吨。比上一个十年分别增长 86.8%、21.7%，是 1983 至 1993 年十年间的两倍多。我们每天开行的图定客车超过 1 万列，比十年前翻了一番还多；货车 2 万列，比十年前增长 25%。现在，中国铁路的客运周转量、货运发送量、换算周转量、运输密度等主要运输经济指标稳居世界第一。到 2025 年，中国铁路旅客发送量将达到 41 亿人次、货物发送量 40 亿吨；2035 年，主要运输经济指标继续保持世界领先，国际竞争力和影响力显著提高。

被国内外网友称为拥有“逆天”技术的青藏铁路，是世界上海拔最高的高原铁路，海拔超过 4000 米以上的路段长达 960 公里。这条铁路有全世界最领先的冻土技术、最先进的隧道挖掘技术、最轰动的全球影响。

邢云堂，29 年驾龄，安全行驶 450 万公里，是中国铁路高寒高铁的“总教头”，带出了 500 多位高寒高铁司机。

这些年，中国铁路坚定不移走自主创新道路，形成了以复兴号动车组为代表的一大批科技创新成果，高速、高原、高寒、重载铁路技术均达到世界领先水平。到 2025 年，我国铁路总体技术和装备水平将达到世界领先；2035 年，继续保持领先优势，成为世界铁路技术创新的重要推动者。

对于铁路人来说，安全是怎么强调也不为过的红线、底线、生命线，是一切工作的前提和基础。

铁路安全不仅关系铁路自身，更关系党和国家的形象及外交大局。随着路网规模扩大、技术装备升级、运营场景多变，全区域、全系统、全周期、全天候的铁路安全工作面临着新形势和新挑战，决定了我们必须加快构建更先进、更有效、更系统、更可持续的现代化安全保障体系。到 2025 年，铁路安全预防和管控能力、应急处置和救援能力明显增强；2035 年，现代化安全保障体系全面建成、有效运转，本质安全水平和安全保障能力位居世界前列。

新时代以来，中国铁路始终坚持构建现代化经营管理体系，国家铁路的战略定位和作用更加突出。

每一天、每一年，中国铁路都在创造历史新高。2023 年，日均发送旅客超过 1000 万人次，高峰日发送旅客超 2000 万人次，全年完成旅客发送量 36.8 亿人次，货物发送量 39.1 亿吨。

每一天、每一年，中国铁路都在不断超越自我。2023 年，我们完成运输总收入 9640 亿元，利润总额创历史最好水平。

每一天、每一年，中国铁路都在持续走向世界。北京冬奥会、杭州亚运会等运输服务保障任务圆满完成；雅万高铁、中老铁路相继开通，充分展示了中国铁路的现代化形象。到 2025 年，我们将基本建成现代化经营管理体系；2035 年，铁路经营管理水平位居世界前列。

为以上五大体系提供制度支撑的就是现代化治理体系，这里需要大家特别关注的就是三个数字：四、五、六，也就是不断完善的“四大制度体系”，不断优化的“七类企业管理制度”，不断强化的“六项责任监督考核机制”，它们将持续发挥引领、规范和保障作用。

征途漫漫，唯有向前。在推动铁路高质量发展、率先实现铁路现代化、勇当服务和支撑中国式现代化“火车头”的奋进征程中，让我们继续坚定信心、团结奋斗、开拓进取、勇毅前行！

# 共建共享：画出最大同心圆

回首铁路发展的历程，犹如翻阅一部波澜壮阔的史诗。从往昔的蒸汽机车喷吐着浓烟，缓缓前行，到如今高速动车组风驰电掣，跨越山河，铁路的发展堪称奇迹。瞧那纵横交错、四通八达的铁路网，宛如坚韧无比的钢铁脉络深深嵌入中华大地每一寸肌理。“八纵八横”高铁网，让距离不再成为阻碍，城市与城市紧密相连。复兴号以其优雅的身姿和惊人的速度，成为中国铁路的骄傲。这不仅是交通方式的变革，更是中国科技创新和综合国力提升的有力见证；这不仅是 200 万铁路职工夜以继日、辛勤付出的成果，更是实现中华民族伟大复兴的足迹印证。

从铁路发展中，我们可以看到，火车司机手比眼看，驾驶着钢铁巨龙驰骋华夏大地；检车员俯身细查，保障着车辆安全畅行万里归途；接触网工登高作业，守护着供电线路点亮光明前程；列车乘务员微笑服务，陪伴着旅客旅程传递温暖关怀……我们正携手共画高质量发展同心圆。

“共建才能共享，共建的过程也是共享的过程”。习近平总书记的话，让我们想到了“上下同欲者胜，风雨同舟者兴”，企业和我们是荣辱兴衰相依的命运共同体，企业发展了，我们才能共享发展成果；我们共同努力，才能推进企业发展。实现铁路高质量发展，我们既是推动者又是受益者。

一直以来，铁路坚持以人民为中心的发展思想，全面落实党的依靠方针，从职工关心的事情做起，从急难愁盼问题入手，努力满足大家对美好生活的新期待，精心构建企业与职工命运共同体。

我曾是一名电焊工，长时间作业使人劳神费力，产生的强光、高温、有害气体以及粉尘，使我担心对皮肤有害。现在智能焊接机器人能够持续完成高质量的焊接，着实为我解决了大难题。这样的事情很多，随着科技进步和先进技术的推广应用，不仅让我们的作业条件越来越好，也推动企业发展越来越好，简直是两好合一好，好上加好。

发展依靠职工、发展为了职工、发展成果由职工共享，是铁路的优良传统和制胜之道。这些年，国铁企业用心用情办的那些实事、解的那些难题，妥妥地让我们看在了眼里，记在了心里。

我曾在朋友圈刷到，上海局集团公司各岗位新职工，刚入路就能“分房”了，这大“房子”里还有健身房、阅览室、熨烫间、箱包间以及休闲小平台等，看这功能，哪里是“斯是陋室”，简直是豪华大“别墅”。

还有，新疆气候炎热，单位绞尽脑汁让我们的作业条件更舒适，夏日作业后，最享受的事儿就是冲进空调房里消暑降温，工会在重要工作场合、食堂、职工宿舍等地都安装了新空调，让我们的生产生活环境更舒适。在大家以为还要在闷热的检修库里挥汗如雨的时候，库内顶棚上多了20台大风扇，送风范围能够覆盖整个修车库，身上凉凉的，心里暖暖的，暖？咋还热？那不行，必须安排，吐鲁番的葡萄、哈密的瓜，吃到嘴里甜又沙！那真是一吃一个透心凉，心飞扬！

我们每一个人对美好生活的向往都没有止境，期盼有更满意的工资收入、更高的生活品质、更优美的工作环境、更舒适的居住条件、更丰富的文化生活。这也是国铁集团各级组织努力的方向，是铁路高质量发展的题中固有之义，我们为率先实现铁路现代化共同奋斗的过程，也必定是共享铁路现代化发展的过程。

职工工资收入可以说是大家最关心、最直接、最现实的利益问题，如何实现工资收入持续稳步增长，始终是国铁企业各级组织不懈努力的大事要事。2024年下半年，我们的生产任务要比往年同期增加不少，铁路经营的“大袋子”更大了，这既是挑战，也是机遇。增加的生产任务意味着我们需要付出更多的努力和汗水，也为我们提供了展现能力和价值的更大舞台，只有我们上下一条心、一股劲，才能充盈自己的“小荷包”。咱兜里有票子，脸上有面子，走在大街上也能挺直了腰杆子！现在托我介绍对象的人都说，就要找个咱铁路上的，说明啥？说明咱们铁路人长得都好看？好看是一定的，关键还是看咱收入有增长、待遇有保障、健康有呵护、精神有滋养、诉求有回应、发展有空间，是让人羡慕的“香饽饽”。

社会保障是人民生活的安全网和社会运行的稳定器。国铁企业在为职工按时足额缴纳基本养老保险等五种保险的基础上，又建立了企业年金和补充医疗保险，形成了“5+2”的保障体系，把社保网织得更密。企业补充医疗保险更是羡煞旁人，对基本医疗保险支付以外，由个人负担的医疗费用进行补助。2024年，西安局集团公司把“增加职工安全生产责任保险”作为10件实事之一，主险赔付标准由50万元提升至100万元，附加险赔付标准由30万元提升至50万元，等等。这些不仅彰显了国铁集团在民生领域的“温度”，更体现了国铁集团保障职工利益的“力度”。

国铁集团不光对我们体贴入微，还始终不忘“人民铁路为人民”的初心使命，承担着乡村振兴的社会责任。铁路定点帮扶河南省栾川县以来，实施帮扶项目133个，受益群众达10万余人。作为回馈，栾川县承诺两个5A级、8个4A级景区对铁路职工免费开放，我们的家属还享受半价优惠，这是铁路带给我们的福利！

众人划桨开大船，众人拾柴火焰高。铁路高质量发展没有旁观者和局外人，在勇当服务和支撑中国式现代化“火车头”的新征程上，我们只要上下一条心、拧成一股绳，200万铁路人“齐步走”“接力走”，人人参与、人人尽力，就能画出最大同心圆，一路向前、奔赴远方。

# 青藏集团公司宣讲报告

扫码观看宣讲视频

宣讲、撰稿人员：

尤君昕　李　伟　祁国庆

魏庭月　宋宁源　刘　钊

李　俊　胡艳梅

# 凝聚改革共识　激发奋进力量

2024年最重要的日子是哪一天呢？是“复兴号高速列车”项目荣获国家科学技术进步奖特等奖？还是雅万高铁成为中印尼共建“一带一路”合作的“金字招牌”？又或者是川藏铁路成为实现第二个百年奋斗目标的标志性工程？还是说我们生活中某一个重要的日子？这些日子都值得被铭记。但是对于我们党和国家来说今年最重要的一个日子是中国共产党第二十届中央委员会第三次全体会议于2024年7月15日至18日在北京胜利召开！

我们从“历史定位、重点领域、重大原则”这三个方面来共同学习党的二十届三中全会精神。

## 大浪滔滔潮头立，扬帆向海争朝夕。

“苟利于民，不必法古；苟周于事，不必循俗。”习近平总书记曾引用这句古语强调，变革创新是推动人类社会向前发展的根本动力。

历届党的三中全会往往承担着经济发展和经济体制改革的使命，一般会审议通过《决定》，这份文本被称为指导我国今后一个时期经济发展的纲领性文件，是中国未来几年重要政策的风向标。从党的十一届三中全会实行的“对内改革、对外开放”政策到党的十八届三中全会提出的“完善和发展中国特色社会主义制度、推动国家治理体系和治理能力现代化”再到党的二十届三中全会的“继续完善和发展”，都是对全面深化改革制度规律的不断探索和继承发展。

党的二十届三中全会对我们所处的时期作出了判断：“当前和今后一个时期是以中国式现代化全面推进强国建设、民族复兴伟业的关键时期。”中国式现代化是我们的核心任务和使命，这不仅仅是经济发展的需要，更是制度完善的需求，表明中国的发展、体制到了一个关键的十字路口。党的二十届三中全会站在新的历史起点上，科学谋划进一步全面深化改革，既是党的十八届三中全会以来全面深化改革的实践续篇，也是推进中国式现代化的时代新篇，彰显了我们党将改革进行到底的强大决心和坚强意志，必将为推进中国式现代化注入强大动力。

**通途大道蹚荆棘，伟业宏图须落脚。**

接下来，我们一起聚焦改革的以下几个重点领域：

我们一起聚焦科技创新体系。科技创新体系改革是适应国际竞争、国内发展需求和科技自身发展的必然要求。全会提出新时期必须强化国家战略科技力量，优化科技资源配置，提升自主创新能力，加快实现科技自立自强。对于铁路来说，全面深化改革创新，关键就是以加快构建“六个现代化体系”为载体，走出一条具有中国特色的铁路自主创新之路。

我们一起聚焦经济、民生领域。经济、民生领域改革是为了解决当前存在的痛点难点，提升民生福祉，促进社会公平正义，推动国家事业行稳致远。全会提出要完善社会保障体系，提高公共服务水平，加强社会治理能力，提升人民群众的获得感、幸福感、安全感。对于铁路来说，就是要推动国铁企业治理体系和治理能力现代化，增强核心功能，提升核心竞争力，构建世界一流铁路企业。

我们一起聚焦教育、人才领域。教育、人才领域改革是为了推动高质量发展，构建支持全面创新体制机制，以及塑造和形成国际人才发展竞争优势。全会提出要加快构建高质量教育体系，培养担当民族复兴大任的时代新人，完善立德树人机制，实施更加积极、开放、有效的人才政策。对于铁路来说，主要是完善落实“百千万人才”工作机制，深入实施专业技术人才知识更新工程，探索构建科技型企业灵活高效引才机制，充分调动职工的积极性、主动性、创造性，营造有利于国铁企业改革发展的干事创业氛围。

我们一起聚焦民主、法治领域。全会提出发展全过程人民民主是实现中国式现代化的本质要义，法治是实现中国式现代化的根本保障，坚定不移走中国特色社会主义政治发展道路，把人民当家作主体现到国家政治生活和社会生活各方面。对于铁路来说，就是传承“始终听党话、永远跟党走”的红色基因，加强党对国铁企业的全面领导，深入推进党风廉政建设和反腐败斗争，为改革提供坚强保证。

## 砥水中流由浪涌，规行谨守事能成。

最后，我们一起了解一下改革所坚持的几项重大原则：

坚持党的全面领导是根本前提。坚定维护党中央权威和集中统一领导，发挥党总揽全局、协调各方的领导核心作用，把党的领导贯穿到改革各方面、全过程，确保改革始终沿着正确政治方向前进。

坚持以人民为中心是根本方向。尊重人民主体地位和首创精神，坚持人民有所呼、改革有所应，做到改革为了人民、改革依靠人民、改革成果由人民共享。

坚持守正创新是根本动力。坚持中国特色社会主义不动摇，紧跟时代步伐、顺应实践发展、突出问题导向，在新的起点上推进理论创新、实践创新、制度创新、文化创新。

坚持以制度建设为主线是根本支撑。加强顶层设计、总体谋划，破立并举、先立后破，筑牢根本制度，完善基本制度，创新重要制度。

坚持全面依法治国是根本保障。在法治道路上深化改革、推进中国式现代化，做到改革和法治相统一，重大改革于法有据、及时把改革成果上升为法律制度。

坚持系统观念是根本方法。处理好经济和社会、政府和市场、效率和公平、活力和秩序、发展和安全的重大关系。

## 征程万里风帆劲，钢龙驰骋势如虹。

全会的召开，标志着中国共产党站在新的历史起点上，继续带领全国各族人民，向着全面建设社会主义现代化国家的宏伟目标，迈出更加坚实的步伐。已见繁花结硕果，赓续奋斗谱新篇，让我们立足本职、发挥所长，积极投身推动铁路高质量发展的生动实践中，不断为勇当服务和支撑中国式现代化的“火车头”作出应有贡献。

# 努力当好中国式现代化开路先锋<br>铸造中国铁路发展新辉煌

满载着旅客的 G8811 次复兴号智能动车组列车准时从北京北站发出，驶向 2022 年北京冬奥会张家口赛区核心区太子城站。这列世界最先进的列车从八达岭长城脚下穿过，与 100 多年前京张铁路并肩前行，在中国铁路发展史上写下浓墨重彩的一笔。

回望百年历史，从自主设计修建实现零的突破到世界最先进水平，从时速 35 公里到 350 公里，百年京张的身后，是中国铁路飞速发展的亮丽轨迹。

百年征程波澜壮阔，百年奋斗成就辉煌。在党的百年奋斗历程中，我们铁路人始终听党话、永远跟党走，为我们党的革命、建设、改革事业作出了重要贡献。下面，让我们从四个不同历史时期，一起看看中国铁路发展的辉煌成就。

在新民主主义革命时期，我们铁路人率先接受马克思主义，英勇无畏地投身党领导的中国革命和民族解放战争，为争取民族独立、人民解放立下不朽功勋。

在社会主义革命和建设时期，我们铁路人以主人翁的姿态，全力组织大规模铁路抢修和新线建设，使铁路成为国民经济发展的大动脉。

而在改革开放和社会主义现代化建设新时期，我们铁路人坚持解放思想、改革创新，持续深化铁路改革，推动铁路建设发展取得重大进步。

在中国特色社会主义新时代，我们铁路人始终牢记习近平总书记的殷殷嘱托，奋力推动中国铁路进入高质量发展的新时代。

走进新时代，我们逢山开路、遇水架桥，穿山越壑、跨江过海，全国铁路营业里程增加到15.9万公里，全国高铁营业里程增加到4.5万公里，“八纵八横”高铁网主通道已建成80%、在建15%，建成了世界上最智能、最现代、最发达的铁路网，让“流动的中国充满繁荣发展的活力”。

走进新时代，我们坚定不移走自主创新之路，构建起涵盖高铁建设、装备制造、运营管理三大领域的先进高铁技术体系，中国高铁惊艳世界，“大国重器”扬我国威，复兴号列车覆盖了31个省区市，CR450动车组开跑实验，列车单列时速453公里、相对交会时速891公里，让“复兴号奔驰在祖国广袤的大地上”的宏伟目标成为现实。

走进新时代，我们心系“国之大者”，推动互联互通，中国铁路多个领域和主要指标领跑世界，客运周转量、货运发送量以及运输密度稳居世界首位，全国1、2、3小时铁路出行圈和1、2、3天快货物流圈在加速形成，为国家战略实施提供了有力支撑。

走进新时代，中欧班列与西部陆海新通道两翼齐飞，被誉为“钢铁驼队”的中欧班列已累计开行 8 万多列，辐射国内 104 座城市，通达欧洲 25 个国家 217 个城市，成为畅通中欧贸易的“稳定器”和“加速阀”；中国铁路“走出去”步伐不断加快，中老铁路、匈塞铁路、雅万高铁“一带一路”标志性工程开通运营，跑出中国“加速度”，中国高铁已成为一张亮丽的名片闪耀世界。

走进新时代，我们行稳致远，全面推进国铁企业改革，铁路综合实力和经营效益不断迈上新台阶，竞争力、创新力、影响力、抗风险能力显著提升，高质量发展成色更足更亮。

走进新时代，我们全方位满足旅客美好出行需求，从铁路畅行、“码”上服务，到物美价廉的“一碗好饭”，用舒心服务为旅客铺就美好旅途，用实际行动践行“人民铁路为人民”的不变初心。

细数我们新时代取得的一切成就，都是党和人民一道拼出来、干出来、奋斗出来的，这其中需要战略定力、战略谋划，需要远见卓识、宏韬伟略，更需要泰山压顶不弯腰、我自岿然不动的志气、骨气和底气。

这些成就的取得，根本在于以习近平同志为核心的党中央的坚强领导，在于习近平新时代中国特色社会主义思想的科学指引。习近平总书记十分关心关注铁路建设发展，多次考察铁路，对铁路规划建设、安全生产、科技创新、服务质量、中欧班列发展等作出一系列重要指示批示，为做好新时代铁路工作提供了根本遵循。

这些就成的取得，根植于赓续传承的红色基因。从“解放”型、“建设”型蒸汽机车到“东风”型内燃机车、“韶山”型电力机车，再到和谐号动车组，不同型号、不同动力的“火车头”，在各个历史时期承载着推动国家发展和民族进步的重要使命。“始终听党话、永远跟党走”的红色基因，深深烙印在铁路人信念信仰最深处。

这些成就的取得，来源于不断深化的铁路领域改革。从成立国家铁路局、组建中国铁路总公司，再到国家铁路集团公司，铁路领域的一系列重大改革举措，为进一步完善综合交通运输体系，提升铁路综合治理能力和治理水平擘画了宏伟蓝图。

这些成就的取得，熔铸于铁路人的忠诚底色。在党的坚强领导下，一代代铁路人不懈奋斗，涌现出“新时代·铁路榜样”“铁路工匠”等一批批典范榜样，千千万万铁路人怀着对铁路事业的无限忠诚与热爱，以实际行动诠释着铁路人的责任与担当。

中国式现代化新征程道路清晰、步履铿锵，交通强国铁路篇章恢宏展开。新征程上，让我们更加紧密地团结在以习近平同志为核心的党中央周围，奋力开创中国铁路高质量发展的新局面，努力当好中国式现代化的开路先锋，为强国建设、民族复兴伟业作出新的更大贡献!

# 加速构建“六个现代化体系”携手共创美好未来

美国旅行家保罗·泰鲁曾在《游历中国》一书中写道：“有昆仑山脉在，铁路就永远到不了拉萨。”然而，勤劳勇敢的中国人民把不可能变成了现实，不仅把火车开到了拉萨，并且高原复兴号惊艳亮相世界屋脊，坐着动车游西藏成为一种新时尚。

我们不禁要问，为什么现代化能在古老的中国呈现出如此巨大的生命力、创造力？为什么现代化能够迅速地改变这个国家、这个民族的面貌？

因为，路走对了。这条路就是中国式现代化。

党的二十大擘画了全面建设社会主义现代化国家、以中国式现代化全面推进中华民族伟大复兴的宏伟蓝图。铁路作为重要的交通基础设施、国民经济的大动脉，是中国式现代化建设的重要支撑。国铁集团党组贯彻落实党的二十大决策部署，明确提出着力构建“六个现代化体系”，各个体系相互支撑、相互促进、相互联动，这是当前我国铁路推进中国式现代化建设的中心任务。

**第一，构建现代化铁路基础设施体系是物质基础、先决条件。**

党的十八大以来，全国铁路营业里程由2012年的9.8万公里增加到2023年的15.9万公里、增长62.2％，高铁则由0.9万公里增加到4.5万公里、增长400％，复线率、电气化率分别提高15.5和22.9个百分点。总体来看，我国铁路基础设施水平已居世界前列，但对标全面建设社会主义现代化强国战略安排，还存在发展不平衡不充分的问题。因此，需要我们在现有成就基础上，加快补齐通道“缺失段”、打通路网“瓶颈段”、畅通网络“微循环”，着力解决西部铁路“留白”偏多等问题。进一步提升铁路基础设施能级，形成区域覆盖广泛、服务层次多样的现代化铁路网络。

**第二，构建现代化铁路运输服务体系是核心要义、根本要求。**

“服务”是“人民铁路为人民”的根本宗旨和最终目的，客货运输是国铁企业的主责主业和核心任务。构建现代化铁路运输服务体系，更好地解决人民的出行、服务地方经济社会发展，就是要让这份需求得到最佳的满足。未来，我们将持续深化铁路运输供给侧结构性改革，加快建设完善智慧化、高效率的全程服务体系和多样化、高品质的产品供给体系。到“十四五”末，基本形成1、2、3小时铁路出行圈和1、2、3天快货物流圈，努力满足人民对美好出行的向往，为有效降低全社会物流成本作出积极贡献。

**第三，构建现代化铁路科技创新体系是技术支撑、重要引擎。**

科技是第一生产力，是高质量发展的第一推动力，是新质生产力的核心要素。在 2024 年全国科技大会上，复兴号高速列车项目荣获 2023 年度国家科学技术进步奖特等奖。高铁技术的引进、消化、吸收、再创新，成为中国制造到中国创造的范本，也成为以科技创新为动能，推动国家产业升级的模板。习近平总书记指出："高铁技术树起国际标杆。"新时代以来，以复兴号动车组为代表，我国铁路总体技术水平迈入世界先进行列，高速、高原、高寒、重载铁路技术达到世界领先水平，迈出从追赶到领跑的关键一步。未来，我们将面向服务国家重大战略、面向铁路建设运输主战场、面向世界铁路技术前沿，集中力量攻克川藏铁路等世界级难题，推动 CR450 科技创新工程等重大项目，力求在关键技术领域实现自主可控，全面提升我国铁路科技的国际竞争力，赋能铁路新质生产力发展。

**第四，构建现代化铁路安全保障体系是根本遵循、坚固防线。**

安全是铁路工作的一切前提和基础，是铁路永恒的主题，确保铁路运输长治久安，是我们必须牢牢把握的底线红线。近年来，随着路网规模持续扩大、技术装备迭代升级，突发性自然灾害频繁发生、铁路沿线环境复杂多变，铁路运输生产面临着各种内部和外部、传统和非传统的安全风险，这是铁路安全工作的新形势和新挑战。现代化铁路安全保障体系的定位是实现本质安全要素能力的全面提升，推动各项安全决策部署有效落实，提升风险感知和管控能力，进一步提高人防、物防、技防措施可靠性，全面提升安全保障能力。

**第五，构建现代化铁路经营管理体系是关键所在、具体体现。**

构建现代化铁路经营管理体系，是推动率先实现铁路现代化、壮大铁路经济发展实力、提升铁路经营质量效益的关键所在，是国铁企业融入市场、顺应市场、引领市场的必由之路。面对日益激烈的市场竞争和不断变化的旅客、货主需求，我们必须深化改革创新，优化资源配置，提升管理效能，坚持市场化、法治化、国际化方向，提升经营管理的科技、人才及创新水平，以有力有效的经营策略实现主业为本、多元协同、同向发力。到2035年，我们将全面建成现代化铁路经营管理体系，铁路经营管理水平位居世界前列。

**第六，构建现代化铁路治理体系是制度支持、战略护航。**

治理体系如同企业管理的“神经系统”，贯穿于各个体系之中，确保各项决策高效执行、各类资源优化配置、各方力量凝聚共进。现代化铁路治理体系与其他五大体系关联密切，为其提供制度支持，发挥引领、规范、保障、护航作用。未来，中国铁路将始终坚持把党的领导全面落实到公司治理各环节，持续提升依法治企水平，加快形成更为成熟的中国特色国铁现代企业制度。到2035年，中国特色国铁企业现代化治理能力居于世界领先水平，全面支撑率先建成现代化铁路强国的需要。

从广袤大地上每一寸铁轨的延伸，到复兴号高速列车的飞驰，再到高效便捷运输服务体系的完善，这是中国铁路发展缩影的生动展现，也是中国式现代化铿锵迈步的坚实足迹。实践证明，中国式现代化是一条符合中国国情、具有中国特色的道路，在这一进程中，国铁集团通过全面构建“六个现代化体系”，不断增强路网的通达性、覆盖面，不断提高公共服务的普惠性、便捷性，让最广大人民群众共享发达路网红利，这是国铁企业矢志不渝的奋斗目标与责任担当。新征程上，作为铁路人，我们要以加快构建“六个现代化体系”为载体，接续奋斗、砥砺前行、创新担当、实干图强，共同推动铁路高质量发展，共同谱写服务和支撑中国式现代化“火车头”的崭新篇章！

# 传承历史使命　彰显时代精神

历史的车轮滚滚向前，精神的力量历久弥新。中国铁路在波澜壮阔的发展历程中，培育形成了“二七”精神、青藏铁路精神、巴山精神等一批深刻代表铁路行业核心价值观的精神，形成了以“人民铁路为人民”为核心的铁路精神谱系。其中，在建党百年之际，“挑战极限、勇创一流”青藏铁路精神被纳入中国共产党人精神谱系第一批伟大精神，青藏铁路也被命名为“全国爱国主义教育示范基地”，这既是铁路人勇当先行的集中体现，也是接续奋斗的精神丰碑。

修建青藏铁路，是中华儿女的百年宏愿。可是，青藏高原被喻为“地球第三极”，其自然环境十分恶劣，这也导致修铁路的整个过程极其艰难。1959 年 10 月 1 日兰青铁路运营通车，青藏铁路西宁至格尔木段也于 1958 年 9 月正式开工建设，1960 年末西格段建设停工；直到 1974 年，6 万多名铁道兵进军高原展开西格段建设大会战。期间，他们用生命攻克了关角隧道、盐湖路基等巨大困难，历经 20 年时间，西格段终于在 1984 年 5 月 1 日开通运营。由于“多年冻土、高寒缺氧、生态脆弱”三大世界性工程建设难题一直未攻克，格拉段被迫暂缓。2001 年 6 月 29 日，青藏铁路格拉段正式开工建设，数万铁路建设大军再次鏖战雪域高原，直到 2006 年 7 月 1 日，在几代人的不懈努力下，青藏铁路这一世纪工程终于全线建成通车，再次向世人昭示，勤劳智慧的中国人民有志气、有信心、有能力不断创造非凡的业绩，有志气、有信心、有能力屹立于世界先进民族之林。

从这艰难曲折的“三上三下”，可见在青藏高原修一条“通天路”，是何等艰难！习近平总书记指出：“同困难作斗争，是物质的角力，也是精神的对垒。”在这场与恶劣环境斗争、与技术难题较量的精神淬炼中，具有鲜明地域特色和时代特征的青藏铁路精神在几代人的追梦实践中孕育而出，催生出丰富而深刻的精神内涵。

**青藏铁路精神饱含着满怀豪情、追寻复兴的爱国信念。**

早在 1919 年，孙中山在《实业计划》中就提出了修建青藏铁路的设想。然而在那个国家动荡不安、国力积贫积弱的年代，这一伟大设想注定无法实现。直到新中国成立，青藏铁路才迎来历史性机遇。他叫庄心丹，是青藏铁路首任总设计师，他带领仅 11 人的勘测小组奔赴海拔 5000 多米的青藏高原，克服高原反应，饿了啃冻馍、渴了喝冰水，硬是靠耳听眼看脚量，亲笔写下数十万字的勘测报告，确定了进藏路线。2004 年老人病逝，在他留下的小册子上有这样一行字“火车西上拉萨日，家祭无忘告乃翁……”。透过他的一生，我们可以看到铁路人以国家需要为最高需要，以人民利益为最高利益，为国家发展、为民族复兴、为人民福祉而不懈奋斗的爱国主义情怀。这，正是青藏铁路精神的源头和根本！

**青藏铁路精神体现出艰苦创业、顽强拼搏的奉献精神。**

青藏高原许多地区属于“无人区”，高寒缺氧，环境恶劣，可以说能够在这样的环境中修建运营好青藏铁路，靠的正是铁路人顽强拼搏、吃苦奉献的精神底色。于本蕃，24岁来到天路之巅的唐古拉，这里平均海拔4800米，含氧量仅为平原的45%，极端气温可达零下40摄氏度，是青藏铁路全线自然条件最差、病害最多的线路区段，可他要每天在这样的环境中平均徒步检查线路近10公里、弯腰起身500余次，这一待就是12年！12年的无私奉献，12年默默坚守，不仅守住了青藏铁路的安全畅通，更是铁路人在世界铁路海拔最高点挑战极限恶劣环境、运营世界一流高原铁路的生动体现。

**青藏铁路精神还凝聚着牢记重托、不忘初心的担当品格。**

建设运营好青藏铁路是几代中国人矢志不渝的梦想，也是一代代铁路人牢记国家重托、不负人民期望的责任担当。关角山，藏语意为“登天的梯”，是西格段的必经之路，平均海拔3600米，地质条件复杂，是重难点工程。可在20世纪70年代，我们的铁道兵战士硬是靠简陋设备和人拉肩扛打通了全程4.01公里的关角隧道。然而修建过程中隧道塌方灾害频发，在青海省天峻县烈士陵园里永远地长眠了55位年轻的铁道兵战士，他们用青春和生命把“责任、无畏、奉献和担当”生动镌刻在了青藏铁路的精神旗帜上，激励了一代又一代人。

**青藏铁路精神中蕴含着崇尚科学、求真务实的创新思维。**

面对青藏铁路艰苦、复杂的环境条件和“多年冻土、高寒缺氧、生态脆弱”这三大世界性工程建设难题，以王占吉、刘铁良、张鲁新为代表的科研人员在海拔 4700 多米的风火山头建立了世界上唯一一座全年值守的高原冻土定位观测站，三代人接续奋斗，坚守风火山 40 余年，相继攻克了 20 多项世界性高原冻土施工难题，铁路人勇于突破思想桎梏和技术藩篱，为建设和运营青藏铁路打下了坚实基础，为后续铁路工程建设和运营提供了示范。

**青藏铁路精神还包含有“一心为民、用心用情的服务意识；绿色共享、自然和谐的发展理念”等丰富内涵。**

这些内涵，是以爱国主义为核心的民族精神的传承和演化，也是以改革创新为核心的时代精神的延伸和拓展，更体现出中国共产党与人民同呼吸、共命运的无产阶级政党属性，以及强大的政治动员能力和社会主义国家集中力量办大事的制度优势。这一精神是长期实践凝聚成的宝贵精神财富，也是引领青藏铁路人不断向前的精神旗帜。在它的激励下，涌现出了“把复兴号内电双源动车组开上青藏高原”的火车司机斯朗旺扎，“挂职帮扶后选择留在青藏铁路”的西安局集团公司帮扶干部杨先问，还有“把职工冷暖时刻挂在心上”的好书记张维军，等等，他们承青藏铁路之魂，以超凡毅力克难前行，将天路运营的卓越成就，凝练为报国之志的辉煌实践，每一步跨越，皆是对国家深情的赤诚告白！

“横空出世，莽昆仑，阅尽人间春色。”如今，飞驰的列车把青藏铁路精神如同种子一般播撒在祖国大江南北，在新时代焕发着新的生机和活力。站在新的历史起点上，让我们高举精神旗帜，赓续红色血脉，挑战极限、勇创一流！担负起推动铁路高质量发展的神圣职责，在实现中华民族伟大复兴中国梦的征程中书写浓墨重彩的新篇章。

# 同心同行　共建共享 打造企业与职工的命运共同体

青藏集团公司 2024 年 8 月初举办了首届“天路护航，同心筑梦”职工子女研学活动。当然，这只是青藏集团公司拓展服务领域，实施职工全过程关心关爱的“冰山一角”。实际上，全路各级组织始终坚持落实习近平总书记提出的以人民为中心的发展思想，将服务资源对准职工，把工作重心放在一线，为职工提供职业生涯全过程关心关爱服务，共同构建了职工与企业紧密相连的命运共同体。

## 企业是职工幸福生活的坚实保障。

一滴水只有放进大海才永远不会干涸。只有企业发展了，职工才能共享发展成果。铁路高质量发展带来的红利，干部职工是直接受益者。我们青藏集团公司的一名客运职工，便有着亲身体会。2023 年，他年幼的孩子不幸患上重病，亟须远赴他乡求医。面对高昂的医疗费用，他们一家人陷入了困境，甚至不得不考虑变卖房产来筹集治疗费。在这关键时刻，我们的企业毫不犹豫伸出援手，立即启动帮扶机制，并号召全体员工参与捐款。这份来自企业大家庭的关爱与支持，如同雪中送炭，为他带来了无尽的温暖和力量，最终渡过了人生中最艰难的时刻。他的孩子逐步康复，而他本人也成长为一名优秀的班组长。

多年来，国铁集团党组秉持共享发展理念，坚持收入分配向运输一线和关键工种倾斜，积极落实“十四五”改善职工生产生活条件规划，扎实推进生活线、文化线、卫生保健线“三线”建设，补齐职工生产生活条件短板，提高职业健康保障能力，加快建设知识型技能型创新型铁路产业工人大军，构建普惠、精准、高效的服务职工体系。积极打造富有铁路特色的企业文化，推出一系列“铁”字号文艺精品。仅2023年，国铁集团党组投入26.4亿元用于职工“三线”建设，投入帮扶救助资金8.8亿元，助困17.6万户次、助学9000人次、助医27.4万人次，补助职工补充医疗保险47亿元，组织职工健康体检148.8万人次。从事铁路工作，让我们“收入有保障、精神有滋养、发展有空间”，一大批铁路人找到了属于自己的广阔舞台，并在服务经济社会发展中实现了人生价值、升华了人生境界，广大铁路职工的获得感、幸福感、安全感显著增强，展现出团结奋进、积极向上的精神面貌。

**职工是企业高质量发展的根本力量。**

国铁企业坚持和加强党的全面领导，坚守国家铁路战略定位，紧紧围绕党和国家工作大局，成为中国特色社会主义的重要物质基础和政治基础。进入新时代，我国高铁营业里程稳居世界第一，高速、高原、高寒、重载铁路技术达到世界领先水平，“八纵八横”高铁网加密成型，这张世界上规模最大、现代化水平最高的高铁网在不断延伸拓展。客运周转量、货运发送量以及运输密度稳居世界首位。这背后凝结着数百万铁路人的智慧汗水、执着追求和不懈奋斗。他们当中，既有 36 年永葆初心、扎根秦巴山区养护维修钢铁大动脉的王庭虎，以“一趟车一辈子”的真心真情始终服务于穿行在大凉山的“慢火车”的阿西阿呷，有扎根祁连山 11 年，在世界高铁海拔最高点默默守护接触网设备安全的陈永红。还有我们身边的平凡榜样，青藏集团公司劳动模范马云，他只有初中学历，但通过不断学习成长为工人技术专家，开展技术攻关 60 余项，节约资金达 1000 余万元。正是 200 万铁路职工传承发扬铁路红色基因，用智慧和汗水、拼搏与奉献，才推动了中国铁路高质量发展，为铁路勇当服务和支撑中国式现代化的“火车头”作出了积极贡献。

## 职工与企业休戚相关、命运与共。

若将企业比作一艘航船，职工则扮演着水手的角色。水手驾驶航船，避开礁石，乘风破浪，安全前行。同时，航船也为水手遮风挡雨。只有航船与水手携手共进，才能安全抵达目的地。只有企业不断壮大，职工才能分享到发展的果实；企业为职工提供成长成才的平台，职工便能在平凡的岗位上追求并实现自己的人生理想。斯朗旺扎是青藏铁路的一名火车司机，他从小生活在交通落后的山区，他的心愿就是长大后能开上火车，经过不懈努力，他终于梦圆天路，带着感恩感念的心，斯朗旺扎刻苦学技练功，成长为业务尖子，工作 18 年安全行车 3000 余趟、70 多万公里，相当于绕行地球 18 圈。

如今，他已成为一名指导司机，2023年被评为“最美铁路人”，在接受记者采访时说道：“我特别感谢铁路，是铁路让我有一份体面的、有保障的生活，也让我在这里增长了才干，实现了人生价值，我也要继续勤学苦练，以优异的工作业绩回报企业的关爱。”作为国铁企业，必须把职工发展的责任放在心上，引领职工在推动铁路企业高质量发展实践中共享成果、共解难题、共担责任，用奋斗的画笔绘就出自己的出彩人生。

上下同欲者胜，同舟共济者赢。作为铁路企业，就要时刻把职工冷暖挂在心间，持续改善职工生产生活条件，千方百计解决涉及职工利益的实际问题，用看得见、摸得着的成效取信于民。职工心安、气顺、劲足，就会对企业有感情，对工作有热情。我们作为铁路职工，就要立足工作岗位，胸怀“国之大者”，主动服务和融入国家发展大局。企业与职工上下同心，思想同频、目标同向、行动同步，就没有跨不过的高山、闯不过的风雨，企业要与职工价值共融、责任共担、利益共享，画好“命运共同体”这个同心圆，让职工在劳动奋斗中获得感成色更足、幸福感更可持续、安全感更有保障，共同凝聚起推进铁路高质量发展的磅礴伟力，书写属于我们的璀璨华章。

## 设计集团公司

## 宣讲报告

扫码观看宣讲视频

宣讲、撰稿人员：

李英东　王羽莹　孙琪皓

刘金旺　王　俏　杨丽芳

王衍汇　侯晓博　石灿义

# 深入学习贯彻党的二十届三中全会精神

党的二十届三中全会于2024年7月15日至18日在京举行，会议通过了《中国共产党第二十届中央委员会第三次全体会议公报》，审议通过了《中共中央关于进一步全面深化改革、推进中国式现代化的决定》。《决定》共15个部分60条，提出300多项重要改革举措。第一板块是总论，主要阐述进一步全面深化改革推进中国式现代化的重大意义和总体要求。第二板块是分论，以经济体制改革为牵引，全面部署各领域、各方面的改革。第三板块主要讲加强党对改革的领导，深化党的建设制度改革。改革举措有的是对过去改革举措的完善和提升，有的是根据实践需要和试点探索提出新的改革举措。

铁路，是国家的重要产业，在国家发展与国民民生方面发挥着重要作用，对于党中央的最新改革措施更要找准定位、积极响应。以下三个项点值得我们重点关注。

**构建高水平社会主义市场经济体制。**

高水平社会主义市场经济体制是中国式现代化的重要保障。《决定》第二部分对构建高水平社会主义市场经济体制做了全面部署，其中第 5 条指出要推进能源、铁路、电信、水利、公用事业等行业自然垄断环节独立运营和竞争性环节市场化改革。新华社在解读中提到，能源、铁路、电信、水利、公用事业重点行业在经济社会发展全局中起战略性、基础性作用，关系国民经济命脉和人民群众切身利益，上中下游各环节呈现出不同的经济特性和发展规律。行业中游的网络型基础设施具有明显的规模经济和范围经济特性，需要集中建设运营才能更好发挥效益，具有自然垄断属性，属自然垄断环节；行业上下游生产、销售、运输服务、设备制造等环节可以有效发挥市场机制作用，实现资源优化配置，属竞争性环节。深化自然垄断环节独立运营和竞争性环节市场化改革，国家将坚持该垄断的要监管有效，该竞争的要放开、竞争有序，尊重行业特点和市场规律，区分自然垄断环节与竞争性环节分类改革，科学施策。这样，有利于保障国有经济在重点行业和重点领域更好发挥战略支撑作用，提升普遍服务能力和水平；有利于更好统筹发展和安全，更好防范和化解风险；有利于推动各类经营主体有效发挥市场机制作用，拓展市场空间，推动行业健康发展。铁路是国民经济大动脉、重大民生工程，关乎国家安全、经济发展，人民福祉，我们只有深刻领会、积极响应、坚决落实好中央各项决策部署，才能更好发挥服务支撑作用，更好履行国铁企业的政治责任、社会责任和经济责任。

## 健全推动经济高质量发展体制机制。

高质量发展是全面建设社会主义现代化国家的首要任务。《决定》第三部分强调要深化供给侧结构性改革，完善推动高质量发展激励约束机制，塑造发展新动能新优势。在第 8 条及第 9 条中，分别对健全因地制宜发展新质生产力体制机制与健全促进实体经济和数字经济深度融合制度进行部署。在第 11 条中对健全现代化基础设施建设体制机制进行部署，指出要深化综合交通运输体系改革，推进铁路体制改革。时代是不等人的，技术发展也是不等人的，社会发展更是不等人的。只有在党的领导下，大踏步奋力投身时代洪流中，铁路才能更好地服务人民，获得更长远的进步。这便是不断推进改革的要义。这些年，诸如移动智能设备、大数据与人工智能的出现，使我们的生活改变了很多。我本人就是从事信息化业务的，对于这些技术的发展感受尤为深刻。当新的技术诞生后，人们的工作方式、生活方式也会发生改变，而后便是整个社会的改变，乃至世界运转方式的改变。人们对于这种改变的认知存在一定的滞后性，当人们反应过来时，才会发现我们早已身处变局当中。一旦没有追上发展，就会被发展甩在后面。马克思主义告诉我们，世上一切事物都处在永不停息地变化发展之中，发展的实质是事物的前进与上升。这在技术方面尤为明显。对于铁路这种传统行业，更要积极尽早抓住技术的变化、抓住时代的变化，做到及时改革、与时俱进。因此，推进铁路现代化建设，尤其重要。

## 完善高水平对外开放体制机制。

开放是中国式现代化的鲜明标识。《决定》第七部分提出要坚持以开放促改革，依托我国超大规模市场优势，在扩大国际合作中提升开放能力，建设更高水平开放型经济新体制。在第 24 条及第 28 条中，分别对稳步扩大制度型开放与完善推进高质量共建“一带一路”机制进行部署。我们设计集团公司的主营业务是铁路勘察设计，在参与设计众多国内铁路项目的同时，也积极参与众多国外重要的铁路项目。从 20 世纪的坦赞铁路，到现在的雅万高铁与匈塞铁路等，我们可以看出，中国的影响力与日俱增，且随着当前国际形势风云变幻，中国在未来将扮演更为重要的角色。《公报》中也说，中国式现代化是走和平发展道路的现代化，推动构建人类命运共同体，践行全人类共同价值。中国是可以信赖且值得信赖的合作伙伴，中国拥有强大的制造业，拥有庞大的市场，更有稳重的战略定力，更高的站位追求。我们铁路人也要积极寻求国际合作，积极参与全世界铁路建设，共建共享中国铁路发展成果。

中国铁路有着积淀百年的厚重历史和可歌可泣的革命斗争历史，我们铁路人有着“始终听党话、永远跟党走”的红色基因。在新的征程上，我们要紧密团结在以习近平同志为核心的党中央周围，深入学习贯彻党的二十届三中全会精神，严格落实国铁集团党组各项工作安排，立足岗位、担当作为，为中国铁路事业，为中国式现代化建设，为中华民族的伟大复兴贡献应有力量！

# 深刻认识新时代国家铁路发展成就和历史使命

改革征程再响号角，伟大时代又启新篇。党的二十届三中全会擘画了改革开放新蓝图，为我们进一步全面深化改革、推进中国式现代化指明了方向。

我们要走好新征程，就不能忘记来时路。新时代以来，我们始终坚持以习近平总书记对铁路工作的重要指示批示精神为根本遵循，坚决落实党中央、国务院决策部署，铁路事业取得历史性成就、发生历史性变革。

## 铁路发展的非凡历程。

我们高质量推进铁路建设发展，建成了世界最大的高铁网和先进的铁路网。在这里，有这样几组数字，我想大家一定都不陌生。截至2023年底，全国铁路营业里程达到15.9万公里，其中高铁4.5万公里；2023年完成固定资产投资7645亿元，投产新线3637公里，其中高铁 2776 公里。路网布局和结构功能不断优化，基础设施整体水平稳居世界前列。

我们始终坚守“人民铁路为人民”的初心和使命，不断提升铁路运输服务保障能力和水平。新时代十年，国家铁路完成旅客发送量 259.1 亿人次、货物发送量 324 亿吨，2023 年再创历史新高，发送旅客 38.55 亿人，货物 50.35 亿吨，铁路运输工作成效显著，民生福祉日益提升。

我们持续深化铁路改革创新，铁路发展的内在动力和活力不断增强。铁路政企分开改革和公司制改革顺利完成，市场化法治化经营深入推进。铁路科技自立自强水平不断提升，形成了以复兴号动车组为代表的一大批创新成果，高铁技术树起国际标杆。

我们主动服务党和国家工作大局，国家铁路的战略定位和作用更加突出。我们助力区域协调发展，打造都市圈、画好同心圆；推动脱贫攻坚、为乡村振兴注入强劲动力；积极服务绿色低碳经济；高质量共建“一带一路”再创佳绩。

在这非凡的历程中，作为国铁集团所属唯一勘察设计企业，在党组坚强领导下，设计集团累计勘察设计和总承包铁路通车运营里程占全国铁路通车运营里程近 30%，在高速铁路、综合交通枢纽等领域持续保持国际先进水平，在重载、磁悬浮、城市轨道交通领域跻身国际先进行列。

## 铁路事业取得成功的经验启示。

一路走来，成绩亮眼。我们不禁会想，铁路事业取得成功的密码，除了坚持不懈的奋斗，还有什么样的经验启示呢？

在我看来，主要有以下几点：

一是坚持党的全面领导。这些成就的取得，最根本的在于有以习近平同志为核心的党中央的坚强领导。在习近平新时代中国特色社会主义思想的指引下，我们始终坚持以人民为中心的发展思想，保证了铁路发展成果造福最广大人民群众。

二是充分发挥新型举国体制优势。在推进铁路建设发展中，充分发挥我国社会主义制度能够集中力量办大事的制度优势，与国家有关部门、地方党委政府密切配合、团结协作，汇聚了推动铁路事业高质量发展的强大合力。

三是始终坚持全国“一张网”、全路“一盘棋”。始终坚持发展规划标准统一，运输集中指挥统一，保证了规划建设运营与国家重大战略相贯通、安全质量和效率效益相匹配、技术创新与产学研用有机结合，有力推动了铁路事业沿着高质量发展轨道稳步前行。

## 如何更好担当起新的历史使命。

回望来路自慷慨，击鼓催征再出发。如何走好“脚下路”，奋进“未来路”，更好地肩负起勇当服务和支撑中国式现代化“火车头”的历史使命，党的二十届三中全会为我们指明了方向。我们要牢牢把握全会提出的“六个坚持”，进一步全面深化改革，为率先实现铁路现代化贡献力量。

一是要坚持党的全面领导。我们要传承“始终听党话、永远跟党走”的红色基因，把党的领导贯穿铁路工作全过程，以实际行动坚定拥护“两个确立”、坚决做到“两个维护”，确保国铁企业改革、率先实现铁路现代化始终沿着正确的政治方向。

二是要坚持以人民为中心。我们要尊重人民主体地位和首创精神，践行“人民铁路为人民”宗旨，全面提升铁路运输服务水平，不断增强人民群众的获得感、幸福感和安全感，让“人享其行、物畅其流”的美好愿景早日实现。

三是要坚持守正创新。我们要深入实施创新驱动发展战略，坚持需求牵引和目标导向，聚焦“三个面向”，持续加强铁路重点领域关键技术攻关，全面提升铁路科技自立自强水平。

四是要坚持以制度建设为主线。我们要坚持问题导向，加强顶层设计、总体谋划，破立并举、先立后破，不断完善国铁企业制度建设，为实现新征程国家铁路使命任务注入强劲动力、提供制度保障。

五是要坚持全面依法治国。对于铁路来说，我们要坚持依法治企，以党的制度建设为引领，以国家法律法规为依据，以企业管理制度建设为重点，以技术规章标准为基础，构建一整套企业总体制度体系，推动国铁企业治理体系和治理能力现代化建设不断取得新成效。

六是要坚持系统观念。我们要牢固树立全路“一盘棋”思想，把握好全局和局部、当前和长远、主要矛盾和次要矛盾的关系，不断提高战略思维、历史思维、辩证思维、底线思维等能力，做到既为一域增光、又为全局添彩。

风雨兼程，大道无垠。站在新的起点，我们既要深刻认识新时代国家铁路取得的历史性发展成就、坚定发展信心，更要准确把握新时期铁路高质量发展的目标任务、主动作为，积极投身加快构建“六个现代化体系”，为率先实现铁路现代化作出新的更大贡献。

# 奋力谱写铁路现代化建设新篇章

围绕贯彻党的二十大精神，国铁集团党组鲜明提出当前及今后一个时期，国家铁路的目标任务是推动铁路高质量发展，率先实现铁路现代化，勇当服务和支撑中国式现代化的“火车头”。重点是要构建“六个现代化体系”，相信大家对这“六个现代化体系”都十分熟悉，即现代化铁路基础设施体系、现代化铁路运输服务体系、现代化铁路科技创新体系、现代化铁路安全保障体系、现代化铁路经营管理体系、现代化铁路治理体系。

为确保发展目标如期实现，党组按照两步走战略对“六个现代化体系”建设做了部署安排：到 2025 年，完成铁路“十四五”发展规划目标，基本建成“六个现代化体系”；到 2035 年，率先建成现代化铁路强国，为全面推进中华民族伟大复兴提供强有力的支撑。针对每一个现代化体系，党组又进一步明确了指导思想、发展目标、重点任务，为国铁企业在中国式现代化建设中奋发作为指明了方向路径，提供了行动指南，需要我们提高站位、准确领会、找准定位、主动作为。

现代化铁路基础设施体系，是推动铁路现代化发展的物质基础和能力保障。重点任务是突出联网、补网、强链和安全质量能力提升，优化铁路基础设施布局、结构、功能和系统集成，优质高效推进铁路规划建设，不断提升路网整体功能和网络效益。这是我们铁路勘察设计企业发挥技术和工程建设管理优势、奋发作为的主战场，需要我们聚焦服务国家重大战略部署、服务铁路改革发展大局、服务党组科学决策，充分发挥勘察设计引领和规划咨询智库作用，积极承担国家战略通道以及具有前瞻性、关键性核心技术的铁路项目，更多参与铁路勘察设计标准、规范及重大课题研究，健全完善铁路技术标准体系。积极参与国铁集团发展改革战略课题研究、铁路网规划编制；加快补齐西部“留白”，加强出疆入藏等骨干通道建设，有力服务国家重大战略实施、服务路网整体功能提升。

现代化铁路运输服务体系是铁路现代化的重要组成部分，是铁路实现高质量发展的内在要求。按照党组安排，到 2035 年，铁路运输供给能力和质量要达到世界先进水平，全国 1、2、3 小时铁路出行圈和 1、2、3 天快货物流圈全面形成，主要运输经济指标保持世界领先，国际竞争力和影响力进一步提升。这为铁路勘察设计企业围绕主业、服务主业、赋能主业指明了方向，需要我们牢固树立设计为运输服务理念，在设计工作中突出安全、效率效益和服务运营意识；积极推进轨道交通“四网融合”，加大绿色低碳技术推广应用；扎实推动铁路专用线、物流基地、铁路配套集疏运设施建设；积极服务构建“人享其行、物畅其流”的现代化铁路运输服务体系。

现代化铁路科技创新体系是推动铁路现代化发展的动力引擎。需要面向服务国家重大战略、面向铁路建设运输主战场、面向世界铁路技术前沿。需要我们发挥铁路优势，持续推进关键核心技术自主攻关和产业化应用；加快铁路技术、产品迭代升级和数字新技术智慧赋能，充分激发科技创新潜力、活力。铁路建设行业是铁路科技创新的重要领域，需要我们以川藏铁路、新藏铁路等重大工程为牵引，加快推进建设管理、智能建造、牵引供电、数字孪生、空天地一体化、无人机等应用型技术创新，促进勘察设计技术更新迭代，赋能铁路新质生产力发展。

现代化铁路安全保障体系不仅是推动铁路高质量发展的前提和基础，更是维护国家安全的重要组成部分。作为科技型企业，除了保障铁路规划、设计、建设源头质量，筑牢铁路本体本质安全外，更应该充分发挥技术优势，深化铁路安全保障、运营维护领域“技防”关键技术研究，为提升“三位一体”安全保障能力贡献科技力量。从 2021 年起，我和团队中的其他博士，就组成了“铁路科技防洪博士团”，从正在工作的科研一线，每年都要下沉到山区铁路的运维一线，一待就是一两个月。与一线工务人员，一起爬山、一起巡检、一起值班、一起应急抢险。在爬过了一个个的陡峭险峻的边坡，走过了一个个防洪形势最严峻的路段之后，我们也摸清了铁路运维防洪的痛点难点。2023 年，根据从一线带回来的科研需求，针对地灾隐患识别率低、风险评估不准等共性技术难题，我们联合铁路局集团公司立项攻关；研发了“空巡一号——多源航空遥感综合勘察系统”，能够精准识别植被覆盖下的危岩落石、滑坡等地质灾害隐患，大幅降低暴雨诱发地质灾害对铁路运营安全的影响；开发了异物侵限实时智能监测预警系统及设备，给摄像头装上一颗“智慧大脑”，能够对溜塌、倒树等异物进行 24 小时实时智能监测；构建了铁路地质灾害筛查、评估、监测、治理与应急抢险综合解决方案，以更好发挥科技保安全作用。相关成果已成功应用于焦柳线、渝怀线、峰福线、宜万线等十余条山区既有铁路，服务运营里程超 3000 公里，为强化铁路安全管控能力贡献了铁设方案。

现代化铁路经营管理体系是推动铁路资产增值，提升铁路企业经营水平的关键所在。“三量九率”“12 项指标”“二稳二增八提升”的发展目标催人奋进；构建运输业与非运输业一体化经营格局，要求我们必须树牢全路“一盘棋”意识，以国铁集团利益最大化为出发点，找准定位；在工程建设、运营维护、制造维修、商贸物流等领域强化国铁企业合资合作，实现铁路整体增收创效。

现代化铁路治理体系是推进国家治理体系和治理能力现代化在国家铁路的具体行动。需要把握市场化、法治化、国际化发展方向，以党的制度建设为引领，以国家法律法规为依据，以企业管理制度建设为重点，以技术规章标准为基础，加快推进实施“四七六”工程，全面提升铁路治理能力和治理效能。

构建“六个现代化体系”任务艰巨、使命光荣，全路广大干部职工要提高站位、立足岗位，以“功成不必在我，功成必定有我”的责任担当，踏踏实实做好每一项工作，合力共为推动铁路高质量发展，为率先实现铁路现代化、勇当服务和支撑中国式现代化的“火车头”贡献新的更大力量。

# 传承红色基因　弘扬铁路精神

“张家口”对于中国铁路是一个有着特殊意义的城市。因为，120年前，外国人断言能够从北京市南口镇以北修建铁路至此的中国人还没有出生！没想到4年后，京张铁路建成了，这是第一条由中国人独立设计建造的铁路，选取了最艰险但最节省的一条线路，甚至还提前2年完成。詹天佑因为这项奇迹被誉为“中国铁路之父和中国第一位铁路总工程师”。

自此中国铁路有了风骨，也有了精神。詹天佑用它“以身报国的爱国主义精神、精益求精的工匠精神、自强不息的拼搏精神、敢为人先的创新精神”为中国的铁路画卷打上了坚实的底色。

在中国共产党100多年的发展历程中，铁路人始终响应号召、听从指挥，在革命、建设、改革发展实践中坚守初心、锤炼品格，形成了以“人民铁路为人民”为核心的铁路精神谱系，“二七”精神、“毛泽东号”精神、“铁牛号”精神、小东精神、福生庄精神、成昆精神、“158”精神、巴山精神等，都化作中国铁路的文化瑰宝。

伴随着我国的铁路发展进程，以“人民铁路为人民”为核心的铁路精神历久弥新，激励引导全路上下踔厉奋发、砥砺奋进，这其中就包括铁路建设领域。

20 世纪 50 年代开始，历经半个世纪，铁路人不畏艰险，以惊人的毅力和勇气，攻克了高寒缺氧、多年冻土、生态脆弱三大世界难题，成功建设运营了世界一流高原铁路，孕育形成了“挑战极限、勇创一流”的青藏铁路精神，成为中华民族的宝贵精神财富。

20 世纪 80 年代，被誉为“中国重载第一路”的大秦铁路开通运营，创造了三项国内第一：第一条开行重载单元列车的铁路；第一条双线电气化重载运煤专线；现代化水平最高的货运铁路之一。“负重争先、勇于超越”的大秦精神是对这条铁路设计、建造和运营团队的最好诠释。

进入 21 世纪，从我国第一条客运专线——秦沈客运专线，第一条时速 350 公里的高速铁路——京津城际铁路，京沪高速铁路、京广高速铁路……我们铁路人发扬自主创新、赶超一流的精神，建成世界上最大的高速铁路网和先进的铁路网。

习近平总书记说过：“一代人有一代人的长征，一代人有一代人的担当”，我们自身的工作岗位和任务都注定无法脱离所处的时代。那么在新时代新征程上，铁路人应该如何进一步传承弘扬铁路精神？在回答这个问题的时候，我做了如下思考：

## 今时今日我们面对的到底是怎样的一个时代?

从时代的本质来分析，背后的驱动力都是科技。我们经历的几大时代都是以科技冠名，人类社会依次进入蒸汽时代、电气时代、互联网时代，再到如今即将进入的人工智能时代。当前，高技术领域成为国际竞争的最前沿和主战场，世界各国抢占铁路技术制高点的竞争日益激烈。

## 我国铁路事业面临什么样的新形势新要求?

党的二十大明确了以中国式现代化全面推进强国建设、民族复兴伟业是新时代新征程党和国家的中心任务。党的二十届三中全会擘画了进一步全面深化改革的宏伟蓝图。国铁集团党组明确提出了勇当服务和支撑中国式现代化“火车头”的目标任务，形成了构建“六个现代化体系”的实施方案。2024 年 7 月，国铁集团科技创新大会在京召开，提出要充分发挥铁路行业科技领军企业龙头作用，锚定 2035 年建成科技强国的战略目标，持续加大铁路科技创新力度，加快实现铁路高水平科技自立自强。

## 作为一名铁路人我们能做什么?

一条优质高效的铁路，从设计到建设到运营服务，每个环节都非常重要。对每位铁路人来说，要立足本职岗位，找准工作定位，在各项攻坚任务中改革创新展作为、提质增效立新功。

作为一名铁路设计工程师，要进一步弘扬以“人民铁路为人民”为核心的铁路精神，我认为“服务”和“创新”尤为重要。

首先，“人民铁路为人民”本质就是铁路服务人民。因此，要通过精心设计，不断提高铁路服务水平。铁路勘察设计工程师的工作虽然没有直接服务旅客和货主，但设计产品的优劣却对旅客畅行和货物通达有深刻影响，雄安站的设计就充分体现了这一点。为更好地服务旅客，创造非凡的出行体验，项目团队将雄安站设计为站城融合的综合交通枢纽，打造了开放、自由、连续的城市公共空间。通过智能化、信息化系统技术，打造智慧雄安站，紧扣“服务旅客美好出行需要”设计理念。

其次，铁路基础设施建设是铁路服务的基石。因此，要通过技术创新，持续打造铁路新质生产力。我国第一位铁路总工程师詹天佑在设计修建京张铁路时就设计了“人字形铁路、两端凿井法、引入标准轨距”等当时国内外最先进的设计、施工、标准创新理念，极大释放了铁路建设的生产力。从事铁路勘察设计的每位职工，也应该向先辈一样，坚定不移地用科技创新打造新质生产力。

雄安新区至忻州高速铁路以全地下的形式穿越了雄安新区核心空间骨架东西轴线。这条轴线是雄安新区的“脊梁”，其地位相当于“北京的长安街”，它是聚集了高铁、市政、水利和园林等多行业为一体的极其复杂的系统工程。

国家卓越工程师赵斗是该项目的总工，从项目设计到实施，他始终坚持“科学合理的创新设计就是第一生产力”的设计理念，带领项目团队在国内首次实现将高速铁路设计与城市主轴规划进行深度融合，真正做到与城市核心区同步规划、一体化设计，为铁路快速优质建设筑牢了基础，统筹了地上地下空间资源，为旅客出行提供了便利。

至此，我逐渐明晰了作为一名铁路设计人应该如何在新时代的征程上传承并弘扬铁路精神。那就是在国铁集团搭建的平台之上，通过项目中每一项科技创新、每一次技术服务，传承红色基因、弘扬铁路精神，为铁路现代化发展贡献新的力量。

# 共建共享铁路发展成果

当一列高速列车以时速 350 公里呼啸而过，你可曾想过，这背后是多少铁路人的坚守与付出？是什么力量，让这些钢铁巨龙如此安全、高效地运行？答案就蕴藏在我们职工与企业之间那密不可分的命运共同体之中。让我们从四个方面，共同探讨如何更好地共建共享铁路发展成果。

## 价值共融：梦想启航的力量源泉。

价值共融，是共建铁路高质量发展成果的思想根源和强大动力。让我们从脚下这片热土——京津冀地区说起。十年前，京津冀协同发展上升为国家战略，国铁集团提出修编京津冀城际铁路网规划，以打造“轨道上的京津冀”引领区域协同发展。十年间，以规划为引领，京津冀地区铁路营业里程从 8496 公里增加至 1.1 万公里，新增 2836 公里，京雄城际、京张高铁等一条条铁路线如同血脉般贯通三地，实现了京津冀核心区 1 小时通达，不仅极大方便了人民出行，更有力推动了区域经济一体化发展。2020 年 12 月 27 日，我乘坐京雄城际 C2702 次首发列车，看着自己曾经规划并全程参与设计的线路从图纸变为现实，看着轨道上的京津冀又进一步，那一刻，我深刻地感受到自己工作的价值所在，感受到个人价值与企业使命深刻交融又相互成就的幸福感。

其实，大家可能都有类似的经历，它也不仅仅发生在京津冀地区，放眼全国，从高铁网的“四纵四横”到“八纵八横”，从时速 35 公里到 350 公里，从绿皮车到复兴号智能动车组，每一次提速，每一公里铁路的延伸和运营，都凝聚着我们铁路人的智慧与汗水，都书写着国铁企业与职工那如同江河与水滴般价值共融、携手共建的壮丽篇章，正是我们点点滴滴共同的努力，汇聚成了推动铁路事业滚滚向前的磅礴力量！

面向新的征程，国铁企业与职工共同的价值追求是什么？是推动铁路高质量发展，率先实现铁路现代化，勇当服务和支撑中国式现代化的“火车头”。这是新时代铁路的中心任务，也是国铁企业与职工共同的价值追求，更是我们 200 万铁路人梦想启航的嘹亮汽笛！

## 同心共筑：共创辉煌的成长之路。

铁路不仅打造了方便人民出行的幸福之路、引领国民经济腾飞的强国之路，铁路事业的蓬勃发展也为每一位职工铺就了辉煌的成长之路。在这里，有人从青涩的新手逐步成长为独当一面的项目总工程师或技能人才，他们的每一步成长，都是对“工匠精神”的最好诠释；有人荣获“国家卓越工程师”“最美铁路人”等称号，他们的故事激励着每一位同事，让我们相信，平凡的岗位也能绽放非凡的光彩。

在推进铁路高质量发展的进程中，国铁集团始终秉持“人民铁路为人民”的宗旨，以习近平新时代中国特色社会主义思想武装职工头脑，以强有力的思想政治工作激发职工干劲、为广大职工搭建了多元化的成长成才平台。2020 年，我有幸通过铁道系统推荐履职第十三届全国青联委员，同时被推荐的还有我们的货运调度员、客运段列车长、科技尖兵和制动钳工，在这个青春大舞台上，我们不仅交流思想、碰撞火花，还能在实践中开阔眼界、增长才干。我们感恩这份荣誉，更珍惜这份来之不易的发展平台。因为我们深知，个人的成长与企业的发展息息相关，只有企业兴旺发达，我们才能更好地共享发展成果；而我们的团结奋斗，也将为企业发展注入源源不断的动力。在未来的日子里，我们将继续在各自的岗位上发光发热、贡献力量，共同推动铁路事业的高质量发展。

**利益共享：风雨同舟的温暖承诺。**

职工是企业的建设者、创造者，也是企业发展改革成果的受益者、共享者。“大河有水小河满，大河无水小河干。”这句话也深刻地揭示了企业与职工之间利益共享的道理。疫情期间，国铁集团提出“保安全、保稳定、保畅通”，我们冲川藏铁路、战雅万高铁，高原需要我们上，境外有难我们共克时艰，有力服务保障了国家利益不受损失。与此同时，国铁集团党组提出职工收入不能降，这份责任与担当，如同冬日里的一缕阳光，温暖了每一个铁路人的心房。浓浓温情润物暖心，铁路人干劲十足，2023 年国家铁路完成运输总收入

9641亿元、同比增长39%，非运输业务实现利润391.7亿元，利润总额创历史最好水平；国家铁路运输业劳动生产率从2019年的47.8万元/人提高到58.9万元/人。习近平总书记强调："共建才能共享，共建的过程也是共享的过程。"经济效益和劳动生产率的提高又为实现职工收入的增长奠定了坚实基础，如此形成了良性循环。

面对未来复杂多变的市场形势，我们既要做创效增收的贡献者，助力推动铁路货运向现代物流转型发展，以新质生产力推动传统产业转型升级，发展壮大新兴产业，促进运输业与非运输业一体化经营；又要做节支降耗的有心人，从小的点滴节约，到大的项目开支，全方位为企业节成本、创效益。

## 生态共建：共赢未来的坚实保障。

营造风正人和、干事创业的企业生态环境，既是命运共同体的重要内涵，又是企业与职工的共同使命。近年来，国铁集团制发了一系列帮扶政策，中华全国铁路总工会印发了《关于做好职工职业生涯全过程关爱服务的指导意见》，我们都在这些政策的实施过程中切实感受到了我们铁路带来的温暖。设计集团公司针对职工流动性大、分散性强的特点，不仅围绕入职入路、恋爱交友、结婚成家、生育哺乳、子女入学、职工生日、生病住院、意外致困、亲人去世、退休离岗等重要节点，为职工提供可感可知、可达可得的暖心服务，还结合项目实际，开展丰富多彩的文体活动，让职工在工作之余充实而快乐。为更好打造命运共同体，作为企业，要发挥各级组织作用，持续增强企业维护职工权益、帮助服务职工功能；作为员工的我们，要始终听党话、永远跟党走，讲大局、识大体，共同营造团结、奋进、和谐、稳定的生态环境。

企业与职工，犹如硬币不可分割的一体两面，紧密相连、相互依存，企业因职工而兴，职工因企业而荣，命运与共则强。

展望未来，在中国式现代化建设和构建“六个现代化体系”的壮阔征程中，铁路高质量发展的光芒将照亮世界更多角落，这不仅是我们梦想的延伸，更是责任的担当，让我们心手相连、团结奋斗，在铁路共建共享的宏大实践中再创辉煌。

# 国铁集团直属机关党委

## 宣讲报告

扫码观看宣讲视频

宣讲、撰稿人员：

邵君喆　东江琦　李璎伦

杨　爽　于明靖　高　凯

李明慧　王洪叶

# 深入学习贯彻党的二十届三中全会精神<br>为服务和支撑中国式现代化贡献铁路力量

## 学深悟透会议精神。

2024年7月15日至18日，党的二十届三中全会在北京胜利召开。这次全会，深入贯彻党的二十大精神，根据党在新时代新征程的使命任务和战略安排，对进一步全面深化改革、推进中国式现代化作出系统部署。党的二十届三中全会在党的历史和新中国的历史上都是至关重要的。

第一，从会议时间上来看，2022年召开的党的二十大，明确中国共产党的使命任务是以中国式现代化推进强国建设、民族复兴伟业。党的二十届三中全会是在以中国式现代化全面推进强国建设、民族复兴伟业的关键时期，召开的一次十分重要的会议，是在新的历史起点上，对进一步全面深化改革、推进中国式现代化的总动员、总部署。

第二，从会议主题看，会议的主题是进一步全面深化改革、推进中国式现代化。改革开放以来，有三次党的三中全会令人瞩目、十分重要，极大推动了中国式现代化的历史进程，具有划时代意义：1978 年党的十一届三中全会旗帜鲜明地提出要“把党和国家工作中心转移到经济建设上来、实行改革开放”，开启了改革开放和社会主义现代化建设新时期。2013 年党的十八届三中全会提出要“使市场在资源配置中起决定性作用，更好发挥政府作用”，而不是原先所提的“基础性作用”，开启了新时代全面深化改革、系统整体设计推进改革新征程。党的二十届三中全会在新的历史起点上，对进一步全面深化改革进行顶层设计、科学谋划，将谱写进一步全面深化改革、推进中国式现代化的时代新篇。

第三，从会议内容上来看，这次三中全会通过的《中共中央关于进一步全面深化改革、推进中国式现代化的决定》包括 15 个部分、60 条、300 多项具体的改革举措，涉及经济、政治、文化、社会、生态、安全等方方面面的工作，着力解决深层次、关键性、顽固性的问题，为推进中国式现代化提供更好保障。

所以无论是从时间、主题、内容上来看，党的二十届三中全会都是至关重要的。

这次三中全会最重要，也是最令人瞩目的成果，就是审议通过的《中共中央关于进一步全面深化改革、推进中国式现代化的决定》。

整个《决定》包括 15 个部分，分成三大板块。

第一个板块，对应的是第 1 部分，是总论。用“6 个必然要求”“7 个聚焦”“6 个坚持”，阐明了“进一步全面深化改革、推进中国式现代化”的重大意义和总体要求。

第二个板块，对应的是从第 2 部分到第 14 部分，是分论，围绕“进一步全面深化改革、推进中国式现代化”这一会议主题，首先按照“五位一体”的顺序，部署了经济、政治、文化、社会、生态方面的改革工作。做好“五位一体”的工作，离不开安全稳定的发展环境，《决定》部署了加强国家安全体系和能力现代化、持续深化国防和军队的改革，体现了党中央统筹发展与安全的思想。

第三个板块，对应的是第 15 部分。党政军民学、东西南北中，党是领导一切的。在进一步全面深化改革、推进中国式现代化的过程中，党的领导必须贯穿始终，《决定》对加强党对改革的领导、深化党的建设制度改革、党风廉政建设和反腐败斗争作出了部署。

这是《决定》15 个部分的内在逻辑架构。《决定》提出的 300 多项重要改革举措，多是涉及体制、机制、制度层面的内容，其中有的是对过去改革举措的完善和提升，有的是根据实践需要和试点探索新提出的。《决定》既是党的十八届三中全会以来全面深化改革的实践续篇，也是新征程推进中国式现代化的时代新篇，是党的历史上又一重要纲领性文件，为改革发展提供了根本遵循。

## 对标对表谋划新篇。

党的二十届三中全会提出的改革举措中，有很多是和铁路密切相关的，尤其是在第二部分、第三部分两次明确提到了“铁路”，体现了党中央对铁路工作的高度重视。

对标对表，我们来看一下党的二十届三中全会精神该如何在国铁企业中更好地落地。

在党的二十届三中全会结束一周后，也就是 2024 年 7 月 25 日至 26 日，国铁集团领导干部会议在北京召开。这次会议的主要任务就是传达学习党的二十届三中全会精神，动员全路干部职工全面贯彻党的二十届三中全会精神，为以中国式现代化全面推进强国建设、民族复兴伟业贡献铁路力量。会上，国铁集团党组书记、董事长刘振芳代表国铁集团党组对全路贯彻落实党的二十届三中全会精神，提出了全面学习宣传全会精神、加强进一步全面深化国铁企业改革的顶层设计和总体谋划、加强对进一步全面深化国铁企业改革的组织领导和推进落实等重要工作部署，推动全路以统一的思想、统一的意志、统一的行动确保党的二十届三中全会精神在国铁企业落地生根。落实好党组的部署，需要全路干部职工共同努力、团结奋斗。

新征程，蓝图宏伟、使命光荣，开局起步，目标明确、催人奋进，让我们初心不改、砥砺前行，为服务和支撑中国式现代化贡献铁路力量。

# 钢轨上的冰鲜传奇：铁路冷链物流的前世今生

广袤神州大地10余万公里的铁路线上，每天飞驰着成千上万的列车，它们犹如奔腾的血液，让“流动的中国”充满生机活力。

在这成千上万的列车中，既有已经运行30余年的B22型机冷车，又有无人值乘的背包式冷藏集装箱，还有隔热保温性能优良的BH1型隔热保温车。他们装载着来自祖国天南海北的冷链生鲜，为实现人民“舌尖上的幸福”奔驰不息。

## 再苦再难也要发展冷链物流！

新中国成立之初，百废待兴，百业待举。当时冷藏车的数量较少，主要采用木制车身，载重量较小，依靠加冰冷藏的方式进行运输，由于缺乏完善的维修和保养体系，车辆的寿命较短。

再苦再难也要发展冷链物流！为了让新鲜食品走进千家万户，自1953年起，中国铁路开始就冷链运输在全国布局。1962年，在周恩来总理的亲切关怀下，中国铁路开行了 751、753、755 三趟快车，使用家畜车和机械冷藏车从上海、郑州、武汉每日运输鲜活商品至香港。铁路为保障活禽和鲜果蔬菜的运输品质，制定“保车源三优先：优先配车、优先装货、优先挂运”等一系列特殊政策，使运输时间缩短了 2/3，保证了供港鲜活货物的品质和时效。

一条大动脉上流动的冷链物流，把香港和内地紧紧联系在一起，不管是铁路春运运力极为紧张还是发生严重洪灾，三趟快车始终风雨无阻，从未停驶，被媒体亲切地称为“香港同胞的生命线”。

## “一定要造出属于我们自己的冷藏车！”

20 世纪 90 年代至 21 世纪初，中国铁路冷藏运输进入一个新的发展阶段。在这个时期，铁路冷藏车开始采用先进的制冷技术和电子控制系统，提高了制冷效果和运输效率。

当时的主力运输车型——B22 型机械冷藏车，是从原民主德国进口。最让乘务员为难的是机器上都是德文字母，为了便于记忆和操作，他们制作了一些中文提示牌挂在车上。结果德国管理人员发现后，把牌子扯了下来，还操着生硬的中文奚落道：“你们如果认为中文好，那就等你们中国造的车出来后再用中文也不迟。”

“一定要造出属于我们自己的冷藏车！”

进入 21 世纪以来，随着我国科技水平的提高，自主研发能力的增强，B23 型国产机冷车、B10 型单节机冷车、BX1K 型冷藏集装箱运输平车、背包式冷藏集装箱、BH1 型隔热保温车等相继问世，新一代绿色智能移动冷库即将上线，铁路冷链运输装备家族不断壮大。

如今，我们可以骄傲地说：我们不仅造出了车，而且我们的技术领先世界！

## 保障全国人民的“菜篮子”“果盘子”。

2003年中铁特货公司成立，为贯彻铁道部生产布局调整的部署要求，特货公司负责铁路冷链物流的市场开发和运输协调。从此，在祖国广袤的大地上，东北、山东、四川等地的冻肉香肠，海南、两广、云南地区的新鲜蔬菜，中原地区的水饺汤圆等速冻食品，沿海地区的冻鱼、冻虾，内蒙古草原的奶制品、冰激凌，天山脚下的葡萄、香梨、哈密瓜等，均能通过机械保温车翻山越岭、通达四方，丰富着全国人民的“菜篮子”“果盘子”，诠释着人民铁路为人民的宗旨。

2012年11月，首列海南果蔬“铁路绿色快车”从海口站发出，有效推进了国家“南菜北运”工程；2015年9月，首列机冷车进藏冻肉试运车组，实现了铁路冷藏进藏运输零的突破；2021年，开通伽师新梅特色班列，为各地百姓送去了新疆的甜蜜，拉近了民族距离，体现了民族团结一家亲；2024年3月，特货公司投入4辆移动冷库用于兰考县农业发展，为当地乡村振兴作出积极贡献……

20余年乘风破浪，服务国家战略，服务人民群众对美好生活的新期待，铁路冷链物流在新时代焕发出了新光彩。

## “一颗榴莲的万里旅程”。

2021年12月3日，万众瞩目的中老铁路正式开通运营，为贯彻落实国家“一带一路”倡议，打造人类命运共同体，中国铁路开始探索中老铁路国际联运业务，先后开展了王家营西、研和、平湖南的多次果蔬出入境运输，积累国际联运经验。

随着磨憨铁路口岸进境水果指定监管场地的建成，特货公司陆续投入 320 只背包式冷藏箱用于中老铁路冷链跨境运输，伴随着一列列装运东南亚榴莲、山竹等水果的“冷链快线”陆续准时抵达，中老铁路正逐步成为名副其实的“黄金线路”。

2023 年 10 月 17 日，《人民日报》海外版整版刊发《一颗榴莲的万里旅程》，记录了榴莲从泰国种植园出发，途经老挝，搭乘中铁特货冷藏箱抵达北京消费者餐桌的故事。

中老铁路冷链快线的开通，进一步推动了中老命运共同体的构建，为双边贸易创造了新的生长点，密切了两国的经贸人文交流，在共建“一带一路”高质量发展中发挥了积极作用。

回首新中国铁路冷链物流事业的发展历程，我们走过了从无到有、从弱到强的非凡旅程！取得的成就值得每一位铁路冷链人骄傲。

在这样一个昂扬奋进的伟大时代，在这样一个新的起点上，铁路冷链人将紧紧抓住这盛世良机，改革创新、勇往直前，为铁路现代化物流体系建设、服务和支撑中国式现代化而团结奋斗！

# 发挥投资集团专业平台作用<br>为铁路现代化贡献金融新动能

党的二十届三中全会以经济体制改革为牵引，对推进国资国企改革作出系统部署，明确提出深化国有资本投资、运营公司改革，要求做好科技金融、绿色金融、普惠金融、养老金融、数字金融“五篇大文章”，加强对重大战略、重点领域、薄弱环节的优质金融服务。

铁路是国家战略性、先导性、关键性重大基础设施，是建设金融强国的重要载体。国铁集团党组站在服务推进中国式现代化的高度，擘画了建设“六个现代化体系”的蓝图，包括现代化铁路基础设施体系、现代化铁路运输服务体系、现代化铁路科技创新体系、现代化铁路安全保障体系、现代化铁路经营管理体系、现代化铁路治理体系。作为国铁集团投资和运营专业平台，投资集团公司始终以服务实体经济为己任。下面，我从三种不同“金融工具”的视角，同大家分享服务支持铁路现代化建设的中国铁投故事。

**作为金融体系当中的一员，我的名字叫首次公开募集股票，我还有个大家耳熟能详的名字 IPO。**

与“车机工电辆”几位铁路老大哥相比，我是从金融领域融入铁路建设和运输生产的。助力国铁企业股改上市和再融资，盘活铁路资产，这是我的初心和使命。

如何运用我，让铁路优质资产成功上市，是必须迎接的全新挑战。职工常常为从半米多高的文件中，梳理出有利于铁路企业股改上市的内容，而加班加点挑灯夜战；常常为在第一时间拿出精准专业的上市材料，而放弃陪伴家人的节假日。每个人目光专注而坚定，每一个数字、每一条政策，都要精心核算、潜心钻研；传承工匠精神和专业精神，精心雕琢着每一个数据、每一行文字、每一篇报告，深入细致开展尽职调查，认真做好对承销商、保荐人的每一次招标工作。京沪高铁公司从申报材料到过会仅用了 23 天，刷新了 A 股上市发审纪录，向世人展示了“中国高铁第一股”上市的“高铁速度”。

在国铁集团有关部门的支持下，投资集团公司紧跟国家政策和资本市场动态，积极对接证券市场，不断优化股权管理职能，让我不断在铁路大家庭中孵化、成长、迭代。京沪高铁、中铁特货先后成功上市，大秦铁路发行了可转债，浩吉铁路也拉开上市准备的序幕……一次次锐意进取，奏响了铁路人融入资本市场保障现代化基础设施建设的一路凯歌。

**作为金融服务的重要成员，我被赋予另一个重要角色——铁路保险，为铁路运输、建设和经营提供专业风险保障。**

防范化解各类风险，确保发展安全和人民财产安全，是实现高质量发展必须跨越的关口。2023 年的中央金融工作会议要求充分发挥保险业的经济减震器和社会稳定器功能。

在专业人士眼里，我既是风险的洞察者，又是安全的守护者。铁路保险人用专业素养和敬业精神，持续丰富产品供给，把守护旅客货主的平安时刻装在心里，努力做强国铁集团专业风险管理平台，为现代化铁路安全保障体系和运输服务体系建设保驾护航。

2024 年，国铁集团深入推进铁路货运市场化改革，加快推进现代物流体系建设。我凭借专业执着的奉献，以“货行天下、铁保随行”为使命，创新货运保险产品，不断提升服务能力，为铁路货运改革提供了有力保障。

中欧班列开行至今已累计突破 9 万列。投资集团公司以优质的服务吸引了一批又一批“一带一路”货主，“朋友圈”越来越大，跑出了铁路保险“加速度”。穿梭于亚欧大陆之上的这条钢铁巨龙，彰显出铁路保险人的主动作为，让古老的丝绸之路焕发出勃勃生机。

不止货运险，成立 9 年来，我紧紧融入铁路客运、货运业务场景，相继开发出七大类、41 个主险、近 500 个附加险产品，形成较为完善的产品体系，为铁路运输服务转型升级贡献了源源不断的动能。

**作为金融服务的另一个重要工具，我叫融资租赁，负责为国铁企业节约资金成本，服务移动装备投融资改革。**

我区别于传统金融机构的经营模式，简单说是通过“融物”的手段为企业融资。正是由于我“融物”的禀赋，使我成为业内除了银行信贷和企业发债之外最为重要的一种金融工具，打开了金融服务铁路现代化经营管理体系建设的“另一扇窗”。

2018年我在海口注册设立以来，牢记铁路移动装备租赁专业平台使命，助力铁路运输能力不断提升，与多个铁路局集团公司开展动车组租赁业务，有效降低了国铁集团负债水平，为国铁企业节约了大量的资金成本。

我紧跟国家区域协调发展战略，助力成都大运会成功举办、海南自贸港建设；服务国家“公转铁”战略，累计为浩吉铁路提供250多台机车租赁服务，助力铁路绿色低碳发展；为中老铁路公司提供动车组跨境租赁业务，创新服务“一带一路”高质量发展……

我坚持求新、求变、求索，紧盯新增市场、深挖存量资源、开发路内外市场，在规模屡创新高的同时，资产质量在业内保持领先水平，有力有效服务铁路现代化经营管理体系建设。

新时代赋予我们新使命。面向未来，我们将以党的二十届三中全会精神为动力，认真履行重监管、强服务、防风险的神圣职责，为服务铁路“六个现代化体系”建设提供坚强有力的金融服务保障！

# 传承弘扬科学家精神
# 为铁路高水平科技自立自强再立新功

科学成就离不开精神支撑。习近平总书记指出:“新时代更需要继承发扬以国家民族命运为己任的爱国主义精神,更需要继续发扬以爱国主义为底色的科学家精神。”

路网密布,高铁飞驰,代表着大国科技创新的速度与激情。作为中国铁路战略科技力量,铁科院集团公司全过程参与和见证了中国铁路波澜壮阔的发展历程。从 1950 年建院至今,74 年来,一代代铁科人以科技报国的初心、矢志创新的决心、孜孜求索的恒心,奋起直追、创新突破,从包兰铁路、成昆铁路、青藏铁路、京沪高铁等重大工程的科技攻关,到在高速、重载、高原、高寒、智能等铁路领域取得一批标志性引领性创新成果,为我国铁路总体技术水平迈入世界先进行列、部分领域达到世界领先、高铁技术树起国际标杆作出重大贡献。在万里铁道线上树立起一座座科技创新的丰碑,是以“人民铁路为人民”为核心的铁路精神,在铁路科技领域的集中体现，为爱国、创新、求实、奉献、协同、育人的科学家精神写下铁科注脚，集中代表了铁科人最本真的家国情怀和最深层的精神追求。

**这精神，是胸怀祖国、服务人民的爱国精神。**

科学无国界，科学家有祖国。坚持国家利益和人民利益至上，体现在周总理要求以茅以升的签字保证人民大会堂结构安全的高度信任之中；体现在倡议海峡两岸科技工作者为祖国统一大桥各修一个引桥的赤子之心当中；体现在“一切为科研、科研为运输”的建院方针之中；体现在卢肇钧院士、周镜院士等老一辈铁科人在朝鲜战争爆发后，冲破万难回到祖国投身铁路建设的无悔选择之中；体现在临危受命为建成南京长江大桥而自主研制“争气钢”的科研攻关之中；体现在承载新时代亿万群众对美好出行生活向往的 12306 售票系统的迭代升级之中。

**这精神，是勇攀高峰、敢为人先的创新精神。**

建院后，经历了无基础、无经验、无先进设备的起步时期，铁科人一步步拓荒、敢为天下先，在独创独有和解决受制于人的重大瓶颈问题上担当作为：从我国第一根预应力混凝土轨枕到自主知识产权 CRTS Ⅲ型板式无砟轨道；从时速 350 公里的世界领先高速综合检测列车到世界上专业最齐全、功能最完备、场景最丰富、综合试验能力最强的轨道交通综合实验检测验证基地；从首个汉字操作系统的华立 B-16 计算机到 12306 售票系统单日售票量创下 2695.2 万张的历史新高；从 1997 年在环行线上创造中国第一速到复兴号高速综合检测列车创造单列时速453公里、相对交会时速891公里的新纪录，取得了一大批世界级的科技成果。

**这精神，是追求真理、严谨治学的求实精神。**

茅以升老院长创造性提出了以“专业科学”为特色的科学体系，寻求新中国科学技术赶超世界先进水平的发展路径；铁科人在世界唯一的风火山高原冻土观测站全年值守，40年如一日，获取了1200多万组解决高寒冻土世界级工程难题的试验数据；2024年科研团队栉风沐雨、砥砺前行，已完成252万公里高铁周期性综合检测，为保障高铁运行安全和高效开展养护维修提供监测数据。铁科人同广大铁路建设者一道，坚守岗位，挥洒汗水，让一座座车站拔地而起，让钢铁巨龙不断延伸。

**这精神，是淡泊名利、潜心研究的奉献精神。**

1950年，卢肇钧院士从美国麻省理工学院回国，来到铁科院工作。在那个物资极度匮乏的年代，他坚持在仓库办公、住泥顶平房、自制实验器具，牵头创建了中国铁路第一个土工试验室。在西南三线建设时期，程庆国院士担任成昆铁路预应力混凝土桥梁战斗组组长，在建设现场一日步行50多公里将新鞋鞋底磨破；周镜院士担任成昆铁路路基战斗组、锚杆战斗组和贵昆铁路路基病害科研战斗组负责人，两次在建设现场出现贫血性休克，胃部被切除了2/3；1980年，长期工作在风火山的原西北分院职工王占吉留下遗言，“我活着没有看到青藏铁路修通，请把我的骨灰埋在风火山上，让火车从我身旁驶过”。

**这精神，是集智攻关、团结协作的协同精神。**

成昆铁路建设时期，铁科院集中了8个研究所400多名专家，在国家成立的45个新技术战斗组中，主持了33个战斗组的技术工作。当前，充分发挥多专业、多学科的综合性研究优势，承担全部高铁联调联试任务，全面检测验证高铁各子系统集成效果与整体性能；坚持开放合作创新，广泛汇聚行业和社会优质创新资源和创新要素，深化铁路关键技术自主攻关和产业化应用。新时代新征程中，加强有组织的科研，滚动实施“领先领跑、自立自强、安全技防、高端人才”四个专项，推动川藏铁路等重大工程科技攻关和关键核心设备自主化取得标志性成果。周镜院士常说：“咱们工程就是这个特点，一定是许多人共同努力的结果，绝不是我一个人的功劳。”

**这精神，是甘为人梯、奖掖后学的育人精神。**

茅以升老院长提出的“习而学”工程教育思想，是提升工程人才培养质量的治本之策；周镜院士倡导“掌握基础、掌握数据、掌握计算机”的“三个掌握”人才培养思路；冯叔瑜院士寄语后辈，“搞科研工作要有执着精神，坚持下去，才可能取得成果”。

中国式现代化关键在科技现代化。回首来时路，铁科人在一穷二白、困难重重的情况下艰难开创、追求卓越，在中国铁路实现从跟跑到并跑、领跑的历史性转变中写下了浓墨重彩的篇章。眺望新征程，科学研究进入向极宏观拓展、向极微观深入、向极端条件迈进、向极综合交叉发力的新时期，技术创新进入前所未有的密集活跃期。让我们接力传承弘扬科学家精神，不断赋予铁路精神新的时代内涵，不断增强铁路高水平科技自立自强的志气、骨气和底气，谱写中国铁路从局部领跑到实现全面引领新的历史画卷，为铁路勇当服务和支撑中国式现代化的“火车头”作出新的更大贡献！

# 共建共享 美美与共<br>构建企业与职工命运共同体

“共建”是人人参与、共同建设的担当作为，是人人负责、创造幸福的生动实践；“共享”是中华民族自古以来的社会理想，是以人民为中心发展思想的具体体现。共建是共享的前提和基础，共享是共建的目的和动力。习近平总书记指出：“共建才能共享，共建的过程也是共享的过程。”在国铁企业，200 万铁路大军是铁路事业发展的主体力量和活力源泉；而铁路则是广大职工生存发展的依靠港湾和可靠平台。职工与企业相互依存、相互促进，荣辱与共、命运与共。

## 人人讲安全、人人保安全，才能人人享安全。

我们坚持人民至上、生命至上，常态化组织安全技能培训、制度化进行安全警示教育、长效化开展安全政策解读，坚定践行总体国家安全观，安全责任重于泰山根深蒂固，“人人讲安全”蔚然成风！我们扎实推进安全基础建设三年行动，不断深化“守底线、抓重点、控关键、防风险”工作策略，通过“盯红线、查隐患、落责任、督整改”，盯紧盯牢货物验视、行包受理、站台装卸、配送交付等每个作业环节，抓紧抓实人身安全、运输安全、消防安全等每项重点任务，“人人保安全”成风化俗！安全的设备设施让人顺心，安全的防护措施让人暖心，安全的工作环境让人舒心，快运公司安全生产5500多天的可喜成绩，让职工开心、让客户放心、让家人安心，“人人享安全”触手可及！我们以企业为家，抓生产保安全，企业安全持续稳定、做强做优做大，我们的安全感成色更足！

**依靠职工办企业、办好企业为职工。**

这些年，我们深耕“高铁+生鲜农产品”“高铁+医药大健康”，创新推出“高铁急送”、手提件“专医送”等差异化、特色化铁路快运产品，成功开行成昆整列高铁快运动车组列车，高铁快运品牌不断擦亮。这些年，我们整合社会落地配资源、补链强网，开发应用新行包系统，实现单证电子化、全程信息化，行包快运优势不断彰显。这些年，我们高效运营了8条特快班列、10多条快速班列、50多条货运班列，开发运作中粮、中烟、蒙牛等200多个物流总包项目，建设运营中国铁路网络货运物流平台，承接铁路车站两端货物接取送达业务，推动公铁联运高效衔接，以新质生产力赋能铁路现代物流体系建设。优化工效挂钩分配机制，企业效益提升了，我们的收入更好了。优化选拔任用、技术评聘、岗位交流机制，企业业务拓展了，我们施展才华的舞台更大了。我们以发展为要，闯市场作贡献，企业经营量质齐升、增运增收增效，我们的获得感主色更亮！

## 上下同欲者胜，风雨同舟者兴。

企业关心关爱职工，职工奉献回馈企业。企业与职工命运共同体是我们画出的最大同心圆，也是我们前进道路上最亮丽的风景线。我们从入路到退休，从恋爱、结婚再到子女入学等每个重要节点，都有企业各类培训、各样活动、各种慰问的全过程关爱。我们吃穿住行各方面都有企业呵护，家庭工作各细节都有组织关心。在西藏自治区，添置 13 台制氧机，解决了职工长期在高原缺氧环境中经常出现头痛、胸闷等症状的问题；在呼和浩特，分公司机关开展网点配餐服务，解决了一线营业部职工的就餐难题；在南宁，创新建造“集装箱餐厅”，配置智能炒菜机，菜品多样、随到随做，极大满足了职工个性化需求。在我的家乡武汉，有一名患有先天性肺发育异常合并高血压疾病的职工，手术产生的高额医疗费用，让本就生活拮据的家庭雪上加霜，企业及时给予了最大限度的帮扶救助，带他顺利走出困境。他告诉我说：“在我最困难的时候，是企业给了我及时的帮助。在我压力最大的时候，是组织给了我莫大的鼓励。在今后的工作中，我会用实际行动为企业的发展多作贡献。”像这样的故事还有很多很多。在哈尔滨、在北京、在成都……在 18 个分公司，职工之家配备的冰箱、洗衣机、微波炉等设施改善了职工生活条件，健身房、活动室、职工书屋等场所丰富了职工业余生活，“一人一事思想政治工作”“五必谈、五必访”等举措解决了职工思想上的问题。我们以奉献为荣，与企业同呼吸共命运，企业氛围融洽和谐、共建共享共治，我们的幸福感底色更浓！

迈上新征程，国铁集团党组发出了“构建‘六个现代化体系’，率先实现铁路现代化，勇当服务和支撑中国式现代化的‘火车头’”的号召，我们要以主人翁姿态，撸起袖子加油干，勇于担当、敢于作为、甘于奉献，在推动铁路高质量发展的伟大实践中，共担责任、共解难题、共享成果，把我们的日子越过越红火！

# 附录

# 主题宣讲比赛团队获奖名单

（以比赛成绩为序）

## 一等奖（2个）

南宁局集团公司宣讲团

哈尔滨局集团公司宣讲团

## 二等奖（4个）

上海局集团公司宣讲团

西安局集团公司宣讲团

郑州局集团公司宣讲团

乌鲁木齐局集团公司宣讲团

## 三等奖（6个）

南昌局集团公司宣讲团

呼和浩特局集团公司宣讲团

济南局集团公司宣讲团

广州局集团公司宣讲团

武汉局集团公司宣讲团

太原局集团公司宣讲团

## 优秀奖（8 个）

昆明局集团公司宣讲团

青藏集团公司宣讲团

北京局集团公司宣讲团

成都局集团公司宣讲团

设计集团公司宣讲团

直属机关党委宣讲团

沈阳局集团公司宣讲团

兰州局集团公司宣讲团

# 主题宣讲比赛个人获奖名单

（以比赛成绩为序）

## 一等奖（10名）

贾景杰　乌鲁木齐局集团公司奎屯工务段党委副书记

徐新东　哈尔滨局集团公司齐齐哈尔供电段团委书记

周义杰　南宁局集团公司融媒体中心记者

周子薇　南宁局集团公司南宁电务段信号工

洪　璞　武汉局集团公司武昌南机务段机车乘务员

胡轩烨　南昌局集团公司党校讲师

蒲基业　南宁局集团公司南宁机务段电力机车司机

石添予　呼和浩特局集团公司二连车站党委副书记

纪　鹏　哈尔滨局集团公司哈尔滨机务段“朱德号”司机长

张　敏　上海局集团公司上海车站党委副书记

## 二等奖（20 名）

刘泳伶　南宁局集团公司广西沿海铁路经贸公司业务员
李　军　上海局集团公司党校教员
孟　露　西安局集团公司汉中车务段客运值班员
李　慧　乌鲁木齐局集团公司哈密机务段维修工
盛麟斐　济南局集团公司济南车站客运值班员
李佳龙　南昌局集团公司南昌机务段电力机车副司机
张　凌　呼和浩特局集团公司融媒体中心总编室主任
魏庭月　青藏集团公司西宁车务段车号员
杨峻杰　成都局集团公司重庆车辆段钳工
袁　帅　济南局集团公司青岛车务段党支部书记
王子亮　上海局集团公司合肥客运段列车长
徐鸿运　济南局集团公司济南供电段工长
刘笃仁　郑州局集团公司新乡供电段党委宣传助理员
吴曦霞　南宁局集团公司党校副校长
张祖艳　上海局集团公司徐州车站客运值班员
武俣欣　太原局集团公司太原通信段通信工
雷继升　西安局集团公司安康电务段副段长
刘闻轩　哈尔滨局集团公司党校讲师
张　园　太原局集团公司太铁新创餐饮旅游集团公司业务员
周星成　上海局集团公司南京东车辆段货车检车员

## 三等奖（30 名）

张天羽　北京局集团公司石家庄电务段信号工

许小丽　昆明局集团公司融媒体中心播音员
王　俏　设计集团公司发展计划部高级工程师
赵孜靖　西安局集团公司党校助理讲师
柴洪涛　郑州局集团公司新乡机务段机车乘务员
陈永红　兰州局集团公司兰州高铁基础设施段工长
匡建濠　广州局集团公司惠州车务段助理值班员
王　蕾　广州局集团公司海口车务段客运员
陈　佳　哈尔滨局集团公司齐齐哈尔车辆段助理工程师
刘钰峰　北京局集团公司丰台机务段工会主席
李　军　南昌局集团公司南昌车站客运值班员
于永生　南昌局集团公司永安车务段党支部书记
曹　琛　郑州局集团公司党校讲师
郭　威　武汉局集团公司武汉车站党总支书记
张琪悦　武汉局集团公司党校讲师
谢　卿　成都局集团公司贵阳车辆段助理工程师
郑小燕　郑州局集团公司郑州高铁基础设施段联锁数据室主任
沈青青　南昌局集团公司南昌高铁基础设施段党委副书记
杨　阳　太原局集团公司侯马北机务段电力机车司机
李蓉上　兰州局集团公司兰铁国旅公司经销员
周炳坤　济南局集团公司济南机务段动车组司机
肖一鸣　广州局集团公司长沙车辆段宣传干事
杨佳利　成都局集团公司成都客运段列车长
宋拓华　郑州局集团公司融媒体中心采编员
马　竞　昆明局集团公司普洱车务段副主任

刘　玉　武汉局集团公司团委副书记
杨　爽　直属机关党委(铁科院集团公司讲解员)
申力维　北京局集团公司调度所计划调度员
钱　畅　昆明局集团公司昆明车辆段车辆电工
贾青青　武汉局集团公司武汉车站助理工程师

## 优秀奖（40 名）

景生启　太原局集团公司湖东电力机务段重载司机
王小卫　西安局集团公司西安机务段指导司机
张　洁　北京局集团公司党校讲师
薛美子　济南局集团公司党校技术协管
于明靖　直属机关党委(快运公司武汉分公司业务员)
谢　恒　乌鲁木齐局集团公司乌鲁木齐机务段组织助理
张晓敏　广州局集团公司党委宣传部宣教理论科科员
尤君昕　青藏集团公司西宁电务段信号工
邵君喆　直属机关党委(铁道党校讲师)
徐雨欣　哈尔滨局集团公司哈尔滨动车段动车组机械师
侯瑞宁　乌鲁木齐局集团公司乌鲁木齐电务段工长
赵　阳　呼和浩特局集团公司包头客运段技术员
袁晨洋　西安局集团公司宝鸡电务段信号工
宋宁源　青藏集团公司西宁供电段电力线路工
李　伟　青藏集团公司格尔木电务段纪委书记
李　晟　北京局集团公司张家口车务段连接员
弓珊珊　乌鲁木齐局集团公司党校教师

姜　涛　太原局集团公司太原北车站党支部书记
田艳丽　沈阳局集团公司大连车站助理工程师
王羽莹　设计集团公司电化电信院宣传干事
郭为华　昆明局集团公司昆明机务段工长
祁国庆　青藏集团公司拉萨基础设施段助理工程师
刘金旺　设计集团公司线站院高级工程师
潘佳宁　沈阳局集团公司沈阳车务段党委副书记
董　昕　呼和浩特局集团公司呼和浩特工务段线路工
山　凡　昆明局集团公司昆明铁路物流中心货运员
张浩鸿　呼和浩特局集团公司集宁工务段助理工程师
康淞茗　沈阳局集团公司沈铁工业集团机械钳工
王静怡　兰州局集团公司党校讲师
茹德玖　广州局集团公司汕头机务段内燃机车钳工
李英东　设计集团公司信息化院工程师
孙琪皓　设计集团公司地勘院高级工程师
严　皓　成都局集团公司成都动车段技术创新中心主任
李文欣　沈阳局集团公司阜新车务段客运员
姜琪婧　沈阳局集团公司长春车辆段助理工程师
东江琦　直属机关党委（特货公司郑州机保段乘务员）
李璎伦　直属机关党委（投资集团公司高级业务主管）
詹　颖　成都局集团公司贵阳车站工会主席
武少于　兰州局集团公司银川工务段线路工
杨　凡　兰州局集团公司华澳公司助理经济师

# 后记

在全路思想政治工作推进会召开之际，《铸魂聚力——国铁集团2024年主题宣讲比赛成果集》正式出版。

本书由国铁集团党组宣传部、铁路政研会组织编写，宋强太同志主持编写工作，尉建铎同志牵头组稿统稿，李国栋、孙菁、杨存存、汪平、王天羽、韩强、史家宁等同志具体负责协调和编审。

本书宣讲报告和视频由各铁路局集团公司党委宣传部、设计集团公司党委宣传部、直属机关党委宣传部组织起草和制作。在“学习宣传党的二十届三中全会精神‘改革创新展作为、提质增效立新功’”主题宣讲比赛总决赛中，国铁集团党组宣传部、铁路总工会、铁道团委、铁道出版社公司、铁道党校、报业公司、文工团公司、铁道博物馆、铁路文联、铁路政研会等10家单位和部门派员担任专家评委，北京、西安、上海、成都局集团公司党委宣传部具体承办并做了大量具体细致的保障工作。在此，一并表示衷心感谢。